知青潮

〈上〉

海南生產建設兵團的血淚見證

自由兄弟 編著

目次

引言：為了歷史不被改寫

許多年來，網上暱稱「自由兄弟」的我（又稱自由老爹）一直有一個念茲在茲的願望，就是向人們講講我所知道的海南生產建設兵團（正式名稱為：廣州軍區生產建設兵團）。它像一條叮在心靈深處的山螞蟥，讓人疼痛難忍，常常夜不能寢。用時髦的話來說，這是已經長成身上贅肉的「海南兵團情結」，已經成為自由兄弟生命中的一個組成部分。

自由兄弟曾經設想，趁未老之前提前退休，然後走訪一些當年兵團的農場，走訪方方面面的有關部門和領導，去尋找蒐集當時的珍貴資料；也曾想邀請幾個志同道合的戰友、場友，一起來就這個問題進行深入的探討，並試圖得出符合客觀事實，又不悖於歷史的結論。但是，由於各種政治的或社會大背景的局限，這些設想都顯得蒼白而不合實際，甚至由於各人處境的不同而造成對這一歷史事件的看法差異，而難以付諸實施。再加上文責自負的道理和法則，自由兄弟決定還是獨自來講講自己收藏的海南生產建設兵團……

這其中可能有我十五歲少年淺薄無知的好奇，也可能有我年過半百偏頗過激的思考。文中所述，難免會與許多當年知青戰友、場友和其他人員眼中的海南生產建設兵團有出入，但此時不說，更待何時？錯過如今較佳的年齡階段之後，記憶力就會減退，不斷前行的歷史長河波濤就會淹沒我們心中這段悲愴的歷史。當我等垂垂老矣之時，無法再記得當時海南兵團的情景，後人也將會很難追溯我和我的戰友們所經歷的青春和苦難……

記得作家章詒和說過：「曾經，最珍貴和最難得的個人活動，便是記憶。因為它是比日記或書信更加穩妥地保存社會真實的辦法。許多人受到傷害和驚嚇，毀掉了所有屬於私人的文字紀錄，隨之也抹去了對往事的真切記憶。於是歷史變得模糊不清，而且以不可思議的速度被改寫。這樣的記憶就像手握沙子一樣，很快從指縫裏流掉。從前的人，什麼都相信，相信……後來，突然又什麼都不信了。何以如此？其中就有我們長期迴避真實、拒絕真實的問題。」

作為一個親身經歷那場「上山下鄉」運動的人，一個剛剛十五歲就在海南兵團「接受貧下中農再教育」的自由兄弟，我想，且不說應當怎樣評價這場荒謬的知青運動，僅僅為了這段慘痛的歷史不被遺忘，為了這段真實的歷史不被改寫，我就有責任和義務將這段不堪回首的往事記憶下來，整理出來，並將這段歷史留給世人，留給後人，我相信歷史自有評說，人民自有理論。憑藉著這不滅的信念，我歷時六年靠回憶和資料蒐集，編著了這本《熱島知青潮》，其中，自由兄弟將不可避免地要引用一些場友、網友的所見、所聞、所寫的文章或資料。知出處者，我已在文中用黑體字樣注明作者，不知出處者請在閱文後告知。為了尊重原作所創，對引用摘編的文章帖子，自由兄弟均用楷書字體以示區別。

此外，文中肯定會涉及一些兄弟姐妹經歷的悲歡離合、喜怒哀樂，自由兄弟將儘量客觀地在不觸及隱私的情況下予以述說，也望各位兄弟姐妹予以諒解支持！因為只有我們無數個知青的經歷和故事，才能構築成海南生產建設兵團這一部雄渾博大的歷史。不然，就難有其證，難有其實，也難有其歷，難有其史。

第一章 「流淚樹」使古老的熱島重新沸騰

第一節 億萬年古老大陸地殼變遷留下的神奇瑰寶

藍天、白雲，海浪、沙灘……

一串串珍珠項鍊般的島嶼，撒滿了萬頃碧波的南中國海面，白鷗在藍天與綠島之間飛翔，漁船在碧海蒼天中穿行。遠眺，蔚藍色的大海與藍天白雲連結在一起，水天一色，格外壯觀……

在中國版圖的最南端，有兩個美麗的地方：雷州半島和海南島，兩者唇齒相依，其間只隔著一線窄窄的海峽。據說，兩者古時都是沉於茫茫大海之中的火山山脈，後因海底火山噴發和喜馬拉雅山造山運動，形成規模巨大的構造盆地——瓊雷凹陷。當雷州半島與海南島上升為陸地之後，遍佈於陸地的火山繼續活動，熾熱的玄武岩漿又覆蓋於第四紀地層之上。在漫長的歲月之中，兩者都一直緊密地連在一起，直到中更新世末、上更新世初，也就是一百多萬年前，因為地震的誘因，位於徐聞與海口之間的地層相對斷裂下陷，形成一道狹窄的瓊州海峽，致使雷州半島與海南島分離……

當然，這只不過是地質學家們提出的一種假設或結論，由於年代久遠，如今誰也無法準確地說出它們形成的過程。因為那時人類的先祖也還只是作為古猿人在蠻荒中為生存進化而掙扎。而作為現代生活的普通人們來說，更沒有必要多費心思去弄個明白。但是，有一點確是實實在在地存在，並讓後人感到億萬年前古老的大陸地殼的變遷所形成的獨特地理奇觀，卻給華夏的子孫留下了無比珍貴神奇的瑰寶。由此，讓我們偉大的祖國擁有了一個不可多得的鄰近熱帶氣候的地理版圖，也讓無數的後人因此可以在綿延的歲月裏演繹出許多可歌可泣的故事。

眾所周知，雷州半島是我國的三大半島之一，因多雷暴而得名。地處廣東省西南部，介於南海和北部灣之間，南隔瓊州海峽與海南島相望。雖然如今一般慣例，只是將湛江至徐聞突兀於海中的一段狀如東瓜形的陸地稱之為雷州半島，面積僅有五千六百平方公里（也有說是七千八百平方公里）。但也有學者認為，從地理位置上看，廣義上的雷州半島應該西起北海市的鐵山港，東至陽江市的北津港，面積達上萬平方公里。

倘若從空中鳥瞰，雷州半島地形緩和，多以臺地為主，次為海積平原。半島北部為和緩的坡塘地形，山嶺海拔高度多在幾十米，或二百至三百米左右；半島南部地形更為平坦，一般海拔二十五至八十米，少有超過百米的山嶺，號稱百里雷州半島平原。整個半島分佈著十多座火山丘，最為有名的是湛江市附近的湖光岩山丘，頂部還留有完整的火山口。現已被闢為旅遊休閒勝地，其本身就是遠古時代的一個火山熔岩湖。

雷州半島三面環海，海岸線十分曲折，港灣眾多，較有名的有湛江港、水東灣、雷州灣、流沙港、安鋪港等，多具有沉溺河谷的形態。東海岸沿海有海成平原，外緣多沙泥灘。西海岸具高岸特徵，多砂堤、潟湖分佈。半島南部海岸，少數濱海地帶還殘留有紅樹林和珊瑚灘。

雷州半島河川短小，多呈放射狀由中部向東、南、西三面分流入海，較大的河流有九洲江、南渡河等，且年均流量很少，但地下水資源豐富，原先埋藏較淺，但隨著工農業生產用水的增加，如今沿海地區鑽孔要到達上百米的承壓水層時，方可自流噴水。且鹼性較重，用過的毛巾總有一種濕滑滑的感覺。顯然，過度的工農業用水，已在不同程度上造成了地層海水入浸。

雷州半島屬熱帶季風氣候，四季溫暖，自由兄弟曾經在那裏生活十多年，從未見過霜雪。降雨多集中在夏秋兩季，且多暴雨。冬春兩季降雨很少，一般有「十年九旱」之說。為此，五十年代，雷州半島人民專門在廉江市河唇鎮的北部山嶺間修建了一座面積數十萬公頃的「鶴地水庫」和長達數百公里的人工運河，才使半島乾旱之苦有所緩解。每當夏秋之間，半島常常面臨颱風暴雨，印象之中，每年都要颱四五次以上，且暴雨造成水土流失嚴重。

由於雷州半島開發較早，原始森林和植被在「大躍進」墾荒年代幾乎砍伐破壞殆盡，取而代之的多為人工栽種的橡膠林和劍麻、甘蔗、胡椒、椰子、可可、咖啡等熱帶、亞熱帶經濟作物。傳說中的著名華南虎種群之一——徐聞虎早已不見蹤跡，如今只剩人們美好的記憶。

與雷州半島一水之隔的海南島，是我國僅次於臺灣島的第二大島，是一個美麗富饒、歷史悠久的海島。位於北緯18°09′至20°11′，東經108°36′至111°04′，與美國夏威夷群島同一緯度。在古地質時期，海南島原與華夏大陸相連，大約在人類出現的第四紀，由於地殼斷裂才與大陸分離，其間形成十五至三十公里寬的瓊州海峽，此島孤懸南中國海域中，因而得名「海南島」。

歷史上，人們對海南島有三種古稱：珠崖、儋耳、瓊臺。據考古工作已發現的新石器時代的二百處遺址和歷史文獻來推斷，至少在六千年以前，海南島就有人類活動。秦代，海南島屬其遙遠領域統治範圍，遠在二千多年前，就以出產珍珠、玳瑁等奇珍異物而聞名。大約西元前一一〇年之時，漢武帝派遣伏波將軍馬援率兵入島收服海南土著各部落之後，始在海南島建立珠崖、儋耳兩郡，海南島從此正式納入中國版圖，成為我國的神聖領土。這段史實至今仍有馬援為拯救兵馬而下令開鑿的漢馬伏波井為證。據說，當時之所冠以珠崖、儋耳之名，是因「崖岸之邊產珍珠」和當地黎民的耳朵上戴了許多大耳圈之故。

在漢武帝時代至南北朝期間，海南島的郡縣設置變動很大，並一度由合浦郡兼管。三國時海南島歸吳國管轄。至梁代大同中葉又在海南島重建崖州。隋朝統一中國後，將崖州改為珠崖郡，並且在海南島的西南部新建了一個臨振郡。唐朝時，在海南島建立了五州二十二縣，許多名稱至今仍然沿用。

五代以後，戰事頻繁，大批漢民遷居海南島，當地的生產生活方式才漸漸遠離蠻荒時期。但不知何故，從唐代開始，同雷州半島一樣，歷朝歷代皇帝都喜歡將海南作為異己官員的流放之地。唐代曾有李德裕等五位歷史名臣被貶謫來海南島，北宋又有大文豪蘇東坡被貶流放此地。至元代，海南稱為瓊州路，領三州、十三縣。明朝又稱海南島為瓊州府，當時在明朝名臣丘濬治理下頗有生氣。只是海南本土清官海瑞被罷官後，卻被皇帝又趕回了老家。於是，後人為紀念這些歷史名臣而修建了五公祠、東坡書院以及丘濬墓、海瑞墓等，還有為巡雷瓊兵備道焦映漢所修建的瓊臺書院、崖州古城、韋氏祠堂、文昌閣等等，以憑弔唁。

至清代，瓊州府改稱瓊州道；其實並無大變，世代更替，難離瓊字。因而，海南島又有瓊島之稱。民國時期，海南廢道設公署，後改行政督塞區、特別行政區。時因生於文昌縣的宋氏三姐妹而聲譽鵲起，今仍有宋氏祖居及宋慶齡陳列館等傳承佳話。國內革命戰爭時期，這裏有歷經數十年血雨腥風而紅旗不倒的瓊崖縱隊和名揚全國的萬泉河畔紅色娘子軍等，至今，我們仍可通過參觀嘉積鎮的紀念塑像、金牛嶺烈士陵園和白沙起義紀念館等，去感受當年那些具有革命歷史意義的轟轟烈烈場面。

解放後，海南改為行政區，歸廣東省管轄。直至一九八八年建制升格為省，稱為海南省。簡稱「瓊」。海南建制的演變，自漢初在瓊崖置郡縣到一九八八年建省，歷時二千零九十八年。隨著朝代更替，地名也常有改變，故海南地名別稱也較多，有「崖州」、「瓊州」和「瓊崖」。在詩文和題詞中，也有稱「海外」、「南極」、「天涯」、「海角」、「南天」等。「海南」一名在宋代以後才常有出現，民國之後方才普遍使用，其正式作為海南地方行政區域稱謂卻是解放後的一九五一年，時稱「海南行政公署」。

為了加快海南經濟發展，一九八七年中央在批准設立海南省的同時，獨寵專愛，劃定海南島為經濟特區。這個中國最南端的省份，雖然全省陸地面積僅有三萬五千三百五十一平方公里，省轄九市、十縣（自治縣）和西沙、南沙諸島，僅占全國陸地面積的千分之三十五，是全國最小的省份，然而卻是全國最大的海洋省份。包括海南島及其西沙、南沙、中沙群島等島嶼，所轄海洋面積達二百多萬平方公里。

從世界地理位置來看，海南島北隔瓊州海峽與雷州半島相望，西臨北部灣與越南相鄰，東瀕香港、臺灣省，東南是菲律賓，南部與馬來西亞、印尼、新加坡相接，是我國與日本、朝鮮、東南亞各國交往的十字路口，戰略地理位置十分顯要。倘若我們再將視線轉回公雞形的祖國版圖，就會更為感覺海南島同臺灣島一樣，不可或缺地位於祖國第一島鏈之上，如果二者失去其一，不僅會使我們失去一半的海洋國土，而且會使我們祖國柔軟的腹部——沿海發達的工業地區失去安全的屏障。更不用說，那蘊藏於南海、東海深處可觀的石油和可燃冰等礦產。而這，是將來祖國可持續發展的後備能源。所以，我們就不難理解，新中國成立之際，中央領導在解放祖國大陸之後，就迫不急待，不惜代價地揮師渡海要收復海南的英明之舉。

因此，曾有人將海南島比喻為一隻不太規則的雪梨，而白由兄弟更願意將它看作是一艘碩大無朋、永不沉沒的航空母艦，橫臥在碧波萬頃的南海之上。這艘航空母艦其長軸呈東北至西南方向，約有三百餘公里，西北至東南方向為短軸，約近二百公里。兩端均以海口和三亞為起點或終點，有三條公路相連。人們習慣將其稱為「西線、中線和東線」，而縣城多分佈在這三條公路之上。二〇〇三年九月，自由兄弟曾與友人駕車，用了不到七天的時間，就走完全島各縣。

海南島還有一條半環島鐵路，其中昌江至東方和三亞一段為二戰時期日本鬼子為掠奪海南鐵礦等資源所修建的米軌鐵路後改建而成的。如今，人們又修建了環島鐵路。但自由兄弟認為大可不必，因為海南的海運十分便利。不僅環島港口眾多，許多還是深水天然良港，如在島的西部和南部沿海，有由花崗岩低山丘陵半島環抱而成的東方八所、三亞和榆林港等，而且至湛江、廣州以及世界各地都遠比大陸各省短程快捷。

倘若從空中俯視，海南島的地形，四周低平，中間高聳，以五指山、鸚歌嶺為隆起核心，向周邊逐級下降。山地、丘陵、臺地、平原構成環形層狀地貌，梯級結構明顯，依次環狀分佈。以南渡江中游松濤水庫為界，南北景色迥然不同，南渡江中游以北地區，幾乎與雷州半島相仿，具有同樣的寬廣臺地、平原和壯麗的火山風光。據說遠古時代的火山噴發，給海南島留下了二十餘座死火山，至今仍有許多火山錐保存著完整的火山口。最為典型的一座是位於瓊山市海拔二百多米的雙嶺，嶺上有兩個火山口，中間連著一下凹的山脊，形似馬鞍，又名馬鞍嶺。該嶺附近的雷虎嶺火山口、羅京盤火山口也保存得十分完整而奇妙。驅車行駛在廣袤的南渡江和萬泉河下游環海臺地和沖積平原，欣賞椰林搖曳的婆娑風光，你很難想像億萬年前，這裏曾是一個多麼熾熱沸騰而又可怕寂靜的世界。

而在南渡江中游以南地區，高聳雲霄、狀如鋸齒的五指山橫空出世，周圍險峻山脈一座追著一座在雲霧縹緲中直逼西線海岸，氣勢頗為雄偉壯觀。這些峰巒起伏的群山大體上分為三大山脈：中部是五指山山脈，主峰海拔一八六七點一米，是海南島最高的山峰；西北是鸚哥嶺山脈，主峰海拔一八一一點六米；而位於島西部是雅加大嶺的山脈，主峰海拔一五一九點一米。海南島的山脈多數在五百至八百米之間，海拔超過一千米的山峰有八十一座，海拔超過一千五百米的山峰有五指山、鸚哥嶺、俄鬃嶺、猴獼嶺、雅加大嶺和吊羅山等。

在這些山脈周圍低山地帶，錯落分佈許多小型河谷盆地，如萬泉河中游石壁盆地、南渡河上游白沙盆地和昌化江上游通什盆地等。海南島比較大的河流大都發源於這些山脈或河谷之中，它們組成環狀輻射水系，分別向四周大海傾訴來自大山腹地的情愫。據統計，全島獨流入海的河流共一百五十四條，較大的為南渡江、昌化江和萬泉河，其流域面積占全島面積的近一半左右。但由於地勢落差過大，流徑短小，受降雨影響明顯，這些河流流量變化急劇，常暴漲暴落。汛期徑流占全年徑流總量百分之八十以上，而枯水期有些河流甚至斷流。

但值得欣賞的是，這些發源於大山深處的小河或山間小溪，千迴百轉於深山密林之中，途間大石疊置，灘潭相間，蜿蜒有致，河水清澈，瀑布眾多，再加之所經都是獨特的熱帶雨林風光，給人一種美不勝收、入目即畫的愉悅。尤其以萬泉河瀑布、通什市的太平山瀑布、瓊中縣的百花嶺瀑布、五指山瀑布等最負盛名。海南島上還有不少水庫，較大的有松濤、南扶、長茅、石碌等水庫，它們都具有獨特的熱帶雨林湖光山色之美。其中又以松濤水庫最大，碧波蕩漾近百平方公里，浩瀚連綿儋縣、白沙、瓊中等縣，不是湖泊勝似湖泊。

海南全年暖熱，全島太陽輻射年總量為四六〇至五八五千焦耳／平方公分。年均日照時數多在二千小時以上，其中西部沿海最大達二六五〇小時，中部山區較少，約一七五〇小時。年平均氣溫在二十三至二十五攝氏度之間。年均最低溫一至五度以上。但海南也是我國最具熱帶海洋氣候特色的地方，氣候資源多樣。受南中國海熱帶東南季風的影響，中部和東部沿海為濕潤區，西南部沿海由於山脈阻隔，為半乾燥區，其他地區為半濕潤區。大部分地區年降水量一千七百毫米左右，而東部地區可高達二千至二千八百毫米，西南沿海則只有九百毫米。

海南島氣候另一個最大特點就是如同越南、緬甸等東南亞國家一樣，乾濕季節明顯。冬春乾旱，夏秋多雨。五至十月降雨較多為「雨季」，其中以八、九月份降雨量最多，時見暴雨傾盆，驟降驟歇。十一月至翌年四月為「旱季」，降水僅占年總量百分之十至二十，常造成乾旱。

海南島還是颱風多發地區，熱帶風暴和颱風頻繁，素有「颱風走廊」之稱，年均四次以上，其中百分之七十五在文昌、瓊海、萬寧沿海一帶登陸。海南兵團時所遇的最大颱風是一九七三年的「十四號」颱風。那次颱風的特點是半徑小、風力大，至今為止還是我國解放以來中心風力最大的颱風。這次編號為「七三一四」的強颱風，登陸時中心風力達到七十三米／秒，即是十八級，那狂野殺傷之勢，自古罕見……

據記載，這場建國以來最大的強颱風，於一九七三年九月十四日夜間在瓊海博鼇登陸。大風範圍之巨，起風之急，旋轉之猛，前所未有。瓊海大地一時哭聲遍野，愁腸欲絕，斷壁殘垣、痛失至親成了人們永久傷痛的記憶。狂風席捲瓊海、萬寧、定安、屯昌、白沙、昌江、東方七縣，全海南島現場死亡九百零三人。僅瓊海縣就死亡七百七十一人，房屋倒塌十萬間，半塌十一萬間，其他財產損失更為慘重。颱風造成的恐怖景象及死亡人數，以及來自各方的支援等情況，由於特定的歷史原因，很長時間來從未在媒體上公開報導過。只有那些四十多歲以上的海南人，提起這場忽從天降的人間悲劇，至今仍心有餘悸。

由於日照充足，雨量充沛，海南島的植被生長很快，植物繁多，從沿海至高山，相繼分佈紅樹林↓熱帶常綠季雨林和熱帶雨林↓山地雨林↓山地矮林。植物種類成分複雜，層次雜亂，喬木高大，常見板根和莖花現象。其中最具有特色的是島中西部山嶽原生芊綿的茂密熱帶原始森林，是熱帶雨林、熱帶季雨林的原生地。占據地球上濕熱氣候區，具有多層次、多物種的森林被稱為熱帶雨林，在世界上主要分佈在南美的亞馬遜河流域、西非的剛果盆地和東南亞等地區。而我國僅限地處熱帶北緣的臺灣、廣西和雲南等局部地區有少量分佈。特殊的生態環境和多層次的結構，使熱帶雨林成為陸地上物種最豐富的生態系統。人類生存與發展所需的很多物質如橡膠、可可、咖啡、香蕉等都來自熱帶雨林，它是人類的一座最重要的物種基因庫。熱帶雨林終年鬱鬱蔥蔥，生生不息，能有效地調節環境，吸收空氣中大量的二氧化碳，釋放大量的氧氣，而被譽為地球的「綠肺」。

熱帶雨林物種間、物種與環境間相互作用，相互影響；有巨大板狀根，有老莖生花果，有飛舞的巨藤，有小樹絞殺大樹，有錦簇串綴的花園，等等神奇生態景觀，而成為人類的一座重要物種基因庫。特殊的生態環境和微妙的物種關係，使熱帶雨林演化出了種類繁多的奇花異卉，有多姿多彩的附生蘭花，有能「吃」昆蟲的豬籠草，有葉片如舟的王蓮。有多彩斑斕的花葉植物，還有葉片隨歌而動的跳舞草等。這些奇花異林經過人類的馴化與精心培育，已風靡於人們的公私庭園和室內的裝飾，將人間生活打扮得更加美好。

海南植物資源的最大藏量也在於熱帶森林植物群落類型之中，熱帶森林植被垂直分佈明顯，且具有混交、多層、異齡、常綠、幹高、冠寬等特點。熱帶森林主要分佈於五指山、尖峰嶺、霸王嶺、吊羅山、黎母山等五大熱帶原始森林林區，其中五指山屬未開發的原始森林。熱帶森林以生產珍貴的熱帶木材而聞名全國，在一千四百多種針闊葉樹種中，喬木達八百種，其中四百五十八種被列為國家的商品材，被列為稀有珍貴材種的有花梨（降香黃檀）、坡壘、青梅、子京、母生、艮珠、苦梓、油楠、雞占、胭脂等四十五種，適於造船和製造名貴家具的高級木材就有八十五種。據說，海南森林覆蓋面積占全島面積一半以上。此外，林中富有天然野生種質資源和種質生態型資源，如野生稻、野生茶等。但是，許多地區由於長期砍伐，原始森林已為再生林、人造防護林和熱帶經濟作物所取代。橡膠、椰子、咖啡、油棕、香茅、檳榔等遍佈，其中尤以天然橡膠種植面積最多。

到目前為止，海南島有各類植物四千二百多種，約占全國總數的七分之一，其中六百多種為海南所特有。在這些植物資源中，藥用植物就有上千種；特有的如海南粗榧（紅殼松）和嘉蘭（秋水仙素）、海南輪環藤。喬灌木二千多種，其中八百多種經濟價值較高。果樹資源（包括野生果樹）一百四十二種，其中又以鳳梨、芒果、菠蘿蜜、荔枝最為著名。纖維植物百餘種，各種油料、橡膠、染料、糖料、飲料、飼料植物三百多種，芳香植物七十多種。熱帶觀賞花卉及園林綠化美化樹木二百多種。

人們常將僅有二千四百多平方公里的西雙版納，稱之為世界上唯一保存完好、連片大面積的熱帶森林。而自由兄弟時常幻想，如果不是為了開發種植橡膠，造成人們對熱帶雨林進行掠奪式的砍伐，那麼綿延上百公里，地域跨度十多個縣市的海南熱帶雨林肯定要成倍勝過西雙版納。想來十分可惜，當年對原始森林的毀滅，至今仍令人有一種莫名其妙內疚的「負罪感」。其實，如果當時我們砍岜開荒的規劃合理一些，完全有可能更多地保存這些已經生長成千上萬年的原始森林。要知道，如今市場上的花梨、白木珍貴得已經是論斤計價，可我們那時只是隨便付之一炬，回首當年那滿山的熊熊大火，真是讓人痛心疾首！

在海南島上還生活有近五百種珍禽異獸的野生動物。其中，兩棲類三十七種（十一種僅見於海南，八種列為國家特產動物）；爬行類一〇四種；鳥類三四四種；哺乳類八十二種，其中二十一種為海南特有。主要的動物有馬鹿、長臂猿、獼猴、麝貓、棕狸、雲豹、水獺、野豬、毒蛇、大蟒蛇、山螞蝗、蝙蝠等。其中被列為國家一類保護動物，在世界上也罕見的珍貴動物有：生活在昌江縣霸王嶺的世界四大類人猿之一的黑冠長臂猿和東方縣大田的坡鹿，白沙儋縣一帶的水鹿、凌水縣的獼猴，以及五指山、黎母嶺山區的雲豹等。而這些珍貴的野生動物多年來依賴著大海的阻隔和原始熱帶雨林的庇護，才得以世代延續，繁衍生息。可是近幾十年來，隨著熱帶雨林的不斷消失正在急劇減少。

海南島岸線曲折，港灣眾多，在長達一千五多公里海岸線上生長著許多紅樹林和珊瑚礁。在環島的灘塗和海域裏，還生長著八百餘種魚、蝦、貝藻類等。其中經濟價值較高者有四十餘種。其中西海岸的白馬井、南海岸三亞和東海岸的清瀾港都是重要漁港。清晨、黃昏，漁船揚帆出海或歸來，將海島港口的碼頭點綴得喜氣洋洋。海南島還蘊藏著豐富的鐵、水晶石、鈦、獨居石等礦藏。其中，昌江的石碌露天鐵礦和鶯歌海的海水鹽場最為有名。在島的周圍海域，特別是鶯歌海盆地還擁有豐富的天然氣和石油資源。

而這些林林總總的財富，如同雷州半島和海南島本身一樣，無一不是億萬年前地殼變遷留給華夏子孫的瑰寶。今天，當我們歡愉地置身於這兩個風光旖旎的半島和海島之中，驕傲地注視著那一望無垠的南中國海域之時，我們真得叩謝上蒼和祖先賜予了我們這麼珍貴而厚重的遺產！因為它不僅伸延了華夏的版圖，而且免卻了我們沒有熱帶動植物資源的寂寞和擔憂。

第二節　「流淚樹」的移植歷史和擴種誘因

說來真得感謝上天造物主的偏愛，也得感謝人類文明的遲緩到達……

在地球的另一端南美大陸，有一條波瀾壯闊的河流——亞馬遜河，這條河是南美洲的第一大河，也是世界上流域面積和流量最大的河流。亞馬遜河發源於秘魯南部安第斯山脈，然後一路向東，它浩浩蕩蕩，千迴百轉，蜿蜒流經秘魯、巴西、玻利維亞、哥倫比亞和委內瑞拉等國，沿途接納了一萬五千多條支流，全長六千四百公里，滋潤著沿河流域面積達八百萬平方千米的土地，約占南美大陸總面積的百分之四十；最終注入大西洋，每年注入大西洋的水量約六千六百立方千米，相當於地球表面全部河流注入大洋總水量的五分之一。

亞馬遜河之所以能夠長年累月保持這麼大的徑流量，除了橫跨赤道南北，終年雨量充沛之外，還得益於流域內大部分地區覆蓋著稠密的熱帶雨林。從安第斯山以東一直到達大西洋的出海口，亞馬遜河就一直穿行在遮天蔽日的熱帶雨林之中。這是世界上最大的熱帶雨林，森林覆蓋面積為三億多公頃，占世界現存熱帶雨林的三分之一，其中百分之八十七在巴西境內。亞馬遜流域熱帶雨林依靠流域所在非常濕潤的氣候、充沛的雨水和長時間的強烈日照，給亞馬遜河流域地區的動植物生長提供了得天獨厚的條件。其植物種類繁多居全球之冠，許多大樹高六十多公尺，形如巨傘，故旱地森林的地面光禿禿，只有一層腐爛的枝葉。澇地森林則情況迥異，灌木和喬木有板狀基根幫助維生。樹冠由高至低分層，各層充滿生機，葛藤、蘭花、鳳梨科植物爭相攀附高枝生長，其間棲息著猴子、樹懶、蜂鳥、金剛、鸚鵡、巨大蝴蝶和無數蝙蝠，使這一地區成為世界自然資源豐富、物種繁多、生態環境紛繁複雜、生物多樣性保存完好的地區，有「生物科學家的天堂」和「地球之肺」的美譽。

亞馬遜熱帶雨林的生物多樣化相當出色，聚集了二百五十萬種昆蟲，上萬種植物和大約二千種鳥類和哺乳動物，生活著全世界鳥類總數的五分之一。有專家估計每平方公里內大約有超過七萬五千種的樹木，十五萬種高等植物，包括有九萬噸的植物生物量。從而使世界最大的熱帶雨林具有相當重要的生態學意義，也使亞馬遜河流域成為世界上公認的最神秘的「生命王國」。就在這片廣袤無垠，供人們休養生息的，被稱之為地球「綠肺」的熱帶雨林之中，生長著一種奇特的三葉樹，它就是曾經和鋼鐵、石油、煤炭一起被並列為現代社會四大工業原料的橡膠樹。

關於它的發現曾有這麼一段故事：一四九三年，偉大的航海家哥倫布率領的歐洲船隊，在大西洋中部赤道以北的洋面發現了一小塊新陸地——海地島。戴著鳥翎頭飾的印地安土著人，用熱烈的儀式接待了這批從彼岸首次越洋而來的客人。他們跳著土風舞，把一個個黑色的小球拋上半空，這些小球落地後像著了魔法，不停地在地上彈跳。哥倫布驚訝地站起來，抓住一個小球捏在手心，隱隱感到柔軟之中又有一種明顯的彈力，一鬆手，小球又在地上蹦跳起來。「這是什麼東西？」他失聲驚叫起來向土著人問道。

之後，哥倫布被土著人帶到一片闊葉喬木林跟前。這些身上遍佈斑駁花紋的樹木，樹冠瀟灑地成傘狀張開，葉子每三片成一組，像人的手掌般撐開。印地安人用利器在樹身上一劃，傷口上就汩汩流出乳白色的粘液。「看，樹的眼淚。」印地安人說，用陶器接下粘液，凝固後用手一搓，又成了一個會蹦跳的小球。在南美洲的巴西，哥倫布又一次見識了「樹的眼淚」的奇特功能。就買來當作寶貝陳列在西班牙國家博物館。二百四十年後，這個會彈跳的球才被法國科學家康達明證實為用三葉橡膠樹的乳白色膠液製成的。

人們是這樣描寫橡膠樹的形態特徵：大戟科橡膠樹屬大喬木植物，也稱巴西橡膠樹、三葉橡膠。常綠大喬木；株高——十至二十公尺，樹皮赤褐色，樹冠圓形，全株平滑，氣根下垂，莖皮部富含膠乳。三出複葉，互生，葉柄長，頂端通常具三腺體，小葉橢圓形至倒卵形，革質，無毛，側脈和網脈明顯，春季開綠色小花，單性，雌雄同株。由多個聚傘花序組成腋生的圓錐花序，每聚傘花序的中央花為雌花，其餘為雄花。蒴果大，球形，成熟時分裂成三果瓣，種子大。

橡膠樹喜高溫、高濕、靜風和肥沃土壤，要求年平均溫度二十六至二十七攝氏度，在二十至三十攝氏度範圍內都能正常生長和產膠，不耐寒，在溫度五攝氏度以下即受凍害。要求年平均降水量一一五〇至二五〇〇毫米，但不宜在低濕的地方栽植，只適於土層深厚、肥沃而濕潤、排水良好的酸性砂壤土生長。淺根性，枝條較脆弱，對風的適應能力較差，易受風寒並降低產膠量。

橡膠樹一般每年開花兩次，果實種子易喪失發芽力，宜隨採隨播。種子繁殖或芽接繁殖。栽植六至八年即可割取膠液，實生樹的盛產期為三十五至四十年，芽接樹為十五至二十年，生長壽命約六十年。由於橡膠乳汁易凝固，割膠收膠常在太陽升起前的凌晨進行，回收的乳白膠汁再加工成乾膠，才能製作各種橡膠產品。橡膠樹是各種產膠植物中產膠量最高、膠質最好，又容易採割的產膠植物。現世界上使用的天然橡膠絕大部分是由這種橡膠生產的。

橡膠具有很強的彈性和良好的絕緣性、可塑性、隔水、隔氣以及拉力和耐磨力等特殊性能，用途非常廣泛，用於汽車、飛機、船艦、電纜、傳送帶、薄膜製品等多種工農業機具配件，種子含油百分之二十二至二十五，為半乾性油，是油漆和肥皂的原料。果實的木質果殼堅硬，可作為製優質活性炭及醋酸等的化工原料。木材可製樹脂粘合板。目前，世界上的橡膠製品已達七萬多種，涉及到現代人類生產生活的方方面面，如一輛載重汽車需要橡膠二百四十公斤，一架噴氣式飛機需要橡膠六百公斤，一輛輕型坦克需要橡膠八百公斤，一艘三點五萬噸的軍艦需要橡膠六十八噸等等。

自一八七六年開始人工栽培巴西橡膠樹以來，世界天然橡膠種植業已有一百三十多年歷史。目前，橡膠種植業已成為熱帶地區許多國家經濟的重要組成部分，二〇〇三年，全世界植膠面積已達九百六十多萬公頃，全世界天然橡膠產量為七五三點五七萬噸。位居世界橡膠生產大國前五位的分別是泰國、印尼、印度、馬來西亞、中國，五國橡膠總產量為六二九點二五萬噸，占全球橡膠總產量的百分之八十三點五。

但是，從人類發現天然橡膠，到人工研究開發橡膠，再到全世界，尤其是中國（主要是海南省和雲南省的西雙版納）橡膠事業的興盛，卻經歷了一個漫長而艱難的過程。

一七三六年，法國科學家康達明從秘魯帶回有關橡膠樹的詳細資料，出版了《南美洲內地旅行記略》，書中詳述了橡膠樹的產地、採集乳膠的方法和橡膠的利用情況，引起了人們的重視。

一七六三年，法國人麥加發明了能夠軟化橡膠的溶劑。

一八八八年，英國人鄧祿變發明汽胎，一八九五年開始生產汽車，汽車工業的興起，更激起了對橡膠的巨大需求，膠價隨之猛漲。

一八九七年，新加坡植物園主任黃德勒發明橡膠樹連續割膠法，使橡膠產量大幅度提高。由此，野生的橡膠樹變成了一種大面積栽培的重要經濟作物。從十九世紀末開始，英國人把巴西三葉橡膠樹大面積移植到馬來亞、斯里蘭卡、泰國、印度等原殖民地國家；荷蘭、法國殖民主義者，也競相在印尼、越南等地建起大批橡膠園。

由於橡膠樹屬於熱帶雨林植物，它對地理環境、土壤、氣候、濕度等自然條件要求極嚴。國際權威人士通常認為：「橡膠樹只能在界線分明的熱帶地區——大約是赤道南或北十度以內，北緯十五度以北和南緯十度以南被稱為「非傳統植膠區」。超越這一地區，則是禁區。所以，世界上天然橡膠主要生產國，大都集中在赤道以南十度到赤道以北十五度之間的熱帶雨林地區，其中有馬來西亞、印尼、泰國、印度、斯里蘭卡等國。

而我國除西沙、南沙群島外，都位於北緯十八度以北，雨量、氣溫、緯度等植膠條件均遠遠差於上述國家。許多國際專家歷來把中國劃為「植膠禁區」。西方的生物界權威專家們這樣認定：在北半球，巴西三葉橡膠樹絕不能越過北緯十七度線生存。直到一九八〇年，第十五版的《大英百科全書》還這樣記載：「橡膠樹僅僅生長在界線分明的熱帶地區——大約赤道南北緯十七度以內。」

其實，對於西方生物界權威專家們的謬論，早在一百多年之前，我們的祖先就用實際行動做了大膽的否定。一九〇二年，由僑居南美秘魯的華僑曾汪源和曾金城父子從馬來西亞引種第一批膠苗，在海南儋州洛基鎮西嶺村一帶培育試驗栽植成功，開創了中國栽培橡膠的新紀元。

一九〇四年，雲南傣族干崖（今雲南省德宏傣族景頗族自治州盈江縣）土司刀安仁先生，這位被孫中山先生譽為「邊寨偉男」的民主革命志士，中國同盟會員，著名傣族資產階級民主革命先驅，在率領各族健兒運用原始武器與英國入侵者進行了八年艱難卓絕的抗戰，最後在清朝政府的逼迫下，無奈地揮淚撤兵，出讓領土主權。面對喪權辱國的結局，刀安仁懷著「富國強兵」的夢想，不惜耗費鉅資，高價從新加坡引種了八千株巴西三葉橡膠樹苗，歷經千辛萬苦運回雲南，種植在北緯24°50′，海拔九六〇米的新城鳳凰山南坡上，建起了我國第一個橡膠園。用生機盎然的膠樹，打破了《大英百科全書》「北緯二十一度線以北絕對栽不活橡膠」的論斷，也打破了帝國主義專家學者「中國不能種橡膠」的結論。

可惜這批橡膠樹後因戰亂管理不善，到一九五〇年只剩下二株；現尚存一株，仍鬱鬱蔥蔥，充滿生機，被譽為「中國橡膠母樹」，已經受到國家保護。經測定，這株橡膠主幹莖圍還在繼續增長；從一九八八年至二〇〇一年，十三年中平均年增長量為三點一五三公分。

刀安仁曾是土司，因在武昌起義時舉兵響應，攻下清朝設在騰越（今雲南騰沖縣城）設立的鎮臺、撫臺衙門，被國民政府推任為「滇西國民軍都督府」都督；然而，一九一三年二月卻不幸因受誣告迫害以致病逝；後來雖被國民政府追贈了上將軍銜，但或許是因為以上種種緣故，自由兄弟在海南兵團聽取有關人員講述我國橡膠發展歷史之時，刀安仁這段敢為天下先，不惜耗費家產鉅資，創建我國第一個橡膠園的故事，一直鮮有人述說。如今，只有這棵屹立在鳳凰山上的「母樹」，依然在展示這位愛國仁人志士的報國風采……

一九〇五年，移民東南亞的華僑，又將橡膠引種到了臺灣嘉義。

西元一九〇六年，原籍樂會縣南盈村（今瓊海市朝陽鎮南盈村）旅居馬來西亞的華僑何麟書先生，為了實業救國，籌股五千光洋，回鄉成立「樂會瓊安墾務有限公司」，從馬來西亞引種育苗成活四千株橡膠，在樂會縣崇文鄉合口灣創辦了占地二百五十畝的「瓊安膠園」，成為海南島的第一個橡膠園。如今，這個海南第一橡膠園——「瓊安膠園」舊址，已位於瓊海東太農場坡塘作業區的十八隊。聽說，直至一九五四年，這批珍貴的「瓊安膠樹」還有八十四畝，二千零六株。一九八五年大部分「瓊安膠樹」被農場更新，但仍存六十六株。一九九三年為了將這些珍貴的「活文物」加以保護，東太農場以高研六〇〇號高產樹二株兌換一株，向何麟書曾孫何子彬兌換保存。如今僅存二十餘株，成為中國橡膠的「功臣樹」。

這批繁衍無數「子孫後代」的功臣樹，歷經百年滄桑，依然枝繁葉茂，是我國橡膠界艱苦創業的歷史見證，是具有不可替代價值的「活文物」。當時，除雲南盈江縣鳳凰山坡僅存的一棵「橡膠王」已給予保護外，這些年代久遠、能夠佐證歷史的「活文物」卻未能受到應有的關懷。它們帶著身上殘留的畸形疙瘩和累累割膠的刀痕，默默無言地佇立在溪邊山坡上，終日處在被外力剝奪的「等死」狀態。一九九六年，當時園徑三米、高二十米的「海南橡膠王」不幸被颱風颳倒死亡。這一令人心痛的狀況，引起許多人士的醒悟和重視。

新世紀初年，生活在海口的國家橡膠界權威，高齡八十多歲的黃宗道院士憐愛地向社會呼籲：「不要忘本，要圈起來立碑銘文，延長這些樹的壽命，保護活文物！」對於此一呼籲，農場領導頗為重視，他們派人為老膠樹砌起了圍牆，每一株功臣橡膠樹根周邊地面都被整理得平平整整，還在距樹根四五米遠的地方都挖上了營養溝，溝裏堆放了大量的有機肥。由於受到了良好的管護，如今這些樹生長依然繁茂，得以「安養晚年」。聽說，為了弘揚光大「瓊安膠園」精神，農場還準備斥資興建一個紀念園，將膠林辦成一個愛國主義教育基地。當然，這些都是後話。

就在何麟書先生創建「瓊安膠園」的後一年，也就是一九〇七年，華僑區幕頤也緊隨其後辦起了「那大橡膠園」。從東南亞引進來了上萬株的巴西三葉橡膠種苗，經過長達近十年的精心培育種植，這批膠樹終於順著膠刀汩汩地流出了乳白色的膠液。巴西三葉橡膠樹苗成功地移植生長海南的消息，吸引了眾多的華僑返瓊投資，興辦膠園。一九一一年，華僑劉傑生等人也從新加坡購買膠苗二萬株，在海南那大建立僑植膠園。從那時起，石壁的「南興」公司、加賴園的「茂興」公司、鐵爐港的「農發利」公司相繼成立，到抗戰前止，全島共有大小膠園九十四家，墾荒植膠面積一萬零五百七十四畝，共二十一萬六千五百株，成為舊中國海南橡膠種植業的鼎盛時期。

與此同時，華僑李貴廉先生於一九一七年也從新加坡把橡膠苗帶回廣州，由茂名農校校長吳柳軒帶到茂名（今高州市）西岸村種植；一九二六年又在茂名公館鎮盛墟種植橡膠樹十五株；一九四〇年在茂名農校也種下一株；這些橡膠樹至一九四九年時僅存八株。一九二七年，華僑林玉仁先生由泰國帶回橡膠種子在廣東徐聞育苗種植。一九四八年錢仿舟先生先生從泰國運回二萬株膠苗，種植於雲南西雙版納。這些愛國華僑強國富民的拳拳之心和堅韌不拔的移植膠樹的努力，為中國橡膠業成長奠定了基礎。

後來，雖然還有一些愛國華僑，也曾在廣東部分地區零星試栽了一些橡膠樹，但數量很少。到一九四九年，歷經四十五個春秋慘澹經營，中國的海南島、雷州半島和雲南西雙版納，僅有總面積為二千八百公頃的各類小膠園，一百二十萬株橡膠樹，其中開割樹約六十四萬株，年產橡膠一百九十九噸。

然而，誰也不會想到，隨著二戰的結束，一個「冷戰」的誘因，竟使我國的橡膠事業進入了一個日新月異的快速發展時期。

當年，以蘇聯為首的社會主義陣營，因受地理位置等條件限制，除了中國，其他國家沒有一個能種植天然橡膠，只好用石油做原料來生產合成橡膠作為替代品。但是合成橡膠不僅成本高，而且綜合性能比天然橡膠差，尤其是製造飛機輪胎，必須用天然橡膠作為原料，否則將影響飛機的安全係數和戰鬥力。為此，蘇聯千方百計從資本主義國家套購天然橡膠。正因為如此，作為社會主義陣營的「老大哥」蘇聯就很自然地將關注的目光轉向已有橡膠成功種植先例的我國廣東、海南和雲南等地。

早在一九四八年，蘇聯駐華使館隨國民黨政府轉移到廣州時，曾多方打聽廣東、海南等地種植橡膠的有關情況，並向史達林做了報告。新中國成立後，史達林更加密切關注我國的天然橡膠事業，多次主動向毛澤東、周恩來等提及種植天然橡膠這一重大話題。而新中國成立之後，國家的經濟建設也處於恢復時期，百業待舉，百廢待興，民用工業、國防工業都亟須大量天然橡膠。而以美國為首的西方國家卻對我國公然實行了全面經濟封鎖和禁運，天然橡膠作為重要戰略物資，更是他們禁運的重點。

一九五〇年十月，抗美援朝戰爭爆發，我國天然橡膠供應更趨緊張。前方飛機、大砲、汽車及軍用膠鞋亟須天然橡膠，後方物資運輸、醫療衛生及工農業生產也亟須天然橡膠，到處都向中央伸手要天然橡膠，天然橡膠像金子一樣貴重。

社會主義陣營的國際需要！處於抗美援朝戰爭和恢復經濟生產的雙重壓力下的國內需要！正是在這一歷史背景下，中央果斷做出「一定要建立我國自己的橡膠生產基地」的戰略決策。之後的幾年裏，蘇聯一直十分關注我國的橡膠擴大種植情況，甚至表現出了比關心抗美援朝更為積極的熱情。

據毛澤東的俄文翻譯、中央書記處辦公室主任、政治秘書室主任**師哲**回憶：

一九五一年六月，美軍在「三八」線附近受到朝、中部隊沉重打擊，表示願意和談。我國政府派高崗陪同朝鮮金日成前往莫斯科同史達林會商。那次會談基本結束，雙方人員進入休息廳隨意交談時，史達林忽然向我方代表提到發展橡膠園的問題，並說他聽說海南島、雷州半島，甚至廣州附近都有種植橡膠林的條件和可能。他關切地詢問：「這個問題你們是怎麼研究的？是否已有試驗田？」史達林還強調：「天然橡膠是戰略物資，是重要的戰略物資，你們要好好研究一下。」並熱情表示蘇方願意幫助種植橡膠樹。

我方會談人員回國後，即時向中央做了彙報。隨後，史達林又致電毛澤東，正式提出：帝國主義在戰略物資上封鎖我們，社會主義國家中，只有中國可以種植橡膠，希望中國開闢橡膠園，發展天然橡膠。鑑於當時的國際國內形勢，毛澤東立即委託陳雲負責此項工作，開展調查研究。陳雲迅速組織調查研究，向毛澤東提交書面報告，介紹海南島種植橡膠的有關情況，說明海南島、雷州半島可以種植橡膠，同時提出在華南幾個省擴大種植橡膠的設想。

八月十三日，毛澤東將這些情況向史達林做了即時通報。半個月後，周恩來在中南海主持政務院會議，通過〈關於擴大培植橡膠樹的決定〉。會議對華南廣東、廣西、雲南、福建、四川等地的氣溫、雨量及其他條件進行分析研究後，要求這些地方「應大力培植天然橡膠，迅速動員本地可動員的農林院校學生、教授組成調查隊，分別對本省區境內適宜種橡膠的地區進行調查，保護現有的橡膠母樹，確保種苗來源」。政務院還要求各省區從一九五二年到一九五七年種植天然橡膠七百多萬畝，爭取十年後年產乾膠十萬噸。

一九五二年八月十五日，周恩來率領中國政府代表團訪問蘇聯。二十日，史達林、莫洛托夫等出面，同周恩來、陳雲、李富春等會談。會談主題包括延長我國旅順口海軍基地使用年限和修建中蒙鐵路問題，還有關於蘇聯援助中國種植和割製天然橡膠協定等問題。周恩來介紹了我國發展天然橡膠的設想，告訴史達林：「我國有些從南洋回國的華僑，曾經帶回一些天然橡膠種子，在海南島試種成功。但橡膠樹數量少，產量低，而且都是私人經營的，如果由國家著手發展種植，情況會大不相同。」史達林很高興，他對發展天然橡膠熱情很高，多次建議我國單獨或與蘇聯合作，在海南島和廣東南部地區種植橡膠，逐步推廣、擴大橡膠園。

經過會談，雙方簽訂了《關於蘇聯援助中國種植和割製橡膠的協定》，蘇聯準備貸款幫助發展天然橡膠，並派專家參加這一工作。那次會談，史達林高興地對周恩來說：「你們的志願軍在朝鮮作戰和發展天然橡膠兩件事上，也是幫助了蘇聯。」

很長一段時間，自由兄弟在黨史博覽等刊物或作品上，看到有關當時中蘇發展中國橡膠事業合作的經過都是這樣描述的。但是，歷史就是歷史，它不容片面粉飾。

隨著歲月的流逝，外交檔案的解密，我們今天終於可以或多或少地知道，當時，蘇聯這個口蜜腹劍的「老大哥」從維護與美國爭霸的自身利益和凌駕於兄弟國家之上的觀念出發，對我國橡膠事業發展表現出如此關心的真實意圖。特別是在擴大種植橡膠的貸款問題上，蘇聯，尤其是史達林提出的附加條件是如此的苛刻，當時曾使毛澤東等中央領導感到莫斯科處事多少有些盛氣凌人的味道。

據作者**沈志華**發表於《中國經濟史研究》二〇〇二年第三期的〈**關於一九五〇年代蘇聯援華貸款的歷史考察**〉一文中述說：

在經濟貸款中，還有一項更能說明上述問題，這就是橡膠貸款。橡膠是蘇聯本身無法生產而在冷戰的環境中又很難從其他國家進口的戰略物資，因而希望通過中國的途徑搞到。早在與毛澤東的第一次會面時，史達林就詢問中國南方是否能夠種植橡膠。

一九五〇年十一月史達林要求中國為蘇聯代購橡膠五千噸（鑑於當時爆發抗美援朝戰爭，中國迫在眉睫需要蘇聯的軍事援助），周恩來為此致信毛澤東等人，告以莫斯科來電內容，並建議不管中國如何困難，都應轉賣蘇聯五千噸。後經毛澤東同意，並與陳雲商定：多給蘇聯三千噸，共八千噸橡膠，並可代訂五至七萬噸。但隨後美國開始實行對中國的經濟封鎖政策，中國要進口橡膠也非常困難了。儘管如此，中國政府還是在一九五一年上半年利用在天津和廣州的兩家英國公司進口了四千八百噸橡膠。

史達林對中國能夠向蘇聯提供橡膠表示滿意，但又感數量不足，希望中國大量種植橡膠，以保證這種戰略物資的供應。當時，中國橡膠種植面積只有二萬九千三百三十二畝，年產橡膠約七千五百擔，連國內的需求尚不能滿足呢。一九五二年三月，史達林又提出以創辦中蘇股份公司的形式在中國開發橡膠生產。但史達林沒有想到，股份公司的方式更為中國領導人所反感。毛澤東同意在中國南方種植橡膠，但認為採取股份公司的形式「在中國目前政治情況下不太合適」，建議由蘇聯提供貸款和技術設備，而中國以生產的橡膠償還貸款，並答應按低於世界市場的優惠價格向蘇聯提供年產橡膠量的百分之五十以上。

一九五二年九月史達林與周恩來會談時雙方簽訂了橡膠貸款協定。史達林在會談中直率地說：「我們想從你方每年得到一點五至二萬噸橡膠。你們說有困難，好像不同意。問題是我們需要橡膠，因為製造汽車和卡車需要大量橡膠，而這些車都是供給你們的。」周恩來回答，中國將採取一切措施保證如數供應，但考慮到「敵人的封鎖和其他反華措施」，擔心無法完成義務而被視為違反協定。史達林對此表示理解，但又不客氣地指出，中方應千方百計地按規定數量完成供貨，至於協定的寫法可以緩和些。如果中國不能按商定的數量提供橡膠，蘇聯只好減少中國的卡車訂貨。同時，對於周恩來提出的一億盧布的貸款數額，史達林也表示有困難。

九月十五日雙方簽訂了關於在中國種植橡膠的技術合作協定。協定規定，蘇聯向中國貸款七千萬盧布，在出產橡膠之前，中國每年需從第三國為蘇聯盡可能購得一點五至二萬噸橡膠，不足部分以鎢、鉬、錫、鋁、銻等原料頂替；出產橡膠後，每年產量的百分之七十提供給蘇聯，一九六三年以前按國際市場價格計算，以後則按低於國際市場百分之八的價格售與蘇聯。

瞧，這是多麼橫蠻無理而又橫行霸道的要求！就是因為貸款了區區七千萬盧布，竟要我們在出產橡膠之前，每年耗費寶貴外匯，從第三國為蘇聯盡可能購得一點五至二萬噸橡膠，不足部分以鎢、鉬、錫、鋁、銻等珍稀原料頂替；出產橡膠後，也不管當時我國自身橡膠都十分緊缺的情況，強行要求我們將每年產量的百分之七十橡膠以低於國際市場百分之八的價格售與蘇聯，簡直就是趁朝鮮戰爭之危，變相掠奪我國稀缺資源。

顯然，簽訂這個橡膠貸款協定使中國成為了蘇聯的橡膠生產基地，這是中方所不情願的，所以在史達林去世和朝鮮戰爭結束後不久，中國就提出中止了這一協定，同時已經確定縮減橡膠貸款。作為替代，一九五三年五月十五日中蘇兩國簽訂的協定規定，在一九五四年至一九五九年間，中方在自己原料十分緊缺的情況下，向蘇方提供鎢砂十六萬噸、銅十一萬噸、銻三萬噸、橡膠九萬噸等戰略物資，作為對蘇聯援建項目補償的一部分。

到一九六四年，中國提前一年還清了五十年代蘇聯的全部貸款和利息，一九六五年十月以前又還清了蔗糖貸款和貿易欠款。至此，中國還清了所欠蘇聯的全部債務。同年十二月三日，外交部長陳毅接見日本記者時宣稱，中國已經成為一個沒有任何外債的國家。中國人民當時的驕傲和喜悅心情是可以理解的，因為這是在危急時刻迫不得已，甚至帶有屈辱心理而簽下的不平等合作協議和所欠下的貸款。

史達林去世後，蘇聯仍然繼續「十分熱心」地關注著我國天然橡膠的發展情況，一九五四年十月，赫魯雪夫參加我國五周年國慶慶典後，曾專程到廣東參觀橡膠園。當時，橡膠林生長旺盛，多數膠樹已有小孩子拳頭粗，少數有大人拳頭那麼粗。他興奮地鑽進橡膠林裏看了一會兒，一向喜歡發表感想的他，本來還想要說點什麼，但因有人隨意說了一句：「這恐怕是你有生以來第一次走進橡膠園吧！」赫魯雪夫極為敏感，當時就不再吭氣了。

然而，誰也不會想到，正是蘇聯「老大哥」以社會主義陣營名義的國際逼迫、美帝國主義的經濟封鎖以及國內發展經濟的迫切需要三重壓力，使新生的紅色中國在百廢待興之際，即刻將發展橡膠事業作為振興中華的重中之重，從而義無反顧、別無選擇地急速拉開了大面積種植橡膠的帷幕，並且會前仆後繼、潮起潮落地持續半個世紀之久……

第三節　數十萬墾荒大軍十六年的功過歎息

照理，我不該重複那段歷史。因為之前，已有許多神來之筆用十分生動的語言講述過那段經歷。可是，在我即將講述海南生產建設兵團故事之前，我的思緒怎麼也跳不過那段歷史。因為那些農場，以及那些至今仍生活在農場的人們，就是海南生產建設兵團的前世今生。看來，歷史是無法割斷的。為此，我曾蒐集了許多有關這段歷史的資料和讀本，《廣東省情資訊庫》、《葉劍英傳》、《突破十七度緯線》等等。當我一一看完這些資料和文章，我的心情在激昂振奮之餘，又總有幾分揮之不去的悲壯和惋惜……

是啊，從一九五二年七月中央組成林一、林二師和獨立團分赴海南島、雷州半島和廣西合浦、龍州等地掀開大規模種植橡膠的序幕，到一九六八年八月動員大批的知青奔赴海南、湛江等地農場，直至組建生產建設兵團。之間的十六年，我國的橡膠發展事業，猶如南中國海的潮水幾漲幾落，其中演繹了多少慷慨激昂而心酸淒涼的故事，又有多少難以挽回的損失和教訓。考慮到已有前人精彩的述說，於此，我只想簡略地整理其中幾個主要潮起潮落的片段，算是對後來海南生產建設兵團背景有一個交代，也算是對閱讀許多資料紀錄和描寫這段歲月的文學作品的一番心得！

透過歷史文獻的燭光，我們可以朦朧地感到，我國橡膠事業的第一次大規模墾荒的高潮和低谷，應是一九五一年至一九五五年之間。當時，我國在史達林的迫切要求下，已於一九五〇年與蘇聯簽訂了聯合發展天然橡膠協議。計畫三年在廣東、廣西和雲南等地種植八百萬畝橡膠。為了落實這一協議，一九五一年初，中央做出一項重要的決策：在華南地區建立橡膠生產基地，發展新中國的橡膠事業。一九五一年八月三十一日，中央人民政府政務院在第一百次政務院會議又做出〈關於擴大培植橡膠樹的決定〉，要求各級政府以最快的速度擴大橡膠的種植。同時還決定，由當時的政務院副總理陳雲同志主持其事，在華南地區由中共華南分局第一書記葉劍英同志直接負責大面積種植橡膠的組織領導工作。

葉劍英受命後立即指示省政府有關部門，認真研究海南島、雷州半島等地的氣候、土壤等方面的資料，提出在這一帶大面積種植橡膠樹的可行性意見。同時，與政務院林業部等單位聯繫、磋商，落實有關具體事宜。這年九月，他同陳雲一起，在廣州主持召開了華南墾殖籌建工作會議，研究決定了組織機構、發展規劃和科研工作等方面的事項。

同年十一月，按照中央的決定，在廣州成立了華南墾殖局，葉劍英兼任墾殖局局長。廣東和廣西的幾名黨政領導同志兼任副局長，華南分局秘書長李嘉人同志任專職副局長，下設高雷、海南、合浦等墾殖分局。一九五一年十二月六日高雷墾殖分局宣佈成立，局長由粵西區黨委書記劉田夫擔任，局機關設在湛江，高雷地區各縣的縣委書記，還兼任所在縣的墾殖所的所長。一九五二年一月一日以原海南行政區公署橡膠墾殖處為基礎組建成立了海南墾殖分局，由海南行政區公署主任馮白駒兼任局長，局機關設在海口，具體領導全島的國營橡膠墾殖工作。

為了統一思想，明確任務，葉劍英主持召開墾殖局工作人員大會，並做動員報告，闡述發展橡膠事業對於發展工業、鞏固國防、實現國防現代化的重大意義，要求大家全力投入這一光榮事業。早在九月份，籌備成立華南墾殖局的會議開過之後，葉劍英就向中央寫過一封信，建議在全國範圍動員農林技術人員參加橡膠墾殖事業。他在信中充滿激情地寫道：「全國的農林學家和技術人員，請到北緯二十二度線來站隊！」

葉劍英同志認為，要領導好橡膠墾殖這項新的大規模建設事業，必須先進行認真的調查研究，然後才能制定出合乎實際的發展橡膠的方針和規劃。一九五一年十一月二十一日，葉劍英帶領一批林業、橡膠方面的專家，首先到了高州和雷州半島。之前，部分領導同志和林業專家對高雷地區能否種植橡膠樹有些懷疑。葉劍英到達後，翻山越嶺，在徐聞縣境內，先後發現了老橡膠樹二千株以上，在茂名縣也發現了一些老橡膠樹。葉劍英同志當即肯定，高雷地區完全可以種橡膠。

一天，葉劍英同志聽說位於粵西山區的高州縣縣城附近也發現了三株橡膠樹，便立即趕往察看。當瞭解到這三株樹原來是一位華僑為準備興建橡膠園而試種之後，他非常高興地對身旁的同志說：「這三株橡膠樹說明，從這裏開始，一直向南，都可以種橡膠！」高州縣位於北緯二十二度線上，這三株橡膠樹的發現，把中國當時能夠種植橡膠樹的地帶又向北大大地推進了一步。

之後，葉劍英又來到海南島，深入細緻地瞭解全島橡膠樹種植的歷史和現狀，經過反覆調查核實，搞清了全島橡膠樹的數目和分佈情況。在此基礎上，他又從北到南，從西到東，深入到橡膠園，認真地瞭解橡膠生產的現實狀況。在那大、文昌、南橋等幾個較大的膠園裏，他饒有興趣地觀看了由割膠、收漿到製膠片的加工過程，對膠園職工特別是一些華僑老膠工熟練的製膠技術和豐富的經驗十分讚賞，他要求當地負責人，儘快組織人力，保護好現有膠園，管理好橡膠樹。

經過二十多天的深入考察，葉劍英掌握了大量第一手資料。回到廣州，他立即提筆給毛澤東主席和中共中央寫信。接著，又以中共華南分局第一書記的名義，向中央寫了「目前橡膠工作上應抓緊之重點」的報告。葉劍英在信和報告中提出：高雷、海南，土壤肥，荒地多，可以大力發展橡膠。初步看法，在這些地區經營幾百萬畝膠林，是可以在數年之內做到的。

葉劍英還提出，海南、高雷地處國防前線，發展橡膠事業必須有足夠的國防力量加以保護。因此，要把橡膠事業的發展同國防建設和其他經濟建設事業結合起來，調整前線的軍事部署，加強鐵路、公路、郵政、民航等方面的建設。同時加強海南島黨的領導和行政機構，將海南行政公署改為海南島人民政府，成立中共海南島黨委，直屬華南分局領導；抓緊整頓和鞏固現有的橡膠基地，抓好種、苗、樹、膠四個環節，特別要注意整頓苗圃和組織收種，立即進行橡膠林地的勘測、設計和開荒，加緊培訓幹部與橡膠的試驗研究等工作。並且將華南墾殖局遷到湛江，以便就地指揮，即時解決問題。

中共中央和毛澤東十分重視葉劍英的這些意見。毛澤東逐句逐段看了葉劍英的信和報告，在一些重點問題下面做了記號，同時將信和報告中提出的各項建議、問題，迅速批轉給周恩來、朱德、聶榮臻、陳雲等其他領導同志閱看，並請周恩來辦理。不久，中央回電給葉劍英同志說：「同意所說各點。」並採取措施，組織各方面有關力量，逐步予以落實。

與此同時，新成立的海南軍政委員會根據中央和廣東省政府的指示精神，開始把發展橡膠業列為海南建設事業最重要的一個任務和海南農業的首要任務，確定對橡膠事業實行「大力恢復，大量發展，以國營為領導，扶助民營為主，有計畫地穩步前進」的方針。為此，海南軍政委員會所屬的橡膠墾殖處，在一九五二年開展了調查，摸清此前整個海南島的橡膠種植面積三點六三萬畝，且散落在十二個縣域的已有膠園情況，同時積極組織恢復生產，依法沒收敵偽和官僚資本家的橡膠園歸國家所有，開展給農民發放橡膠育苗貸款以及籌建地方國營橡膠墾場等工作。而以劉田夫領導的高雷墾殖分局也早就行動，在一九五一年九月，就以高雷專署的名義派出專人到海南島考察橡膠，帶回了一批橡膠苗木和種子，分發到各縣試種。華南墾殖局成立後，他們更是做了許多協調、配合的工作。

儘管經考察證明，巴西三葉橡膠樹也能在華南地區生長，但它相當嬌貴，要成活就得營造出適合它們生長的小環境。當時，海南島和高雷地區準備種膠的地方，大部分覆蓋著原始森林、次生林、灌木荊棘和草原植被的處女地。華南墾殖局搬到湛江之後，第一副局長李嘉人就成了墾殖前線實際上的執行指揮官，他和惠中權等局領導都十分明確，要打好橡膠墾殖開局這一仗，關鍵是抓好採種育苗和橡膠林地的規劃與營造。

根據葉劍英的指示精神，一九五二年二月八日，華南墾殖局召開第一次墾殖會議，確定一九五二年全墾區採種一二八點一六萬斤，籌備育苗竹籃一點五億個。由於橡膠母樹主要集中在海南島，因此海南墾殖分局承擔了主要採種任務，數量是一百二十八萬斤，高雷分局則分擔零頭——一千六百斤。四月四日，華南墾殖局又召開第二次墾殖會議，決定從當年七月到一九五三年二月，開荒種膠四百二十萬畝。其中：海南分局一百二十萬畝、高雷分局二百二十萬畝、廣西分局八十萬畝。

至此，前期倉卒而緊張的調研規劃及籌備組織工作暫告一段落，隨即拉開了大規模墾荒殖樹會戰的序幕，而擔任這場會戰的中堅和主角是一萬九千六百五十三名帶槍的軍人和一千多名來自全國各地的大中專院校學生，以及二十五萬名來自廣東、廣西等地的民工。說起這支攻堅部隊的組建過程，還頗為有些戲劇性的故事！

當時，雷州半島和海南島剛解放不久，各種敵對殘餘勢力還沒有完全肅清，為了實現發展華南地區橡膠事業的宏偉藍圖，必須有一支堅強可靠的武裝隊伍做後盾。為此，葉劍英同志向黨中央建議，抽調約兩萬名解放軍指戰員，組建了林業工程第一師、第二師和一個獨立團，作為橡膠墾殖的骨幹力量。同時，他還指示兩廣各級地方黨委和政府，動員廣大農民參加橡膠墾殖工作。

要抽出兩個師、一個團的部隊進行改編，這樣大的兵力調配，必須由大軍區——中南軍區來部署。起初，中南軍區擬將四十九軍一四六師改編為林業工程第一師，進軍海南島；抽調駐廣東、湖南、江西的部隊合編成林二師，開赴雷州半島；把廣西軍區綏靖團改編成林業工程獨立團，進駐合浦、龍州。但是，為了加強南疆防衛力量，軍委已將一四六師師部調到了粵北組建砲兵師，組建林業工程部隊因而推遲。

一九五二年七月三日至四日，根據政務院和中央軍事委員會的決定，中南軍區召開軍事會議，正式確定林業工程部隊的指揮機構、組成序列，具體開拔事宜：由解放軍一五六師原師長、華南墾殖局在任副局長鄧克明擔任林業工程部隊司令員，轄兩個師、一個獨立團。將原駐廣西賓陽的解放軍第一五二師師機關及直屬分隊調往海南，七月五日出發。接到命令後，稍作兩天準備，一五二師政委劉友光、參謀長馬哲武就將原轄的三個團的部隊全部留下，領著師直機關一千人馬，即刻坐上廣西軍區汽車團的十輛卡車，沿著砂石公路，一路顛簸，經玉林，過廉江，到海康，經過兩天兩夜長達六百餘公里的奔波和周折，於七月七日晚上約九時到達海口秀英港，不巧正值退潮，船無法靠岸，大家遠望港口的燈火和黑黢黢的防波堤，只好在船上過了一夜，直到八日上午才進駐海口。

一五二師機關進入海口後，按中南軍區原先的改編部署，原是接收師部已調至粵北的一四六師留在海南的三個團。但是，幾經聯繫，才得知此時這三個團已改編為邊防團，駐守「天涯海角」的榆林要塞去了。代替一四六師的三個團，則是海南軍區的三個獨立團——二十六、二十七、二十八團。這三個團的前身都是馮白駒領導的瓊崖縱隊官兵，他們長期生活戰鬥在海南島，也有參與種植橡膠的思想準備。早在一五二師機關抵達海南之前，就已根據海南軍區司令員馮白駒的命令，分佈在海南島當時老膠園較集中的主要地域。二十六團駐在瓊山縣大致坡，二十七團駐瓊海縣加積，二十八團駐臨高。把這樣的部隊改編成林業工程師，無須太多功夫，只須發佈命令，依次改為一、二、三團番號，指定進駐地點和調遣時間，明確任務即可。

至於為何要將馮白駒領導下的瓊崖縱隊的海南島本土的三個團改編為林業工程部隊，而不派駐榆林要塞，這恐怕是一個難解之謎，也是上級高明的用兵之道所在了。一九五二年七月中旬，一五二師機關改為林一師師部，同時兼併了一四六師留在海口的師部醫院，中國人民解放軍林業工程第一師（簡稱林一師）正式組建完成，師長曾慶禎，政委劉友光，副師長馬哲武，副政委林明，政治部主任江洪洲，參謀長潘照。九月，劉友光上調，王昌虎接任師政委。同年十月，林一師與海南墾殖分局合編。至此，軍地結合共同開始了大規模地投入以橡膠種植為主的海南墾殖建設事業。

林二師的三個團，是由江西駐軍、廣東珠江軍分區、湖南益陽軍分區抽調所屬部隊組成，師部人員則從江西南昌軍分區機關抽調。師長吳文華，政委江學彬，副政委陳文高，參謀長王偉。所轄三個團的番號為林業工程四、五、六團。其開拔分成兩路，一路三個團分頭從廣州、番禺、中山的香洲（今屬珠海市）坐船來到開平縣的長沙鎮集中，由參謀長王偉帶領，從陸路向粵西墾區徒步進發。另一路是師直屬隊，載上輜重直接坐海輪經虎門，出珠江，沿西南海上航線駛往湛江。一九五二年八月初，林二師所屬各部全部到達高雷墾區指定地點。師部設在湛江，四團往海康，五團到徐聞，六團駐高州、化州。而林業工程獨立團則由廣西軍區綏靖團成建制直接改編，分赴合浦、龍州。

也就在這段時間，廣東、廣西省的各級地方黨委、政府動員陸續徵召到了大量工人和民工。據資料記載，從一九五二年夏季到年底，在雷州半島和海南島北部平原，投入墾荒的人力有軍工二萬人，固定工十九萬人（也有說是二十一萬），民工二十五萬人。一時間，縱貫半島和瓊北的公路或小路上，到處都是穿著各色衣衫衣褲，挑著自帶的糧食、工具、行李，舉著紅旗橫幅的隊伍，到處都是機械聲隆隆、砍刀鋸鋤揮舞，熱火朝天墾荒的場面……

因為種植「流淚樹」，人類史無前例地對古老的雷州半島展開了最壯觀激烈，也是最野蠻慘烈的墾荒掠奪，以至於給雷州半島留下永遠無法彌補的傷痛。據史料記載和老人講述，那時的雷州半島，由於億萬年火山灰的沉積，土地相當肥沃，再加上位於邊陲，人口較少，保護較好，並未過度開發，就像今天的西雙版納一樣，在近萬平方公里的平原上，到處都是許多一望無垠、鬱鬱蔥蔥連片的原始大森林和次森林。在高州、信宜和化州，以及廉江、遂溪等地，除了公路兩側的灌木林、海邊的曠地和不多的芒草莽原，全境幾乎全被原始森林覆蓋。

而徐聞縣的原始森林更是一直往北綿延到海康縣境內南部，總面積三千多平方公里。走出縣城不遠就能進入原始森林，有的古樹大到幾個人都抱不過來。密林深處，抬頭不見天日，陰森森的密林、毛竹、蔓生的灌木叢和芒草，交織互生，一直延綿至南端的海岸線上，幾乎覆蓋了整個半島突出南海的陸地。在陰森幽深望不到頭的林莽之中，生活著許多野豬、黃猄、豹狸、野兔等野生動物，除了林濤、鳥鳴獸叫和溪流的潺潺水聲，還隱約可聽到虎嘯——這就是十分珍貴稀少的華南虎種群之一的徐聞虎……

這些情景，在**《突破北緯十七度線》**一書和當年參與拓荒者的許多故事中都可以得到證實：

……一天，駐紮海康的林二師四團有一名戰士單獨執行任務，半路上冷不丁從林裏竄出一隻老虎直撲過來。倉卒間他掏槍與老虎搏鬥。最後老虎是打死了，戰士也在搏鬥中被虎咬中要害，傷重犧牲。

大開荒驚擾了老虎這林中之王的美夢。在拖拉機的吼叫聲和墾殖大軍的斧鋸下，牠們藏身的領地一天一天縮小，牠們賴以生存的食物——野豬、黃猄、豹狸、野兔等動物也越來越少，憤怒的老虎，竟然在大白天也敢攻擊坐在拖拉機裏的機手。一天上午，○一○六場的四臺拖拉機在一塊新墾地耙地。其中一臺拖拉機耙到地頭正要拐彎，地邊的樹林裏猛然竄出一隻老虎，氣勢洶洶直撲過來。咆哮的老虎對機手攻擊了好長一個時辰，最後看到另一臺拖拉機趕來增援，前後夾擊，才無奈地竄入山林離去。

還有一次，林二師的三位通訊兵由一個當地農民領路到野外架線，走著走著猛然發現前方伏著一隻大老虎。一位戰士掏出槍來要打，農民嚮導趕忙制止，叫大家站著別動。人和虎在原地對峙，人眼與虎眼碌碌相望。良久，老虎的大口齜嗑一下，頭晃一晃，站起來甩甩尾巴，轉身慢吞吞地走進密林。

為了消除虎患，墾殖大軍專門抽出一批軍工和民工，持槍編成防虎隊、打虎班，夜間輪流站崗放哨。老虎一來，就敲鑼報警，大家一起吶喊呼應將虎趕跑。還有一些人在老虎經常出沒的地方挖下陷阱，佈設獸夾。有的還在豬肉裏裹上雷管炸藥，老虎一噬就炸得血肉橫飛；有的則在大木籠裏放隻狗崽，安上活門，把餓虎引來活捉……

除了老虎，墾荒的人們還對其他動物也開始了大規模捕殺。在信宜第一中隊營地附近，戰士們還發現一條巨大蟒蛇，五十多名大漢手執粗竹竿把牠團團圍住。惱怒的大蟒把頭伸得比人還高，口中呼呼噴氣，泡沫狀的唾液灑出數丈遠，尾巴發狂地把身邊的小樹纏得劈哩啪啦斷折。人們緊張地鏖戰十幾分鐘，亂棍之下將蛇頭打扁。把死蛇拖去一秤，好傢伙，竟重達二百三十六斤。

看到以上虎嘯蛇行的事例，我們不難設想，當時的雷州半島該是一片多麼萬物靈動、生機盎然的世界，其熱帶原始雨林和次生林，該是多麼寬廣遼闊、豐富多彩，否則，是很難形成供給如此巨大肉食終端動物的生物鏈。可是，當時的人們，絲毫沒有意識到環境保護，反而對原始森林和自然植被展開了滅絕性的墾荒。

就在一九五二年這個炎熱的夏季，三百多臺拖拉機和一百多輛載重汽車，還有許多灌木斬伐機等機械，從高州往南一溜兒排到徐聞，組成了當時中國最大的農林業機械化群，在當地居民憤怒的視野裏，與十多萬墾殖大軍同時向雷州半島原野瘋狂推進。這些清一色蘇聯製造的德特——五四等大馬力鏈軌拖拉機和大嘎斯載重車，尤其是史達林一百號，重型坦克般的龐然大物，發動起來，轟隆隆聲音震耳欲聾，厚重的鋼鐵履帶壓得大地打顫。拖帶的鋼鏵犁差不多有半人高，加裝的推土鏟像面利器，所及之處，樹木荊棘無不臣服披靡。

最初，操縱拖拉機的，清一色都是人高馬大、肩闊腰粗、披一頭金色或栗色頭髮，有些還在唇鼻間留兩撇翹翹的蘇聯人。他們大都是原先參加過「二戰」的蘇聯紅軍坦克兵，派到中國後，搖身一變就成了「機務專家」。可惜這些「專家」才有幾十名，人手不夠，華南墾殖局又想法從我軍裝甲兵部隊要來一些坦克手。於是，蘇中兩國的坦克兵，聯合駕駛著由蘇製拖拉機改裝成的推土機，開始恣意地蹂躪著毫無抵抗能力的原始大森林……

在冒著黑煙的吼叫聲中，大馬力拖拉機毫不留情地碾向莽莽森林，大樹被拱倒，灌木叢被軋平，尾隨的人群舞鋤弄鋸。當時的墾荒作業是人、機、火三結合，藤蘿和小灌木大都是用人工砍去，荊棘芒草用火燒。灌木和不太大的樹則用拖拉機推拉的辦法，在拖拉機前頭裝上一人高的推鏟，然後一路摧枯拉朽連根鏟除。有的大樹腰粗、枝多、葉密，底下盤根虯雜，拖拉機推它不倒，人們便在樹身高處套上鋼纜，掛到拖拉機鉤上，然後開足馬力，將樹根撬鬆，讓大樹轟然倒下，再平拖將樹根拖斷。有的樹幹實在太粗，一臺拖拉機拉不動它，就來兩臺、三臺，聽說最高紀錄是五臺，拉的是一棵主幹直徑一米多的大葉榕。五臺拖拉機朝著同一個方向，五條鋼纜繃得宛如弓弦，隨著哨聲響動，五臺拖拉機一起吼叫，經過三番五次，那棵千年古榕終於轟然倒地……

那段時間，幾千平方公里的廣闊平原，幾百個墾荒點都在同時作業。機推、刀砍、鋤挖，到處可以看到清山後堆積如山的樹木，燒過的荊棘芒草叢留下的厚厚灰燼。三百多臺拖拉機明顯不足，許多墾荒點等不及拖拉機的到來，全仗著人海戰術清山，鋤頭、砍刀、大鐵鋸一起上陣。遇到像榕樹這樣的巨木，人們就先用龍鋸把著地的大氣根一條條鋸斷，用刀砍掉那些傘狀伸出的枝椏，然後幾個人輪流拉著大鋸，待主幹鋸到差不多時，再將一條粗繩繫到主幹梢頭，集中人員牽著繩索把握倒向，大家喊著號子，一起發力把樹拉倒。之後，再挖掉蛇群般四處蔓伸的樹根，處理燒掉倒下的樹木枯枝，讓拖拉機拖上雙輪多鏵犁，將裸露的土地犁開耙平。

於是，地圖上的綠色雷州半島就像一塊平攤的桑葉，被聚集的二三十萬墾殖大軍，猶如蠶食一般，一點一點地將曾經覆蓋在土地上的林莽和草原啃去。才四五個月的工夫，雷州半島原始森林和瓊北的原始草原地帶便換了新貌。一百五十三萬畝處女地掀開蒙罩了千萬年的蒼龍頭蓋，露出了赭紅的、深褐的、黝黑的泥土本色，到處可見按一百畝面積為一格，四周留出防護林的一個個大方格，方格內挖有許多準備栽育膠苗的坑穴，一行一行地橫豎相齊，這就是未來的橡膠林段。在化州、高州的丘陵地帶，人們還順坡修出了一條條環山行，像梯田一樣地層層疊疊，好不壯觀……

大面積種植橡膠必須要有足夠的種子，據推算，按照政務院確定的墾殖計畫，種植四百多萬畝橡膠樹，至少需要一億多顆種子。即使是首批種植一百萬畝，所需種子也不少於二千五百萬顆。為了解決巨量的橡膠種子來源，據說中央曾經秘密派人到東南亞的一些國家，試圖通過一些關係高價尋購橡膠種子。可是，面對帝國主義的封鎖禁令，沒有一個橡膠園主敢冒殺頭的風險賣給紅色中國一粒橡膠種子。對此，葉劍英決定，主要依靠海南島一帶原有的老膠林來解決種子問題。開始採集種子之時，由於幹部和職工缺乏經驗，一些私營膠園便把未成熟的種子賣給國家，有的還把種子放在水中浸泡加重。結果，種子在地裏不能發芽，國家受到損失。

瞭解這些情況之後，葉劍英對如何從私營膠園中蒐集種子，重新做了具體佈置，指出要「點種定購」，讓種子成熟下地才撿。根據葉劍英的意見，林業工程部隊的幹部戰士在種子成熟季節，先將膠樹下的雜草清除乾淨，然後晝夜守候樹下，摒聲靜氣地傾聽種子在樹上成熟的爆裂聲，即時將落地的種子撿起來。有一個班的九名戰士，提出了「一粒種子，一粒黃金」的口號，共撿到了五千九百四十九斤種子，榮獲「撿種模範班」的光榮稱號。為了將採集的種子即刻運出海南島，葉劍英責成墾殖局在海口設立了運種指揮部，在海口秀英碼頭設立轉運站，並請當地駐軍支援車輛和艦艇參加搶運。一九五二年秋，在搶運橡膠種子的過程中遇到了颱風，影響了運種速度，葉劍英便要求民航部門派出飛機搶運。就這樣，一批批種子安全及時地運送到了雷州半島及廣西、雲南等地的苗圃基地。

為了組建一支橡膠科技隊伍，葉劍英還建議中央號召橡膠專家和技術專家前來工作。經中央批准，將當時中山大學、廣西大學兩所學校的林業專修班，改為橡膠訓練班，提早畢業，並全部撥給華南墾殖局使用。葉劍英把華僑看成是墾殖橡膠的重要力量，多次聽取愛國華僑陳嘉庚的意見。他還要求將廣東各地懂橡膠種植技術的歸國華僑動員起來，經過培訓，派到膠園擔任技術人員。而蘇聯也派出了所謂擁有較全面技術資料，在植物學方面有較高深理論的專家。那種像一個「田」字，四個口裏都是三百畝範圍的膠林，周邊種上防護林，居中位置就是場部所在的大網格設計，就是蘇聯專家參照西伯利亞農場的模式、規定，而設計出來的林網式農場翻版。

不久，在斷斷續續的秋雨之中，一九五二年墾區當年墾成的一百五十多萬畝新地，就有八十六萬畝共計二一八九萬株橡膠小苗張開嫩綠的新葉。雷州半島的墾殖場不少植膠區已初現規模，三百畝地的一個個大方格，林段、防風林帶、道路都按設計規劃的樣式在地面上露出雛形。為此，高雷墾殖分局的領導滿懷信心地將一九五三年春季確定為重點定植階段，要求各墾殖所於年底加緊做好各項準備工作，指待春雨一到，就用膠苗將新墾林地全部覆蓋。

然而，意想不到的是，大自然以它頗為簡單的方式，向愚昧的人們展開了殘酷的報復。由於原始森林和草原植被幾乎被砍伐殆盡，影響了濕潤氣流上升形成積雨雲，從一九五二年冬季到一九五三年的整個春季，雷州半島沒下過一滴雨水。再加上半島河流流徑本來很短，如今缺少了原始森林植被水源的補給，全都乾涸斷流，連人畜飲水都十分困難。乾旱的田地很快就張開了裂縫，寬得甚至可以插進手掌，那些在秋季突擊定植下的膠苗，也在乾裂的地裏蔫蔫地捲起嬌嫩的葉子……

奇異的反常氣候引起了雷州半島當地老百姓的疑懼：這麼乾旱的冬春，已經幾十年罕見！於是，人們心內缺水的焦灼議論，很快就演變成了煽動性的謠言，隨之在海康和徐聞等縣鄉間悄悄傳播開來。「天大旱，是因為墾殖開荒挖掉了森林，破壞了雷州半島的風水，觸怒了龍王爺。要是墾殖場繼續開荒，不僅天要旱下去，人也要慘遭禍殃。只有把外地人都趕走，不讓他們再搞墾殖，老天才會降雨……」

儘管墾殖大軍到雷州半島來種橡膠，曾得到了許多當地老百姓的支援，但由於規劃不細，破壞了半島幾千年形成的生態環境，又一下子來了幾十萬人，日常吃喝拉撒睡的物資供應、生活習俗等也打破了當地的社會生活常態。於是當地農民與墾殖人員打群架和大規模械鬥日趨增多。僅一九五三年三、四月間，在徐聞的墾殖場就發生與百姓打群架的事件四十五起，涉及十個墾殖場點。遂溪縣的十八個場有十一個場發生了打鬥。

在海康縣的調風鎮，被煽動起來的憤怒百姓開始衝擊東娼墾殖場，並逐漸演變成了大規模的械鬥，四千多名百姓與一千多名墾殖工人混戰打成一團。歷史上最嚴重的一次械鬥也發生在海康縣，遍及七個墾殖場，當地百姓和墾殖工人雙方共出動了六千多人參加了械鬥。人們用削尖的竹竿、鋤頭、鐮刀作為武器，你砍我捅地混戰一團，結果傷者無數，還死了幾人。捲進那次械鬥的站堰墾殖場，事後專門成立了指揮部，指定了偵察員和聯絡員，並做了四百副擔架，準備再與當地百姓大打一場「持久戰」。在高州、信宜和化州等縣也因山林、地界、水源等糾紛發生了不少衝突傷亡事件。

就在雷州半島百姓為捍衛亙古千年的綠色家園與墾殖工人打得不可開交之時，一九五三年三月五日，蘇聯歷史上最有權力的領導人約瑟夫・史達林因患腦溢血搶救無效在莫斯科逝世，享年七十三歲。當時，由於中蘇關係正處於友好時期，全國各地下半旗致哀，許多人都陷入悲痛之中。然而，誰能想到，正是這個遠在萬里的克里姆林宮「偉人」的種種逼迫，給雷州半島帶來一場無法挽救的災難。真是應了那句「蝴蝶效應」的名言。如果這位「偉人」早一些去世，或是稍微慈悲寬裕留給我國開發橡膠種植的一些時間，或是沒有那麼雄心勃勃，將開發的面積減少一些，或是將開發的規劃再做得細緻一些，我們今天也許依然能在雷州半島看到那片萬物靈動、虎嘯蟒行的古老原始大森林……

唉，可惜呀，我們古老的雷州半島莽莽原始森林，就這樣毀於史達林惡魔般的衝動意念之中，如今再也尋不到它的半點蹤影，只能在夢境想像它當年的壯觀。難怪，後來許多當地老人只要提及當年的盲目砍伐，依然是憤恨不已。記得有一次，自由兄弟乘車出差茂名，途經高州，在路邊一個小鎮飯店用餐。與一老人閒聊說起本人曾在海南開荒種過橡膠，老人頓時臉色大變，指著漫山遍野長滿劍麻的山嶺，破口大罵起來：「種什麼鳥橡膠，當初將我們這裏的原始森林全砍光了，結果種的膠樹又全給凍死，只好改種劍麻，害得我們這裏水土不保，小河斷流，好好一片風景糟蹋得不成樣子，連建棟房子的木料都得到很遠的地方去買……」老人一席言語，讓我瞠目結舌，不知所措。可想而知，這場倉卒的大墾荒，曾給當地百姓心靈造成多大的傷害和沉痛……

是年三月，葉劍英奉調至中南局任代理書記，由易秀湘接任華南墾殖局局長、黨委書記職務。隨之而來的中蘇關係也漸漸惡化，蘇聯開始陸續將其專家組撤走，只留下少量專家留守指導。然而，偉人的去世，專家的撤離和乾旱的恐嚇，並沒有阻止人們擴種「流淚樹」的熱情，在人們挑水保植的苦戰之中，到一九五三年初夏，華南墾殖局制定的橡膠定植計畫，基本按原部署完成。

在高雷地區、合浦地區和海南島北部平原，共種下巴西三葉橡膠樹一百四十多萬畝。這是新中國的第一代橡膠樹，也是一千多名大學師生和數百名歸國僑工，一萬九千六百五十三名林業工程部隊官兵和一百二十五名四十三軍幹部，七千三百餘名地方幹部、二十一萬職工和二十五萬名民工，用他們憨厚樸實甚至是愚昧的忠誠，寫下的所謂自豪而應當自責的歷史篇章。是時，成立才一年半的華南墾殖局，已擁有二十九個墾殖所，三〇九個墾殖場，十個拖拉機站和一個機械修配廠。

然而，短時間內攤子鋪得過大，物資、運輸和技術等組織工作跟不上，特別是由於缺乏經驗，在未經過改造的平原、草原開荒種膠，必定會造成生產受挫。儘管全墾殖局已種植了橡膠一百四十萬畝。但由於大旱，加上經驗不足，實際存活只有六十四萬畝，保存率僅有百分之四十五。後來周恩來把整個情況向毛澤東彙報後，主席跟總理講，現在我們只能根據自己的力量，按照科學的辦法，實事求是地去發展橡膠。總理按照主席的意思，提出了今後我國發展橡膠事業的工作方針是「提高質量，增加產量，改善經營，降低成本，鞏固發展，穩步前進」。

一九五三年六月十三日，華南墾殖局根據中央的決策，修改了計畫，確定將墾荒種膠任務從八百萬畝收縮為二百萬畝，把發展重點轉移到海南島的「大轉彎」步驟。同時妥善處理土地、苗木和人員資遣等問題。通過調整，放棄已經開墾但不宜植膠的土地二八四萬畝，其中高雷墾區二十九萬畝，海南墾區九十六點五萬畝，廣西墾區一五八點五萬畝；對已種植橡膠的放棄八十八萬畝，整個直接經濟損失高達八五五〇萬元。實存的六十四萬畝橡膠苗木，應予淘汰的有十萬畝，保留僅剩五十四萬畝，保存率降為百分之三十八。

從墾荒三百七十多萬畝到保留五十四萬畝，其中多少艱辛？多少損失？三百多萬畝的無效勞動，這是一個因國際偉人橫蠻要脅而造成的天大政治笑話！更為痛心的是，在雷州半島、海南島和合浦等地區出現了大片大片丟荒的土地，光禿禿的山嶺和平原上，沒有任何樹木和植被，水土也隨之流失嚴重。後來，人們又聽信所謂專家的指導，在這些丟荒了的空地上引種了易生快長的小葉桉和馬尾松等外來樹木，豈料這些外來植物更加劇了土壤的板結和貧瘠。唉，一時不慎，致使雷州半島、合浦等地區元氣大傷、後患無窮。今天，當我們回首遙想那片鬱鬱蔥蔥的高雷原始森林，真是讓人痛心疾首不已啊！當然，這是後話，如今已是於事無補了！但願我們今後的決策者們不要再愚蠢地重蹈這樣的歷史覆轍……

政治偉人的頭腦狂熱必定會帶來經濟建設的曲折，從一九五三年七月大轉彎工作開始，至一九五四年六月，整個華南墾區陷入了一派「遣送」的混亂之中。期間，共資遣工人十三點五萬人，占工人總數的百分之七十，保留六點九五萬人；精簡編餘幹部一點五五萬人，保留九千九百人。如此大規模的人員遣送回鄉，真是讓人有些欲哭無淚啊！當初人們打著紅旗轟轟烈烈而來，如今卻要捲起鋪蓋，灰灰溜溜離去，其中思想工作的難度和職工隊伍的傷心可想而知。不過，最讓人同情的乃是林一師海南本土戰士的復員。

一九五四年一月二十五日，中央決定將華南墾殖系統黨的工作，交給地方黨委領導。二月二十日，上級決定林一師、林二師和獨立團的軍人開始復員轉業。也就在這時，海南島拉開了反「地方主義」的序幕，當初，原瓊崖縱隊留在海南軍區的三個團（即第二十六、二十七、二十八團）全部編入了林一師，由於省委和軍區主要領導對原瓊崖縱隊領導有偏見，認為這些部隊屬於馮白駒的地方勢力，有意逐漸使其解體，便陸續將原建制的幹部，分別派到各團（場）營（分場）去當「骨幹」。後來，馮白駒被指控犯了「地方主義錯誤」，調離海南。林一師集體轉業之際，年老體弱的原瓊縱一萬多人被復員回家，不少人連一紙復員軍人證書也沒領到，安家費也沒有。由於長期的革命戰爭，許多人的家庭被敵人摧殘得家破人亡，根本無家可歸。

更令人不可理解的是原瓊崖縱隊的二千多名女戰士，分別從海南軍區婦女隊和農墾隊伍中被驅逐出來，強行復員回家。這些女戰士，曾在戰爭年代擔任過炊事員、護士、交通運輸員等，不怕艱難困苦和流血犧牲，好不容易才盼望到革命的勝利。她們興高采烈，渴求學習文化知識，以便建設國家。卻不料，上級命令下來要她們復員回家。有的女同志因為年紀較大，體弱多病，而且家人又被日本鬼子殺了，房屋燒了，無田無地，又沒有文化，請求安排一些掃街道、洗廁所的工作。但是任何訴說懇求，都不被理睬；哭泣、絕食，也無濟於事。最後，在軍令如山的威脅下，她們只好收起幾件舊衣衫，回到老家去。有的無家可歸，只好流浪街頭，有的甚至乾脆上吊了卻一生……

這年春天，葉劍英同志在湛江聽取墾殖局負責同志彙報情況，瞭解到有的領導未能正確理解調整橡膠生產規模的意義，正在將一部分人員和設備調出墾殖系統。還有人提出要解散這支隊伍，讓橡膠事業下馬。這股風使不少人思想動搖。對此，他關切地說，應當立即停止調出人員和設備，鞏固隊伍，管好物資和設備。調整橡膠生產的規模，不是下馬，而是要提高質量，改善經營，以利於更好的發展。橡膠現在仍然是國家緊缺的戰略物資，一定要堅持搞下去，不能停止。他殷切地希望大家安下心來，為祖國的橡膠事業奮鬥一輩子。當時，正在南方指揮部隊修鐵路的鐵道兵司令員王震同志，也將此事報告了中央，在周恩來、陳雲等同志的關懷下，華南墾殖系統的隊伍才得以穩定，一些重要設備才免受損失，從而使橡膠事業在調整的基礎上，得以繼續向前發展。

然而，屋漏偏逢連夜雨，船破卻遇頂頭風。調整資遣工作還未結束。一九五四年五月十一日，一場早來的颱風突然襲擊海南島南部，十級以上的風力，使保亭、陵水、萬寧、樂會等縣的國營農場全都受災，受害橡膠母樹一萬二千七百三十株、幼樹六百五十多萬株、苗圃幼苗近三十四萬株。同年八月二十九日下午，歷史罕見的「五四一三號」超強颱風又正面襲擊了吳川、湛江、遂溪三地。對於這場天劫，《中國災情報告》是這樣記載的：「五四一三號」颱風登陸時，中心氣壓九百五十百帕，臨近中心最大風速四十五米／秒（風力超過十二級）。在颱風暴雨的猛烈襲擊下，湛江市內的樹木全被折斷或颳倒，圍徑一百七十多公分的大樹亦被連根拔起。市區所有平房無一完整。風後有人測算，颱風中心附近最大風速實際高達六十米／秒，也就是風力十六級以上。潮位高六米，浪高三米以上。雷州半島東海岸堤圍幾乎全部潰決。據不完全統計，這次颱風造成廣東全省死亡八百八十四人，傷二千六百零一人。

颱風所過之處，農墾工人們的皮箱、被子、蚊帳等小家當全都隨風而逝，令人不寒而慄。農場的損失更是不堪查點。《粵西農墾誌》記載著一組怵目驚心的數字：

人員死亡十名，重傷五十二名，輕傷七十名。

遂溪、湛江、陽江和電白等墾殖場所的草房全部倒塌，共一八二五七平方米；磚木及簡易結構房屋倒塌四四四二平方米，損毀一六二一八平方米。計損失五七點八萬元。

損失過磷酸鈣六點六四萬公斤、豆餅四點五九萬公斤、磷礦粉一點七萬元等，計損失一四點一萬元。

橡膠樹損壞一百三十七萬多株，完全折斷倒伏二一點八萬株，合計一百五十九萬多株。

防護林和覆蓋作物也損失嚴重。茂名（高州）〇一墾殖場的十四萬株防護林，風後僅餘下一萬四千株活苗，損失百分之九十。

經過一場外科手術式的「大轉彎」調整，昔日熱氣騰騰的墾區本已十分冷清，「五四一三」颱風過後，墾區更是滿目蒼夷，慘不忍睹。人們花費三個多月時間才好不容易將被颱風颳倒的樹苗扶起培植，兩股強勁的輻射型寒潮又先後侵襲華南墾區。

第一次寒潮出現在十二月六日至十八日，北部的浦北絕對低溫為二點五攝氏度，茂名為五點二攝氏度，個別低窪地出現凝霜現象。

第二次出現在十二月三十日至次年一月十三日，平流型寒潮伴隨著強輻射寒潮，先後持續半個月。這次寒潮，氣溫之低，歷時之長，溫差之大，凝霜之厚，均為高雷、瓊崖地區所罕見。據氣象資料記載，北部的浦北絕對低溫為零下四點六攝氏度，中部的徐聞為零下一點八攝氏度，南部的海南島儋縣為零下一點四攝氏度。伴隨著凜冽的北風，南國熱島竟銀裝素裹，遍結薄冰。

儘管寒潮到來之前，各墾殖場早已嚴陣以待，搭防風障，架保暖棚，煨火熏煙，力爭把寒流擋於膠園之外，但是，由於輻射型寒潮與北方冷空氣入侵造成的降溫亦即平流型寒潮不同，它是冬季晴朗無風的夜間，地面輻射失熱，造成近地面空氣劇烈下降而出現的低溫，遠遠低於橡膠樹正常生長的臨界溫度十八攝氏度。人力最終還是戰勝不了老天，只好眼巴巴地看著墾區七成以上的橡膠樹木遭受寒害。廣西墾區寒害率高達百分之九十五點七，粵西墾區達百分之七十一點二，海南墾區亦達百分之四十九點八。總計有二千多萬株橡膠幼樹幼苗被凍死，許多人心疼地嚎啕大哭。

如果說颱風對橡膠樹是直接暴戾的摧殘，那寒潮便是奪命於無聲無形。寒潮數日過後，整株亭亭玉立的膠樹便現出了火燒火烤的跡象：樹冠枯焦，光禿禿的枝幹直指蒼天，焦黃蜷曲的葉子鋪滿一地。莖幹現出黑斑，樹皮爆裂溢膠。凝聚在樹皮爆裂處的乳膠，早已失去那潔白的光澤，它們宛若一串串晦暗骯髒的淚痕長垂不墜。嚴重的，連深埋在土中的根系也已潰瘍枯死。

面對整個膠林都是一片慘不忍睹的景象，蘇聯專家心灰意冷地宣佈：「雷州半島不能種植橡膠！膠樹就算長大也流不出膠乳！」他們的觀念又回到了那個「定論」：橡膠樹只適合南至南緯十度，北至北緯十七度之間的熱帶雨林地區生長。而熱帶雨林的氣候標準是：年平均氣溫二十四攝氏度以上，最冷日平均氣溫十八攝氏度以上。

然而，中國的土專家和工人們沒有氣餒，經過幾年來對橡膠生長習性的逐漸熟識，他們堅信，在海南和雷州半島，橡膠樹一樣可以生長。關鍵是要建設好完整的防護林網，同時，要儘早培育和推廣出抗寒品種，用科學的方法和實事求是的態度去探索中國的橡膠發展之路。於是，人們重新走向膠園，用刀對枯死樹冠的幼林進行截幹，用手將尚存青皮的樹根兩旁的泥土扒掉，再往裸著的根上澆水，經過漫長一個春夏秋冬的勞作，部分幼林果然不負眾望地從根部抽出了綠色的新芽……

說到我國橡膠事業的第二次大規模墾荒的高潮和低谷，應是一九五五年至一九六〇年之間。此時，經過幾年時間的探索和教訓，我國的橡膠發展戰略方針已從原來的「先大陸後海南，先平原後丘陵，先機器後人力」，轉彎調整為「先海南，後大陸，依山靠林，由平原向山區轉移」。此時，至一九五五年底，華南地區天然橡膠墾殖業，經過收縮和整頓，加上一九五四年五月、八月的颱風為害，以及一九五四年底至一九五五年初的寒害，整個墾區的橡膠樹僅存七十七點七三萬畝，共一八七〇點八二萬株。

在這之前，由於對橡膠樹喜高溫、高濕、靜風、沃土的生態習性認識不足，對墾區風、寒、旱、瘠等自然特點理解不深，人們在選擇橡膠宜林地時，只考慮土壤、植被和氣溫諸因素，忽視避風、防寒條件，造成瓊雷草原種膠的失敗。殘酷的大自然懲罰，使人們意識到必須根據橡膠樹對生長環境的要求和從墾區的實際出發，正確確定橡膠發展的方針是「依山靠林」。同時，明確在墾區北部要注意低溫，南部要注意雨量，大環境中注意小區域的不利環境，不利的大環境中注意選擇有利的小氣候環境。

從一九五四年二月開始，華南墾殖局根據實踐的經驗，逐步摒棄了蘇聯專家不合實情的一套做法，確定了林帶設計的五項原則：一是根據風害的大小；二是按地形地勢的情況；三是原生林木的組成及其高度；四是林帶間距在樹高的五倍以內；五是防護林面積控制在植膠面積的百分之三十以內。

之後，對林帶設計的辦法又做出具體規定：（一）類型——一種是平原地的林帶設計，有基幹林帶、主林帶和副林帶；另一種是丘陵地的林帶設計，有山脊林帶、等高林帶、縱行林帶和塊狀林帶。（二）走向——主林帶應與當地風力破壞最大的方向相垂直。（三）寬度——基幹林帶或山脊林帶，至少二十米；主林帶或等高林帶，十五至二十米；副林帶或縱行林帶，十至十五米；塊狀林帶，在相對高差六十米以上的山嶺，頂部至少留四分之一。（4）林帶間距離——根據當地風速、林帶高度、林帶結構和林帶寬度而定。一般以林帶高度二至五倍範圍為度；迎風山谷加厚林帶；水庫旁、路口留林或造林。

據說，上述設計防護林的原則和辦法，一直沿用至今。自由兄弟不是專家，無法判斷其中的優劣，但至少感到這些原則、辦法，可以使其他樹木能因為防護林的需要，避免滅頂之災，而橡膠樹，最先生長在亞馬遜河流域的熱帶雨林之中，本來就是混生植物。如今，衝動而又狂熱的人們總算初步認識了它的生存環境，不敢再輕言「撒豆成兵」的神話了。而橡膠墾殖的「大轉彎」，使橡膠發展的重點移到海南，這個原先的採種育苗基地，開始變成了種植橡膠的主戰場。伴隨著這一戰略的轉移，許多既掌握橡膠栽培理論，又有植膠實踐經歷的專家和主要技術力量，也移師海南，如橡膠專家徐廣澤等就專門蹲守海南開展橡膠科研。

一九五六年二月，華南墾殖局召開國營墾殖場場長會議，指出「大轉彎」後的幾年，墾區的企業化管理已見成效，事業基礎已比較穩固，提出要加科學發展橡膠生產步伐，迎接社會主義建設高潮。在研究怎樣貫徹總局這個精神的黨組會議上，時任海南墾殖分局局長的王昌虎——這位在紅軍時期參軍的老軍人，亮出了醞釀已久的想法：他認為按照「依山靠林」的種植方針，經考察，在保亭縣、瓊中縣、白沙縣、萬寧縣的山區和半山區搞橡膠開發，至少可以新建七個農場，開墾種植二三十萬畝橡膠。因為這些地方都是群山環抱，有大山的拱衛，相對可形成靜風濕潤的小環境，是很適宜橡膠生長的好地方。

王昌虎的想法，立即獲得大家的贊同，於是，新建的七個農場名稱也定了下來：金江、龍江、陽江、新新、新進、新星、新中。後來新新場併入龍江場，實為六個農場，史稱「三江三新」。

新建農場的計畫確定後，卻又面臨著開辦資金的壓力。由於蘇聯原先答應給中國提供的橡膠墾殖專項貸款，已因史達林的逝世、蘇聯退出合作開發而沒有後續補充，總局的資金十分吃緊。王昌虎和海南墾殖分局的領導們不想乾等上級撥款，於是動員機關幹部發揚自力更生精神，自願報名，借出一個月工資作為新場的開辦費，並且首先帶頭拿出了相當於半年的工資二千元。頓時，你幾百、他上千，海南墾殖分局的很多幹部職工也像王昌虎一樣，紛紛將自己節衣縮食的存款都拿出來了，而且心甘情願地不要一分一釐的利息。只幾天工夫，七個農場的建場工程就全面啟動。

在黎母山深處，陽江農場的幾百名墾殖戰士，懷揣著只有一萬元的農場開辦資金，處處精打細算、艱苦奮鬥，扛著鋤頭砍刀拚命在大山中奮戰，僅用了一年多時間，就在黎母山區裏開荒一萬四千畝，定植膠苗一千五百畝，種植糧油、熱帶作物八百多畝。還養了豬、牛。在這之後艱難的創業和發展中，該農場先後有三百多名職工為祖國的橡膠事業奉獻了自己的生命。他們被安葬在一條連接瓊中縣烏石與儋縣那大的公路線三十二公里處的一片傾斜的坡地上，三百座土壘的墳塋散佈在荊棘和山花叢中，默默述說著過去的故事。提起這些逝去的職工，人們依照公路的里程，尊稱他們是調到「三十二隊」。「三十二隊」是陽江農場職工心目中一個光榮的生命聖地。

雖然這裏安息的人們沒有一個有烈士的名分，甚至連名字也不為外界知曉。但他們都有著平凡而偉大的一生。

一九五六年五月，黨中央和國務院決定成立農墾部，由王震同志擔任部長，統一領導全國的軍墾農場和國營農場。當王震到海南視察時，瞭解到海南農墾分局短短時間連續新建了七個農場的業績之時，連連稱讚道：「奇蹟，奇蹟！」後來，這新建的七個農場，都成了海南墾區舉足輕重的橡膠生產大戶。

但是，也就是新建的這七個農場，掘開了對海南熱帶雨林破壞的先河。雖然在這之前，也曾有海南一些縣份開辦的小規模農場，但大多數是利用荒坡曠嶺，而這幾個農場的墾荒拓展出來的膠園面積，卻是活生生地在掠奪我國熱帶雨林的領地。對此，筆者有時沉思，如果我有權選擇，哪怕合成橡膠再貴，也不應該為之而犧牲蒼天和祖宗留給我們這麼一點珍貴的熱帶雨林自然遺產。功也，過也，還是讓後人去評說吧！

這段時期墾區還有一個可喜的現象，隨著農場的發展，人們還逐步認識了多種經營的重要性，華南墾殖局於一九五六年先後召開了兩次場長會議，規定了主副業結合的原則，即發展副業「首先是對主業有利，其次是對主業無害，再次是對主業利多害少。否則，寧缺毋濫」；並做出「堅決固定橡膠管理工人，徹底執行橡膠林段管理責任制」的規定，並很快付諸實施。經過整頓和調整，橡膠種植業得到鞏固和發展。

當年一月四日，奉農墾部命令，華南墾殖局改為「華南農墾總局」；海南、粵西墾殖分局分別改為「海南農墾局」、「粵西農墾局」；各墾殖場統一改為「國營ＸＸ農場」。經過兩年多的休養生息，一九五七年春，新中國種下的橡膠樹在陳雲的注視下流出了第一滴乳膠。當年，華南墾區的橡膠樹種植面積增加了十五萬畝，達到九二點八一萬畝，共二五七九點三七萬株；其中開割面積〇點六八萬畝，共一四點〇七萬株；乾膠總產一四九噸。

一九五八年，本應該是一個欣喜的年份，因為華南墾區第一批種下的橡膠樹陸續進入開割期。可就在這時，好了傷疤忘了痛的決策者，又在全國颳起了「跑步進入共產主義」的思潮。八月二十九日，中央發出通知，將華南農墾總局及其所屬機構、企業下放給廣東省領導，成立農墾廳。海南、粵西、合浦農墾局也劃歸所在行署、專署。不久，「共產風」無情地颳向墾區。海南墾區的六十六個國營農場和育種站，併入農場所在地的四十八個公社，粵西墾區被規劃為二十四個公社。國營農場在一星期內消失了。

由於瞎指揮，帶來了生產經營管理上的混亂，生產不計成本，發展不顧質量，原有膠林嚴重荒蕪，新種植橡膠成活率低，林段中灌木雜草叢生，有的甚至長得比橡膠樹還高。還有的農場幹部被調到農村或其他系統、戰線去了，大批勞力無償地到農村搞深翻改土和勞民傷財的大煉鋼鐵。一些物資被「共產風」颳走了，一些單位被合併了。連當時的粵西農墾局機關也準備改為專員公署的一個局，局機關全部搬走。有的地方上級機關還要農場砍掉膠樹，換種其他作物。在強暴命令之下，工人只好一邊哭一邊砍。還有一部分橡膠劃給公社後，農民不懂得橡膠生產，不講技術規程，將辛辛苦苦培育出來的橡膠，很快就割壞了。

更可怕的是，隨著狂熱的「公社化」、「共產風」而來的是饑餓魔鬼的折磨。因為「公社化」中，讓社員「放開肚皮吃飯」，「三餐乾飯不要錢」等牛皮大食堂的做法，使公社糧倉才幾個月工夫就見了底，不單農村的「大鍋飯」吃不下去了，商品糧的供給也成了問題。農場職工每月配給的商品糧，由原來的四十五斤一下子跌至十多斤。職工們只好上午上山護苗，下午上山挖山薯，採野果，摘野菜，有的甚至將澱粉廠生產澱粉後餘下的木薯渣製成餅；或是上山挖黃狗頭（一種野生植物），與蕉樹頭砍碎了加工成餅來勉強充饑度日。因為缺少糧食營養，職工家屬患上水腫、肝炎等疾病的日益增加，醫院裏無法安排住院，好多患病職工只好領上少許藥片和幾個米糠烤餅，然後拖著浮腫水桶般的腳往回走。整個華南墾區的職工家屬生活都陷入了困窘之中，思想也極為混亂，人們有心種膠護林，卻無力持刀揮鋤。

一九五八年十月，當王震到金江農場等墾區看到這些情況時，心情異常沉重。他意識到，農場職工的糧食問題解決不好，發展橡膠生產就無從談起。當他得知周總理其時正在湛江視察，便急忙趕往晉見。王震向總理詳細述說了所見到的華南墾區經濟困難狀況，懇切地請求說：「總理，請你給農墾職工撥去一點救命糧吧！」周總理聽罷，略一思忖，指示身邊秘書，從國務院掌握的口糧中撥出一千五百萬斤解決農墾職工的吃飯問題，其中撥給粵西墾區四百萬斤。

對於那段歲月給橡膠生產的干擾和人們心身的傷害，許多老農墾職工們都不堪回首。值得慶幸的是，一九五九年六月九日，廣東省委批轉了省農墾廳〈關於執行國營農場與原農業社分開建立不同所有制公社的若干意見的報告〉，及時糾正了農場和農村合併的不適當做法。雖然「公社化」的陰影尚未完全消除，但總算剎住了「共產風」。

就在備受「共產風」傷害的同時，華南橡膠生產和農場經濟，還飽受「大躍進」的折騰。當農墾體制改為廣東省農墾廳之後，一九五九年二月十四日，中共廣東省委在開發海南和湛江熱帶地區的座談會議上，又提出了要在一九六二年將海南的橡膠樹種植面積擴大到六百萬畝，連同湛江地區的二百多萬畝，全省要達到八百餘萬畝的宏偉目標。十天後的二月二十四日，國務院決定動員四萬名退伍兵參加廣東農墾生產建設，加速發展橡膠和熱帶作物生產。

一九五九年十一月二十九日，林彪視察海南墾區，在西聯農場和紅光農場寫下了那兩個「大力發展」的題詞後，以中共中央副主席、中華人民共和國國防部長的名義發出指示：「能種橡膠的地方都要種上橡膠。要用我們部隊打仗的精神去搞社會主義建設。」一月三日，中央原則批准廣東省委和農墾部黨組提出的〈關於廣東省一九六〇年至一九六七年橡膠生產的規劃方案〉；決定今後三年每年補充四萬名復員建設軍人（一九六〇年另增加五千人給海南）發展橡膠種植。

也就在一九五九年至一九六一年「三年經濟困難時期」，劉少奇、鄧小平、周恩來、董必武等黨和國家領導人頻頻視察廣東及海南，並紛紛題詞鼓勵，葉劍英視察海南熱帶作物研究院時，還撫今追昔，深情地賦詩一首：「四十年前舊橡園，將來發展看無邊。橡膠好比人中腳，結合機床更向前。」正是在這一熱鬧的背景之下，華南墾區又一次掀起了大增人、大開荒、大種膠的熱潮。一九五九年至一九六〇年，新增了五點九七萬名退伍兵，連帶家屬達一一點〇六萬人；湛江墾區還安置水庫移民四萬人。是時，在經濟生活極其困難情況下，廣大農墾職工拚命工作，兩年共開荒一九〇點九八萬畝；橡膠樹定植一四八點四三畝，共四三〇六點一五萬株；橡膠樹到達二四七點八四萬畝，共七一三〇點二八萬株。其定植的面積、株數均超過前八年（至一九五八年）結存數的百分之五十。

但是，由於當時提出的生產指標過高，要求過急，戰線過長，力量分散，忽視開荒、定植、撫管的質量；一些地方生產只講數量，不講質量，搞形式主義，有的甚至出現「放火燒荒」、「跑步挖穴」、「打樁定植」，嚴重違反了自然規律和技術規程，致使當年定植的膠苗大量死亡。再加上場社合併，混淆了集體和全民兩種所有制，經營管理混亂和經濟生活困難的影響，致使膠園荒蕪嚴重，膠苗生長緩慢，甚至死亡缺株。據統計，這兩年定植的一四八點四三萬畝橡膠樹，到一九六一年僅存三十萬畝，保存率只有百分之二十點二。唉！真是有些不可思議，健忘的人們在狂熱中又一次重複了昨天的故事。

這期間，在海口市還發生了一件影響全島的事情。一九六〇年八月，由於部隊動員退伍兵參加農墾建設時許願過多，加上復退軍人攜家眷到海南的人數超量，原計畫接收四萬人，一下子變成了十多萬人。而當時正值三年自然災害期間，農墾職工的糧食供應本來就很緊張，十多萬退伍兵及家眷來後，吃飯人數陡然增多，有時連糧食供應都成問題。再加上思想政治工作沒有跟上，相當一部分退伍軍人到農場後，所看到的吃、住、行、用現實情況和動員時介紹的情況相差甚遠，因而產生了較大思想波動，從而導致了上萬名退伍軍人從各自農場跑到海口請願。

海南區黨委、海南軍區在做了大量的疏導工作也收效甚微後，請王震出面對話。王震以開會為由，將請願退伍軍人集中，並當場抓捕了幾名與會退伍軍人的代表。在採取了強硬措施之後，才平息事端。參與請願的退伍軍人有的被遣送原籍，大多數則是被領導接回各自農場。這些人，有的後來轉變觀念，成了農場的骨幹或領導，也有的為此受到了終生的冷落和歧視，付出了終生痛苦的代價。

事後，王震又和海南區黨委和行署研究部署。從一九六一年起，海南農墾局先後在人多地少的田洋地區，以農村轉制的形式，建起了六個以生產糧食為主的穀物農場。讓農墾職工口糧的後顧之憂逐步得到解決。之後，王震又走訪廣東省的領導，把已另有任用的王昌虎調回到海南，重掌海南墾區的帥印。不久，中央召開了著名的「七千人大會」，這場危害全國甚烈的「浮誇風、共產風和躍進風」才得以漸漸消退，華南墾區也才能與全國一樣漸漸走出狂熱而饑餓的陰霾，重新邁向發展的征程。

我國橡膠事業第三次大規模墾荒的高潮和低谷，應是一九六一年至一九六八年之間。一九六一年四月五日，廣東省農墾廳部署繼續開展整風整場運動，要求肅清「命令風、瞎指揮風、特殊風、浮誇風、共產風」的影響，純潔幹部隊伍；反對平均主義，實行按勞分配，健全經營管理制度。同時遵照中央提出的「調整、鞏固、充實、提高」方針，結合農場本身存在的問題，做好以調整、鞏固為中心的各項工作。撤併、收縮一些當時作用不大和以後收效不多的生產單位及服務機構，將大批併村農民退回公社，並實行精兵簡政，壓減了七點九五萬人，使農場的分佈、人力、財力、物力和糧食得以集中，並合理地用於鞏固現有橡膠樹種植的工作上。

六月，省農墾廳發出〈關於國營農場實行分級管理，三包一獎制度的若干意見〉。要求農場實行統一領導，分級管理，分級包幹，分級核算；生產隊實行包產、包工、包成本（生產費用），超產獎勵。較好地調動了人們狠抓橡膠樹的滅荒、林管、芽接和補換植等工作的積極性。至一九六二年，橡膠撫育管理明顯好轉，嚴重荒蕪現象基本消滅；大田補換芽接苗七四九點五萬株（折合二三點三三萬畝）；大田芽接三一一萬株。一九六三年至一九六五年，遵照周恩來總理對橡膠撫管補課的指示，墾區突出了狠抓膠園建設和管理工作：一是清除膠園惡草、雜木和補換植，挖除茅草五一點八萬畝，消滅了膠園荒蕪。三年共補換植一七五八點四二萬株，使當時的一八七萬多畝膠園基本實現了全苗和良種化、林網化、梯田化和覆蓋化。

此外，還改造落後樹種一一一七點五萬株，新造防護林五五點一萬畝，連同過去造的防護林共達一一四點八五萬畝；一九六五年底，膠園梯田面積達一一四點八萬畝，占應修面積的百分之八十一點六；膠園覆蓋作物面積也達七五點八萬畝，占應覆蓋面積的百分之六十五點一。廣東農墾的橡膠生產發展事業進入了史稱「五年平穩的黃金發展時期」。在此期間，華南墾區還對十多年發展橡膠種植業的經驗教訓進行總結，找出了高質量種植橡膠樹的方法。至一九六五年，橡膠樹種植面積累計達一八九點二七萬畝，共五一九〇點八七萬株；其中開割面積七一點九八萬畝，共一三一六點一萬株；乾膠總產一點六一萬噸。

在發展橡膠的同時，從五十年代後期已逐步實行「一業為主，多種經營」政策，也改變了農場單一經營橡膠的經濟格局，做到「多種經營、協調發展」。高價值的熱帶地區特有的香料（香楓茅）、纖維料（劍番麻）、油料（油棕、腰果）等商品性經濟作物到處呈現出勃勃生機。六十年代後又增加了糧食、食油、肉、菜、果等自給性主副食品生產和出口飲料生產等任務，茶葉、糖蔗已成為墾區生產規模。同時，以防風林為主的林業也有了相應的發展。不難設想，照此下去，華南農墾很快就如周總理在西聯農場題詞所說的「西聯寶島，南國珍珠」，成為人們嚮往的一個美麗富饒的地方。

事實上，翌年，也就是一九六六年，即有八千三百三十九名城市青年懷著建設寶島的美好理想，在各級政府的安置下到農場落了戶，這應該算是農場大規模接待的第一批知青。然而，有人偏不喜歡過安穩的日子，就在這年秋天，一場史無前例的「文化大革命」爆發了。廣東農墾各級領導機構頓時陷入癱瘓，原有的生產、管理制度全被搞亂，橡膠生產也受到極大影響。原定的「三·五」時期財務包幹計畫無法執行，但絕大多數農場職工仍自覺堅守崗位，搞好生產。到一九六八年，橡膠樹定植五點一二萬畝，共一七一點二三萬株；種植面積到達二三五點〇七萬畝，共六二一三點四六萬株；其中開割面積九二點〇一萬畝，共一八三九點九四萬株；乾膠總產二點二四萬噸。

一九六八年，「文化大革命」進入兩派對壘的高潮，六月四日，上級竟莫名其妙地將參加「四清」運動的二千四百六十九名「政治學徒」安置到海南、湛江墾區橡膠農場。當年夏季，湛江墾區有十一個單位發生武鬥，動槍動砲，死亡六十八人；僅海南三門坡農場就在武鬥中死了七人，重傷四十三人。同年八月，在曾經榮獲全國橡膠高產先進單位稱號的西慶農場，竟發生了一起無法無天、膽大妄為的驚天血案，該場的所謂「革委會」竟擅自召開群眾大會，當場槍殺原農場黨委書記、副書記、武裝部長、組織科長、工會主席和三名工人。其他許多農場也發生了一些亂批亂鬥、亂打亂關等殘暴行為，恐怖血腥的場面令人再也不敢堅守崗位，安心生產，許多人紛紛逃往異鄉……

不知是高層領導出於對農場混亂局面的控制，還是另有深謀遠慮和企圖打算，是年八月十五日，廣州軍區根據中央軍委的指示專門召開會議，成立了生產建設兵團籌建領導小組，並派出兩個工作組分赴湛江、海南國營農場進行調查。是年，海南、湛江墾區的農場在各級政府的安置下，先後接收上山下鄉的知識青年四萬六千零七十一人。於是，從南國的大小城鎮又向古老的熱島湧來了一場知青的浪潮……

第二章　綴滿燈謎般的半軍事化生產兵團

第一節　建制獨特的兵團及其內部結構概況

對當時全國出現的十五個兵團（農建師）來說，廣州軍區生產建設兵團是繼新疆、黑龍江生產建設兵團之後，成立時間較早的一個兵團。

其實，早在一九六八年八月十五日，廣州軍區根據中央軍委的指示就專門召開會議，成立了兵團籌建領導小組，並派出兩個工作組在海南、廣東省軍區的配合下，對湛江、海南的國營農場進行調查。一九六九年二月又先後派出兩批共七〇一人現役軍隊幹部到達墾區進行籌建兵團的前期準備工作。三月八日廣州軍區黨委決定，組成中共廣州軍區生產建設兵團臨時委員會，周益寬為臨時黨委第一副書記，周慶鳴為第二副書記。

一九六九年三月十九日，廣州軍區、廣東省革命委員會發出了〈關於成立廣州軍區生產建設兵團的指示〉，一九六九年四月一日，廣州軍區生產建設兵團正式成立，歸廣州軍區建制領導，接受廣東省革命委員會領導和監督。

兵團總部設在海南島海口市，接管了原海南島和湛江地區的國營農場和華南熱帶作物學院、研究院。當時兵團所屬有十個師，共一百四十個團、一個獨立營和湛江辦事處。後又新建八個團（農場）、兩個獨立營。共計下轄十個師，一四八個團，三個獨立營。一九七〇年五月周慶鳴被正式任命為廣州生產建設兵團司令員，周益寬任生產建設兵團政治委員。一九六九年兵團人數約為三二點九萬人，一九七〇年，參加生產建設兵團工作的現役軍隊幹部達二千八百九十三人（含一九六九年的七〇一人）。兵團人員總數最多時約為四十餘萬人。

一九七四年一月二十三日，生產建設兵團第十師劃歸廣州軍區領導，恢復八一農場名稱。六月二十六日，國務院、中央軍委決定將廣州軍區生產建設兵團移交廣東省領導。七月十三日，中共廣東省委發出〈關於成立生產建設兵團接交工作領導小組的通知〉，決定省成立接交工作領導小組；海南行政區、海南黎族苗族自治州、湛江地區、熱帶作物學院、熱帶作物科學研究院分別成立接交工作領導小組；在省農墾總局領導下，建立省直屬農場管理局；各縣委設立農場部，領導縣內各國營農場工作。

同年八月上旬，中共海南區黨委、海南黎族苗族自治州黨委、湛江地委和生產建設兵團黨委，分別在海口市、湛江市聯合召開兵團工作會議，參加會議共一〇一一人。會議決定，團結一致，過細地做好思想政治工作，抓好生產，搞好交接工作。一九七四年八月十三日成立兵團接交工作黨的核心領導小組，八月十七日，中共廣州軍區黨委、中共廣東省委聯合印發《廣州軍區生產建設兵團移交廣東省委領導的工作方案》，九月二日，省革命委員會同意〈廣東省農墾總局機構設置有關問題的報告〉，對總局、管理局和農場的名稱、機構設置和印章、牌銜等問題做出規定。之後，一九七四年九月三十日兵團黨委撤銷。十月一日，省農墾總局正式成立並開始辦公，十月十二日廣州軍區後勤部正式將兵團第十師（八一農場）移交給廣東省農墾總局管理。是年九月，廣州軍區辦完管理體制交接手續，十月起組織現役軍隊幹部撤離墾區，至十二月底基本撤離完畢。

從一九六九年四月一日廣州軍區生產建設兵團正式成立，至一九七四年九月三十日兵團撤銷。正好是五年半的時間。在全國後來陸續撤銷的十四個兵團（農建或生產師）中也是較早取消部隊建制的一批。由於兵團存在期間及後來，廣州軍區生產建設兵團總部設在海口，且九十八個團和兩個獨立營均在海南島以發展橡膠為主，人們都習慣將廣州軍區生產建設兵團稱之為「海南生產建設兵團」。為了方便廣大讀者和農友更好的瞭解當時兵團概況，現將廣州軍區生產建設兵團主要師、團建制及分佈縣市、原農場名稱摘要如下：

第一師　師部駐海南島瓊山縣道美，轄十四個團（依次稱為一至十四團，下同），主要分佈在瓊山、文昌、定安三個縣。

一團：文昌縣，原南陽農場
二團：瓊山縣，原大坡農場
三團：瓊山縣，原紅明農場
四團：瓊海縣，原東升農場
五團：定安縣，原中瑞農場
六團：瓊海縣，原東紅農場
七團：文昌縣，原文昌站農場
八團：文昌縣，原東路農場
九團：瓊山縣，原三江農場
十團：定安縣，原南海農場
十一團：瓊山縣，原桂林洋農場
十二團：文昌縣，原羅豆農場
十三團：定安縣，一九七〇年新建，後改名金雞嶺農場
十四團：瓊海縣，原彬村山華僑農場

第二師　師部駐海南島萬寧縣興隆，轄十二個團，分佈在瓊海、萬寧、陵水三個縣。

一團：瓊海縣，原南俸站農場

二團：瓊海縣，原東太農場

三團：瓊海縣，原東平農場

四團：萬寧縣，原東嶺農場

五團：萬寧縣，原東興農場

六團：萬寧縣，原東和農場

七團：萬寧縣，原新中農場

八團：萬寧縣，原興隆華僑農場

九團：萬寧縣，原南林農場

十團：陵水縣，原嶺門農場

十一團：陵水縣，原南平農場

十二團：瓊海縣，一九七〇年新建，後改名白石嶺農場

第三師　師部駐海南島保亭縣通什，轄二十個團，分佈在保亭、樂東、崖縣三個縣。

一團：保亭縣，原暢好農場

二團：保亭縣，原通什茶場

三團：保亭縣，原新星農場

四團：保亭縣，原保亭熱帶作物研究所

五團：保亭縣，原金江農場

六團：保亭縣，原新政農場
七團：保亭縣，原南茂農場
八團：崖縣，原南田農場
九團：保亭縣，原三道農場
十團：崖縣，原紅星農場，後改名南新農場
十一團：崖縣，原南島農場
十二團：崖縣，原立才農場
十三團：崖縣，原南濱農場
十四團：樂東縣，原保國農場
十五團：樂東縣，原保顯農場
十六團：樂東縣，原樂光農場
十七團：樂東縣，原樂中農場
十八團：樂東縣，一九七〇年新建，後改名抱倫農場
十九團：樂東縣，一九七〇年新建，後改名福抱農場
二十團：樂東縣，一九七〇年新建，後改名山榮農場

第四師　師部駐海南島昌江縣石碌，轄十五個團，一個獨立營，分佈在昌江、東方、白沙三個縣。

一團：東方縣，原廣壩農場
二團：東方縣，原東方農場
三團：東方縣，原紅泉農場

四團：昌江縣，原紅田農場
五團：昌江縣，原叉河農場，後改名紅林農場
六團：白沙縣，原金波農場
七團：白沙縣，原白沙農場
八團：白沙縣，原牙叉農場
九團：白沙縣，原衛星農場
十團：白沙縣，原龍江農場
十一團：白沙縣，原珠碧江農場
十二團：白沙縣，原芙蓉田農場
十三團：白沙縣，原大嶺農場
十四團：儋縣，原紅嶺農場
十五團：白沙縣，一九七〇年新建，後改名為邦溪農場
（據查，該師曾擬在白沙縣細水新建十六團，但後來因故放棄）

第五師　師部駐海南島臨高縣加來，轄十五個團，分佈在臨高、澄邁、儋縣三個縣。
一團：儋縣，原西培農場
二團：儋縣，原西華農場
三團：儋縣，原西慶農場
四團：儋縣，原西聯農場
五團：儋縣，原西流農場

六團：儋縣，原新盈農場
七團：臨高縣。原加來農場
八團：臨高縣·原紅華農場
九團：澄邁縣，原紅光農場
十團：澄邁縣，原金安農場
十一團：澄邁縣，原西達農場
十二團：澄邁縣，原崑崙農場
十三團：澄邁縣，原和嶺農場
十四團：儋縣，原蘭洋農場
十五團：儋縣，原龍山農場

第六師　師部駐海南島瓊中縣營根（後搬遷到牙挽），轄十九個團，分佈在瓊中、屯昌、澄邁三個縣。

一團：澄邁縣，原紅崗農場
二團：屯昌縣，原晨星農場
三團：屯昌縣，原黃嶺農場
四團：屯昌縣，原中坤農場
五團：瓊中縣，原新進農場
六團：瓊中縣，原大豐農場
七團：瓊中縣，原陽江農場
八團：屯昌縣，原南呂農場

九團：屯昌縣，原中建農場
十團：瓊中縣，原烏石農場
十一團：瓊中縣，原南方農場
十二團：瓊中縣，原白馬嶺茶場
十三團：瓊中縣，原嶺頭茶場
十四團：瓊中縣，原加釵農場
十五團：屯昌縣、原長征農場
十六團：瓊中縣，原乘坡農場
十七團：屯昌縣，一九七一年新建，後改名廣青農場
十八團：瓊中縣，一九七一年新建，後改名太平農場
十九團：瓊中縣，原新偉農場，後改名紅衛農場

第七師　師部駐雷州半島海康縣龍門，轄十四個團，一個獨立營，分佈在徐聞、海康兩個縣。

一團：海康縣，原奮勇華僑農場
二團：海康縣，原火炬農場
三團：海康縣，原紅衛農場，一九七五年與七師六團合併為金星農場
四團：海康縣，原南光農場
五團：海康縣，原幸福農場
六團：海康縣，原金裏農場
七團：海康縣，原收穫農場

八團：海康縣，原東方紅農場
九團：徐聞縣，原五一農場
十團：徐聞縣，原勇士農場
十一團：徐聞縣，原南華農場
十二團：徐聞縣，原海鷗農場
十三團：徐聞縣，原友好農場
十四團：徐聞縣，原紅星農場

第八師　師部駐湛江市霞山，轄十九個團，分佈在廉江、化州、遂溪三個縣和湛江市郊。

一團：化州縣，原星火農場，一九七五年與八師二團合併為新時代農場
二團：化州縣，原新時代農場
三團：化州縣，原新華農場
四團：化州縣，原化州研究所
五團：化州縣，原和平農場
六團：化州縣，原蘭山農場
七團：廉江縣，原太平農場，後改稱紅湖農場
八團：化州縣，原桃園農場，後改稱紅陽農場
九團：化州縣，原官橋農場，後改稱紅峰農場
十團：化州縣，原建設農場
十一團：廉江縣，原黎明農場

十二團：廉江縣，原塘蓬農場
十三團：廉江縣，原長山農場
十四團：廉江縣，原東升農場
十五團：廉江縣，原青平農場，後改稱紅江農場
十六團：廉江縣，原晨光農場
十七團：遂溪縣，原前進農場
十八團：遂溪縣，原螺崗嶺農場，一九七五年與八師十七團合併為前進農場
十九團：湛江市，原湖光農場

第九師　師部駐高州縣城，轄十七個團，分佈在高州、信宜、電白、陽江、陽春五個縣。
一團：陽江縣，原雞山農場
二團：信宜縣，原紅旗農場；北界農場在組建時編為九師一團，一九七〇年二月併入二團。
三團：高州縣，原大井農場
四團：高州縣，原勝利農場
五團：高州縣，原黎垌農場
六團：高州縣，原團結農場
七團：高州縣，原火星農場
八團：電白縣，原曙光農場
九團：電白縣，原水豐農場
十團：陽春縣，原喬連農場

十一團：陽春縣，原衛星農場
十二團：陽春縣，原三葉農場
十三團：陽春縣，原陽春華僑農場
十四團：陽江縣，原紅旗五月農場
十五團：陽江縣，原紅十月農場
十六團：陽江縣，原織篢農場
十七團：陽江縣，原平崗農場

第十師 師部駐海南島儋縣雅星市，轄三個團，分佈在儋縣。
一團：儋縣，原總後勤部八一農場一、二分場
二團：儋縣，原八一農場三、五分場
三團：儋縣，原八一農場四分場、畜牧隊

華南熱帶作物科學研究院、華南熱帶作物學院，駐海南島儋縣寶島新村，轄一個試驗農場、兩個試驗站、兩個研究所。一九七〇年八月，華南熱帶作物科學研究院和華南熱帶作物學院改編為兵團熱帶作物學校。一九七二年四月在兵團熱帶作物學校中建立兵團熱帶作物研究所。一九七二年十二月二日，中共廣東省委常委會決定恢復其原名和建制。

與正規部隊編制不同，由於兵團基本是以原國營農場實體作為團的建制，師是增設的中間機構，而連又是以原各農場的生產隊為單元組建的。於是，我們就可以看到一個有趣的現象，兵團各師各團普遍都是「跳空一級」建制。兵團之下無軍，師下無旅，團下無營（少數團有設置），連下無排（少數連隊有設置）。一九六九年三月

八日，根據廣州軍區和廣東省革委會的文件精神，成立了中共生產建設兵團臨時委員會，同年九月一日召開第一次代表大會，正式成立了中共廣州軍區生產建設兵團委員會。一九七〇年上半年分別召開了各師、團兩級黨代表大會，成立師、團黨委，建立和健全黨委領導下的首長分工負責制，營設立黨總支、連隊設黨支部。

按照當時兵團黨委的有關文件精神，兵團黨委可直接實施對所屬各師、團黨委的領導，除貫徹中共中央、中央軍委的指示外，還肩負著制定兵團的方針政策，決定兵團一切大事的重任，是兵團的領導核心。由此類推，平時團部生產指揮，行政管理和政治工作，也是直接下達到各連隊，全團所有人員的組織人事及勞資關係都由團部統一管理，甚至連開個外出通行證都得到團部辦理，而連隊也是直接向各班分配生產任務和各項工作，也就是説直接指揮到班。

如前表所列，一個師下轄十多個團，甚至二十個團；一個團也下轄十多個連，甚至幾十個連；反正是以原來的農場生產單元來編制。顯得較為鬆散，沒有定數。而一個連下轄又有幾個班或十幾個班，每個班十多個人，後勤班人數則少一些，主要是負責炊事、養豬、種菜、放牛等。

為了便於上情下達，統籌安排各項生產任務、政治工作等，兵團、師級機關設有政治部、參謀部、生產部、後勤部之類的部門，每部又下設若干處、科負責具體事務，如生產處、供給處、運輸處等等。而團機關則設有司令部、政治處、生產處、後勤處之類的部門，也有設科或安排專人對應上級部門工作。而到了連隊則只有連長、指導員、副連長、副指導員、司務長、文書等幾名幹部來對付上級千頭萬緒的工作；有的連隊編制設排的還有排長。以上人員均稱為兵團各級領導幹部。

要進入兵團各級領導幹部系列可不容易，因為按當時的兵團幹部管理的許可權，各級幹部任免也是「升格一級」：兵團領導幹部、正師級以上幹部，由中央軍委任免；副師長、師副政委、團正職幹部以及相當於此職的幹部由廣州軍區任免；團（含獨立營）或相當於團單位部門副職以上幹部，由兵團任免；正副營職、機關參謀、幹事、助理員、連隊連長、指導員，由師任免；副連長、副指導員、司務長、排長，則由團任免。連隊班長、副班長則由連隊黨支部討論決定，不算幹部。

一般情況下，團、師以上主要領導和各部門正職幾乎都是現役軍隊幹部，而副職多是原農場領導幹部或部門帶長字輩大小的負責人；機關一般工作人員多是原農場幹部或出類拔萃的知青；而連隊（或營部）幹部多是以前部隊轉業到農場的幹部，也有表現突出的知青擔任副連長、副指導員、事務長和文書之類的職務。往下，各班的班長多由在農場幹了多年的退伍軍人或農工擔任，副班長則多是知青。

如今細想起來，當時兵團在基層連隊這樣配備幹部或骨幹，還是挺有道理。因為知青大多數都很年輕，只有十六七八，缺少墾荒種植生產指揮經驗和社會人際關係協調能力。但是在團、師主要領導和部門正職多是現役軍人就顯得有些欠缺，因為許多現役軍人根本不懂橡膠種植常識，農場生產組織指揮也與部隊的帶兵訓練有所差別。若是上級主觀武斷，再加上軍人以服從命令為天職，下級則是盲目執行，而處於副職地位農場幹部則不敢多說，由此，就很容易造成生產上瞎指揮、拚人力的浪費現象，後來兵團的幾年實踐也證明這是一大敗筆。

在兵團總部和師部，還設有醫院，團部則稱衛生隊，內有醫生和衛生員。醫生多是大中專畢業專業人員，而衛生員多是挑選聰明伶俐的女知青短訓而成。在各基層連隊幾乎都派有衛生員，負責治療連隊人員日常的小傷小痛和疾病防護之類的問題，大病則到衛生隊或師部、兵團總部醫院治療。各團還設有中、小學校，以方便老軍工們的子女們上學。老師除了原農場學校留下的之外，還選拔了許多知識基礎較好的「老三屆」的知青進行教學。不過，上述許多人都是以工代幹身份，工資比一般農工多一些。

此外，各師團還配備或培養了一些橡膠種植或農業生產技術人員，但人數很少。全兵團十個師、一百四十八個團，再加上熱帶作物學院等，僅有一千六百多人。據統計，一九六九年至一九七四年十月，整個兵團根據生產需要，從工人中提拔幹部一點九四萬人。至一九七四年底，墾區幹部隊伍增至四點九八萬人，其中行政管理幹部二點九五萬人，工農業技術幹部一六八二人，醫務幹部三〇三六人，中學教師二五七七人，小學教師七二〇七人，其他幹部、下放幹部和老弱病殘編外幹部共五七七九人。專業幹部占幹部總數的百分之二十九點一。

在各師部中還配備有警衛通訊排，團部為警通班，主要職責是跟隨師、團首長警衛服務和給各連隊送信，總機話務員或電報員也編在警通排（班）。這些人大多數是知青，與自由兄弟一同下連隊的兩個同學知青石連成、張和平，都是在經過有關部門嚴格地政審和考察後，才先後被選拔到了八團警通班和四師警通排這些重要部門，相對比起我們這些揹著「黑五類」沉重包袱的知青來說，自然有些優越感。

在各團部師部還設有汽車隊、食堂、招待所、幼稚園和廣播站、電影隊之類的機構，主要是給場部機關幹部和來辦事的連隊人員服務。其中廣播是最討人嫌的東西，每天早上天未亮就呱啦呱啦地將人吵醒，傍晚，累得一塌糊塗回來吃飯時又是吵個不停。廣播內容多是宣讀什麼通知、文件和好人好事，再不然就是翻來覆去地放上那些早已耳濡目染膩透了的樣板戲唱段。更為煩惱的是，廣播響的這一段時間連隊電話就不能使用，因為它是依靠電話線來傳遞音頻的。

而電影隊卻大受知青歡迎，只要一放電影，鄰近連隊的男男女女知青和周圍的老百姓都會沿著彎彎的山路趕來觀看，連隊頓時就會像節日似地熱鬧了許多。其實，前來放的那些影片，知青們是熟得連臺詞都能背得出來，只不過是藉機走訪一下同學老鄉，彼此聊聊天、散散心，大家聚在一起圖個熱鬧氣氛罷了。這其中還有許多的故事，留待後續章節細細道來。不過，有一點倒是不爭的事實，凡是調到團部、師部機關和後勤部門的知青，由於不用日曬雨淋，繁重勞動相對較少，穿得也乾淨整潔，腦瓜也相對聰明伶俐一些，所以人也顯得白淨靈氣了許多。

根據不同的政治氣候，各團政治部還時常從各連隊抽調一些知青組織文藝宣傳隊到基層演出。自然都是一些有特長的俊男靚女，這些人大多數是臨時抽調，演出任務結束後，依然返回各自的工作單位。不過，在各師和兵團都有一支常設的宣傳隊，節目還算精彩，內容自然都是一些唱高調的鼓動戰天鬥地歌舞話劇。聽說每當這些宣傳隊下來團部或是連隊演出，許多男知青看後都會記不得內容，只會記得哪個女演員漂亮，哪個女演員風騷。可惜，不知什麼原因，我是一次也沒機會欣賞，故也談不出其中的感受。

在兵團各師團還分別有籃球隊、射擊隊之類的體育運動組織。聽在警通排（班）的同學講，師團首長常常傍晚之時很喜歡與女隊打上一場籃球，而不願意跟小伙子們交鋒。因為他們根本不是男隊的對手，輸了或讓球都傷自尊，況且，在板著嚴肅的面孔勞累一天之餘，能跟青春活潑的姑娘們玩一會籃球，精神也會愉快一些。當然，在公開場合，大家都還顯得比較規矩。至於射擊之類的比賽，則是廣州軍區要求進行的訓練項目。我在師部警通排的知青同學石連成，由於手槍打得特好，經過層層選拔，還參加了廣州軍區比武，獲得了第六名，讓許多野戰部隊的槍手都驚愕不已。

在兵團編制中，還有一個獨特的現象，就是每個團幾乎都設有一個武裝連。所選的人員在當時都是家庭出身紅、個人表現好的知青。這個連一般選設在靠近團部的地方，剛開始組建時，是半天生產，半天訓練。有的連隊還發了兩套軍裝，不過沒有領章、帽徽，晚上還要輪流站崗。初時，知青還有一些新鮮，時間一長，大家就有些煩了。特別是漫長寒冷的冬天，又凍又怕，有的知青便常常偷偷將鬧鐘撥快一些，趕快叫醒下一班接崗。有時輪完一班人天還未亮，只苦了最後的班長或班副，因為他們得向連隊報告當晚值勤的情況。

在其他每個連隊，也設有一個基幹民兵武裝排，排長一般由副連長或副指導員兼任，所選人員也是「根正苗紅」；平時分散於各班之中，只是每年按上級佈置，定期一二個月時間訓練。儘管按連隊領導所說，自由兄弟和許多知青也算是個普通民兵，但在兵團漫長的五年中，可是連槍都沒摸過一下，也沒穿過一次軍裝。大概這也是當時的一個荒唐原則吧，怎能讓「黑五類的子女」學會掌握槍桿子？萬一有個風吹草動，豈不麻煩？據查，從一九六九年四月至一九七四年九月，兵團共有武裝連一百三十六個，武裝排二九七二個，民兵總人數三七點五萬人。其中，基幹民兵一一點〇八萬人，普通民兵二五點六五萬人；排以上幹部七六四二人。

此外，原來墾區系統沒有人民法院建制。但在兵團期間，兵團政治部在海口設立了中國人民解放軍軍事法院，開展審判刑事和民事案件。一九六九年四月至一九七四年九月，共判處各類案件四〇三起。其中，有期徒刑三百八十起（處五年以下二八三起，六至十年六十起，十一年以上三十七起）；死刑二十起（政治案件九起，刑事案件十一起）；死緩一起，屬政治案件；無期徒刑兩起（政治、刑事案件各一起）。

由於「文革」極左路線的影響，軍事法院在審判刑事和民事案件中，以階級鬥爭為綱，造成不少的冤、假、錯案，這其中有影響頗大的被稱為「南方的張志新」官明華政治案件，關於這一案件，筆者將在後面章節中詳述。慶幸的是，這些案件後來總算得到了糾正和平反。一九七四年九月，生產建設兵團撤銷，軍事法院也隨之消失。而在平時，兵團內部治安保衛工作都是政治部門負責，兵團政治部設有保衛處，各師設保衛科，團、場、院、校的保衛工作由政治處負責。日常發生治安事件和政治事件也是由這些部門處理。

至一九七三年底，兵團共有各地知青一一點四萬人。約占當時兵團總人數的四分之一左右。在兵團人員中，占人數比例最大的是歷年轉業退伍軍人和農工，約有二十萬餘人；還有三點四萬人的歸僑、僑屬、華僑、港澳眷屬；四萬多來自雷州青年水庫（又名鶴地水庫）和海南松濤水庫等庫區的移民，以及歷年從地方縣市調入或轉入農墾系統的幹部、武警和專業人員等上萬人。除此之外，還有幾十萬從全國各地跟隨老軍工、老農工和各級幹部一起生活的家屬子女。

而這些人群，包括知青群體，都來自天南地北、五湖四海，儘管有的地域人數較多，如老軍工以湖南、四川居多，知青以廣州、汕頭居多；雖然人們在一定程度上也還有老鄉意識、同學意識，但是經過十多年幾起幾落的體制變革和反覆無常的政治運動高壓下，地域觀念表現得並不明顯。而世居的黎族、苗族同胞，大多數聚居在中部、南部的瓊中、保亭、白沙、陵水、昌江等縣的山區，憨厚淳樸，原始自然，又依寨而居，自成體系，很少與兵團的農場連隊因生活混雜發生大的衝突。回族兄弟又多居住在三亞市和通什市，日常生活與兵團人員相互交往很少，發生矛盾的概率自然很低。

所以，相比那些去農村插隊、分散而居、結夥而炊的知青而言，兵團知青有著許多值得慶幸的優越。且不說每月有二十多元的工資拿，也不說每天可以省心地吃伙房的大鍋飯，更不用擔心農村宗族勢力的欺侮，單就上百人的集體生活就熱鬧開心了許多。況且，由於生活工作在一個來自五湖四海的「大家庭」，大多數老軍工、農工都古道熱腸、心地善良，對來自城市的知青相對還是寬厚熱情的。由此也使知青比較透徹瞭解各地的風土人情，再加上受各層次人員的耳濡目染，社會閱歷相對也會比農村插隊知青，甚至單純去工廠的同學要豐富一些。自然，承受艱難困苦、生存掙扎的能力和意志也會相對堅強一些。

第二節　毀譽參半的五年半海南兵團簡況

如同世間任何人物事物一樣，作為一個特定歷史階段的產物——海南生產建設兵團，自然也要受到歷史的審視。只是如今人們說起它來，由於所處的地位、角度不同，感受有別，所以評介也不一樣。有說其功大於過的，也有說其過大於功的。總之是毀譽參半，莫衷一是。自由兄弟在本節中只是根據有關資料，簡略地綜述一下其五年半的歷程。當涉及其失敗或失誤之處時，懇請當年海南兵團有關人員及讀者以平常心去對待。因為歷史珍藏於歲月之中，而真相還原於歷史的腳步，當歲月流水無情地洗淨當年粉飾兵團的鉛華，有些事實應該還其本來面目。誰也不能掩藏，也掩藏不住。

前面已述，當時兵團幾乎完全是在原海南、湛江墾區的一百四十個（後新建了八個）農場基礎上組建起來的，而這些農場有的生產橡膠、茶葉、有的生產劍麻、油棕、還有的生產穀物、水果等，但大多數農場還是種植橡膠。這是國家的重點戰略物資，也是高層領導極力發展的意向。特別是當時的廣州軍區高層軍官，原來大多數隸屬「四野」，對於林彪的「兩個發展」指示精神貫徹自然不遺餘力。許多兵團幹部戰士也深有體會，這「兩個發展」幾乎是掛在各級領導的嘴上，逢會必講，反覆啟發，加深領悟，落實行動。在這種慣性定律的引導下，再加上受到當時社會上極左思潮的影響，加快擴大橡膠種植面積，也就成了兵團彰顯功績的當務之急。

於是，兵團在一九六九年四月成立幾個月後，就於八月二十九日草率粗糙地制定了《一九七〇——一九七四年生產發展規劃》，計畫墾荒新植橡膠五百二十五萬畝，其中海南四百五十萬畝，湛江七十五萬畝；要求至一九七四年末，兵團橡膠總面積達到七百五十萬畝，其中海南六百萬畝，湛江一百五十萬畝。一九七〇年九月，兵團編制的第四個五年計畫，再一次要求平均每年發展橡膠六七十萬畝，到一九七五年植橡面積達到七百五十萬畝，年產乾膠十五至十六萬噸。這兩份規劃或計畫明顯脫離了實際，又重犯了過去華南農墾多次出現的高指標、瞎指揮的錯誤。反映了來自部隊的幹部缺少橡膠擴大種植的生產實踐經驗，片面地認為「人有多大膽，林有多大產」的急躁冒進情緒，也表現了對原農墾的種植生產規劃和管理制度的否定態度。

在急於求成的心理支配下，為了擴大墾荒種植面積，兵團多次向上級政府要山要地，要人要錢。在當時林彪紅極一時的高壓態勢下，為了積極支持兵團墾荒擴大橡膠種植面積，一九六九年八月十二日，海南行政區革命委員會和生產建設兵團聯合成立土地規劃小組，負責解決現有農場和公社的土地界限；集中力量勘察尚未勘察的大片土地。一九七〇年三月二十二日，廣東省革命委員會生產組批示：同意海南區革命委員會和兵團關於第一批新建九個農場土地規劃的意見，即由海南區劃給兵團土地總面積一千五百萬畝（含老場已有土地九二七點九萬畝），以滿足兵團種橡膠的需要。對於因種植橡膠與尖峰嶺、吊羅山等林場的土地矛盾，也要求當地林場服從種植橡膠的需要，沒有造林的林地要給種植橡膠讓路。一九七〇年五月二十二日，廣東省革命委員會又發出「通知」，動員八萬人到廣州軍區生產建設兵團（包括城鎮知識青年、社會青年、農村青年和退伍軍人）參加墾荒種植橡膠。

那段時間，整個兵團上上下下都在這種「加快發展」思想的指導下，掀起了轟轟烈烈的墾荒「大會戰」高潮。草原墾完了墾丘陵，丘陵墾完了進山區。次年，也就是一九七〇年和一九七一年上半年，兵團在海南島一鼓作氣新建了八個團，也就是八個農場。一師在定安縣新建了十三團，後改名金雞嶺農場；二師在瓊海縣新建了十二團，後改名白石嶺農場；而三師在樂東縣境內的尖峰嶺、吊羅山等熱帶雨林的山脈中連續新建了十八、十九、二十團，也就是後來的抱倫農場、福抱農場、山榮農場；四師則在白沙縣與昌江縣的交界處，新建了十五團，後改名為邦溪農場；一九七一年初，六師則在屯昌縣和瓊中縣新建了十七、十八團，後分別改名為廣青農場和太平農場。原來一些老的農場也掀起了進軍深山野嶺，墾荒新建連隊的熱潮，如自由兄弟所在的四師八團（牙叉農場），也一下子新建了五個連隊。連隊總數從原來的十個（其中有些還是新建點，如自由兄弟所在的九連）增加到十五個。

在這股新建農場、連隊的高潮之中，是對許多千年原始熱帶雨林和次生林的無情荼炭。尤其是以新建農場較多的樂東、白沙、昌江和瓊中等幾個縣最為慘烈。這幾個縣本來是處於海南島五指山、尖峰嶺、霸王嶺、吊羅山、黎母山等五大熱帶原始森林林區的腹地，其中五指山、霸王嶺、吊羅山在這之前還屬未開發或大規模開發的原始森林自然保護區。森林中有許多稀有珍貴的樹種，如花梨、坡壘、青梅、子京等，還棲息著許多坡鹿、水鹿、黑冠長臂猿、麝貓、棕狸、雲豹、蟒蛇等國家一類保護動物，甚至世界罕見的珍貴動物。而這些珍貴的野生植物、動物隨著熱帶雨林砍伐，在不斷消失或急劇減少，有的甚至慘遭滅頂之災，萬劫不復。

記得一次我們在臨近山澗溪水邊鋸伐一棵碩大的紅木，因為直徑太粗，長鋸無法一次鋸斷，分了三個斷面才將其鋸倒，鋸出的木屑芳香四溢，細數樹徑上的年輪，竟有五百多圈，真是可惜之極。還有一次，我們在對鵝嶺上山坳用炸藥炸一棵龐大的楓樹，第一次倒了整箱的硝酸安炸藥都沒有將其炸倒，第二次又在另一個側面挖洞倒了兩箱，才將其樹身炸斷。那一次，很會唱民歌的黎族漢子劉文光，還領我在碩大的樹椏上找到了一種類似小蒼蠅的洞蜂蜂巢，這種洞蜂不螫人，只是圍在皮開肉綻的老楓樹四周「嚶嚶」地傷心地飛著叫著，無奈地看著我們貪婪吃著有些微酸的蜂蜜。這慘象，如今常常時隱時現地出現在我的夢境，我想，這也許是那千年的古老楓樹在顯靈讓我們懺悔自責吧……

當時，對於這種大面積毀林墾荒，不僅引起了當地政府和各地林場、山民的申訴呼籲，而且連遠在北京的中央領導都表示了關切和擔憂。一九七〇年十月二十一日，周恩來總理在接見出席兵團會議的全體代表時，詢問了廣州生產建設兵團的情況後說了：「去年、今年怎麼一下子種那麼多橡膠？林地選得恰當不恰當？」「你們估計成活率有多大？」「能不能同時種防護林？」等話語。然而，總理含蓄的提醒並沒有使兵團墾荒的熱潮降溫，一九七〇年九月編制的兵團第四個五年計畫依然下達實施，要求平均每年墾荒發展橡膠六七十萬畝，到一九七五年兵團種植橡膠面積要達到七百五十萬畝，年產乾膠十五至十六萬噸。這個計畫雖然對一九六九年的草率規劃做了調整，但仍然過高，只是將原一九七四年要達到的種植七百五十萬畝的時間推遲了一年，即一九七五年實現。

為了實現所定的計畫目標，兵團連續三年採取了集中人員「大會戰」的生產方式，新建一個農場，或是新建一個連隊時，往往抽調周圍幾個團或幾個連隊的人員前往砍岜墾荒。一時間，山野到處都是臨時工棚，指戰員們吃在工地，住在工地，生活條件極其艱苦甚至惡劣。大家洗澡都是在用竹席隨便圍起的一個空地上進行，男同志倒不要緊，只是可憐了許多生理獨特期的女同胞，由於沒有熱水，許多人因此落下了終身難癒的婦科病。

在乾膠生產上，兵團制定計畫指標也偏高，有些單位為了完成任務，對過去建立的一些合理的生產管理制度置之不顧，不是在加強林管、防病養樹上下功夫，而是片面強調一個「割」字。有的把兩天割一刀的制度改為天天割，甚至一天割兩三刀，冒雨割，低溫割。由於嚴重違反割膠技術規程，造成病害樹、死皮樹、風斷樹急增，有的團（農場）和連隊嚴重條潰瘍樹占到百分之三十至四十。對於這種急功近利的做法，知青**無名然**在**〈真實的謊言中〉**記憶猶新：

……有一年，我團的乾膠指標定高了，到了十月，離完成額定噸數還差一大截，團部急了，當年的乾膠任務可是政治任務，關係到執行一條什麼政治路線的問題，於是派出一個又一個工作組，掀起了一個又一個的增產挖潛高潮。於是乎，原來農墾規定六年長成的橡膠樹才可以割，五年也就割了，原來規定膠樹兩天割一刀，有一天讓膠樹癒合傷口，補充養分，可是顧不上了，完成任務要緊，三天兩刀。但是膠樹不是人，不可以連軸轉。眼看膠水越流越少，不管你往膠桶裏撒尿還是沖水，乾膠還是那麼多，大家都很焦急，任務是難以完成了。

此時，有一個割膠輔導員提出：「我們現在的割面只割了一半的樹皮，如果連後面的樹皮也割，豈不是多了一倍膠水？」此建議馬上由工作組層層上報團部，上頭倒也謹慎，指示先找幾棵膠樹試驗。第二天一試，在舊割面的後面增開了一個新割面，一高一低兩條割線，果然，原先產一杯膠水現在產兩杯。團部大喜，下令馬上全團鋪開。可憐的三葉橡膠樹，它痛呀，又說不出，只是猛搖頭。一週後，橡膠樹全面轉黃落葉，全場只好提早停割，當年的乾膠任務，是用別的辦法混過去的。

兵團解散後，一天，我和場生產科長閒聊（他可是個公認的好人），提及此事，我說：「稍有常識的人都知道，兩面開割等於剝光橡膠樹的皮，要它怎麼活？你們的大學怎麼念的？」他說：「當年的乾膠任務是表忠心的政治任務，建議是基層革命群眾提出來團黨委批准的，膠水產量也確實提高了，誰敢反對？」我想也是，當時抵制這個對橡膠事業造成巨大損失的愚昧的行動，也只是多了一個官明華式的幹部而已，於事無補。

後來我又找了提這個建議的輔導員來問，我相信他也是好人，只是出於某個什麼原因吧。誰知道他叫起撞天屈來，他說：「我來兵團前只念了三年小學，什麼也不懂。團部要我們出謀畫策提意見，我想到就說，行不行是上級決定的事。現在責任推在我身上，這對我不公平。」我無言以對。如今想起以前的荒唐事情，恍若隔世……

據查，一九六九年至一九七一年，儘管橡膠樹三年間定植面積分別為一七點四九萬畝、一五一點八三萬畝、三三五點三五萬畝，總的橡膠種植面積有了較大發展。但由於「左」的思想和做法干擾，生產高指標，重量不重質，橡膠樹定植死亡嚴重，中小苗管理差，生長緩慢，開割率低，割膠傷樹較多，幾年均未能完成乾膠生產任務。經過幾年的實踐檢驗，在嚴重的挫折和教訓面前，兵團領導開始意識到原定的計畫根本行不通，只好在一九七一年十月，將一九七五年植膠面積從七百五十萬畝改為四百萬畝，減少指標百分之四十七；乾膠產量從十五至十六萬噸改為五萬噸，降低指標三分之二以上。

對於兵團各師團這種大肆毀林開荒，破壞生態環境，片面追求種植面積，而不注重種植質量，許多專家和幹部，甚至地方政府都痛心疾首，一再向上級和中央反映。為此，農林部於一九七一年冬至一九七二年春，兩次派人到兵團調查橡膠生產情況。經過大量的實地考核調查，確實觸目驚心，令人歎息。農林部只好於一九七二年六月二十日向國務院寫了〈關於廣州軍區生產建設兵團橡膠生產情況的報告〉。

報告指出：兵團這幾年由於生產上不注意從客觀實際出發，不走群眾路線，缺乏科學態度，所以橡膠生產問題嚴重。儘管原廣東橡膠墾區曾有過兩次不顧主客觀條件盲目發展的教訓，但卻沒有引起重視，這幾年又重犯了類似的錯誤。主要是：（一）種植任務高指標；（二）割膠生產瞎指揮；（三）經營管理不善。僅一九七〇年至一九七一年就開荒種植橡膠樹一百八十多萬畝，相當於廣東墾區過去十八年橡膠保存面積的百分之八十三。但由於開荒種植指標高，勞力、機械、肥料、苗木等都跟不上，累計報廢近五十萬畝，占種植面積的百分之二十八；其餘一百三十多萬畝，保苗率一般只有百分之四十左右，折合實有面積約五十萬畝。一年的種植任務，補植三四年才能完成，搞了大量的無效勞動。

摘錄和引用這段文字和數字時，我的心情顯得十分沉重。我不知道那些被砍伐的熱帶雨林包不包括在這報廢的五十萬畝之內？也不知道那空苗丟荒的八十萬畝山地有否重新補植膠苗？如果是報廢之內，如果依然空苗丟荒，那可確實過大於功了。想來真是有些欲哭無淚呀，多麼好的原始熱帶雨林，自由自在、無憂無慮地生長了成千上萬年之久，本來應該屬於嚴禁砍伐保護範圍，卻因為有人仗持著「兩個發展」的權杖，因為我們的一時的衝動，盲目的砍伐，全都成了火中灰燼。作孽喲！自由兄弟心中那永遠懷念的原始熱帶雨林！請你寬恕我們這些無知不肖的子孫吧！

值得慶幸的是，隨著林彪的滅亡及其死黨的倒臺，兵團黨委開始冷靜地意識到盲目發展的危害，於一九七二年四月召開了團以上幹部會議，提出要把完成當年生產任務和長遠發展相結合，把革命幹勁和科學態度相結合，在鞏固、提高的基礎上發展橡膠生產。會議重新修訂了一九七二年和一九七五年的發展計畫：將一九七二年原計畫開荒種植橡膠四十萬畝，調整為十萬畝；原計畫產乾膠五點五萬噸，調整為五萬噸。將原計畫一九七五年植膠面積到達七百五十萬畝，調整為四百三十萬畝；原計畫產乾膠十六萬噸，調整為七萬噸。

在接到國務院轉發的農林部報告之後，一九七二年十月二十一日，兵團黨委在〈關於改訂『四・五』計畫的報告〉中，再次將原來「四・五」計畫橡膠發展指標改為五年發展六十七萬畝，一九七五年到達四百萬畝；將一九七二年乾膠計畫從五點五萬噸調整為四點一萬噸。後三年計畫調整為：一九七三年四點三萬噸，一九七四年四點六萬噸，一九七五年五萬噸。

一九七三年四月，兵團又發出《計畫管理暫行辦法（試行草案）》、《生產統計工作制度（試行草案）》，對生產建設兵團計畫體制、計畫編報、計畫審批和計畫執行與檢查，以及統計工作任務都做了明確規定與要求，從而使生產建設兵團後期的計畫管理和統計工作從「拍腦袋、定指標」的高熱狀態下基本走上正軌。

與此同時，國家和上級政府對兵團大肆占用山林土地砍伐墾荒現象，也採取了相應的限制措施，如一九七三年五月十八日，廣州軍區黨委、廣東省委聯合發出〈關於生產建設兵團同地方山林土地糾紛問題的批覆〉同意：「凡有糾紛之處，暫按一九七二年產權歸屬狀況，維持現狀，進行耕種和管理。」就這樣，為期多年的砍伐熱帶雨林進行墾荒種植橡膠高潮總算暫告一個段落。但這個批覆顯得有些為時過晚，一些師團盲目地毀林墾荒，至今仍給海南自然生態環境留下了永遠的傷痛。

說來可能會給許多當年揮汗如雨、甚至浴血奮戰的知青和場友帶來幾分失望或意外，據《農墾誌》記載：自一九六九年至一九七四年，海南兵團共開荒種植橡膠樹二一九萬畝，補換植一百五十萬畝，總共三六九萬畝，僅存一一三萬畝，保存率百分之三十點六。一九七四年，橡膠樹種植面積到達三六四點四三萬畝，共八三九〇點二二萬株；其中開割面積一五〇點七二萬畝，共二五三三點〇九萬株；乾膠總產四點〇七萬噸。但是，自由兄弟認為這組資料中的保存率有明顯失誤，因為補換植一百五十萬畝應該是在開荒種植面積之內，而不應重複合計為種植面積。如此推算，兵團時期的橡膠樹存活率應達百分之五十一點六左右。

慶幸的是，廣東省農墾總局成立後，迅速恢復了原來行之有效的科學種膠、科學管膠和科學割膠的技術規程，以及崗位責任制等管理制度，從而扭轉了生產上和管理上的混亂局面。一九七五年至一九七八年，對兵團時期開荒種植質量較差的六三六點三六萬株橡膠樹，以及被加刀強割導致死皮的三百六十三萬株樹，加強撫育管理。同時對兵團時期的中小苗進行了大面積補換植，共補換植一三六四點二萬株；對割膠林段則注意做好「三保一護」（指保土、保水、保肥和護根）和新修、維修環山行、梯田的工作，並大力推行乾肥和水肥相結合，培養高產樹，應用乙烯利和電石交替使用刺激割膠等新技術。因此，定植橡膠樹成活率達百分之九十五以上；一九七八年乾膠總產即達七點八萬噸。看到這些成果，我的心裏難免有些苦澀和醋意，但也有幾分安慰，因為這畢竟是繼承了我們當年勞動的成果。誰也不能超越歷史，況且當時兵團是處在「文革」最動亂的年代啊！

隨著歲月的流逝，按照芽接橡膠樹割膠盛產週期，當年的「兵團林」又將面臨更新換植的高峰，也許，今後我們再回到海南，看到的已經不是當年我們種下的膠樹，但是，那塊熱土依然飽含著我們青春的汗水，依然在生長著我們希冀的幼苗。儘管，回首我國的橡膠種植事業，經歷了太多艱辛曲折的歷程，付出了太多慘痛壯烈的代價。但是，我們相信後人一定會接受這些「大起大落」瞎折騰的深刻教訓，特別是在落實科學發展觀的今天，一定會加倍珍惜十多萬人的青春和寶貴的自然資源換下來的一點橡膠「遺產」，讓它發揮建設祖國的巨大作用。

在大力發展橡膠種植的同時，兵團還注意發展多種經營，早在一九七一年五月，就先後從馬來西亞等國引進「薄殼種」油棕良種，由華南熱帶作物科學研究院和南濱農場負責試種。南濱農場的這批油棕於一九七八年開花結果，當年收穫果穗四點六一噸，次年又收穫果穗八點七五噸，平均畝產一點一五噸。試種表明，薄殼種油棕的產量比厚殼種油棕的產量高出許多。這也算是「前人栽植，後人收果」吧！一九七一年十二月五日，兵團還制定發展南藥生產五年規劃，確定利用荒山野嶺和零星小塊土地，結合生產造林和住區綠化，安排在「四．五」期間，種植檳榔五十萬株、兒茶十五萬株、白木香十萬株、砂仁五百二十五畝、益智四百八十畝。這些規劃後來雖然沒有得到全部實施，但有些上馬的項目，至今還在不斷獲得收益。

一九七二年五月十五日，也就是兵團黨委開始冷靜地意識到盲目發展的危害，重新調整橡膠種植計畫的同時，向各師團發出〈關於深入開展農業學大寨群眾運動的指示〉，要求一業為主，多種經營，全面發展。在這一號召的鼓舞下，各農場和連隊開始重視了養豬、養牛和種菜等副業的發展，那種常常吃不上青菜，半月才吃一次豬肉的狀況開始好轉。一九七三年春，柬埔寨首相賓努親王和國家元首西哈努克親王，先後到兵團二師八團、九團參觀訪問，都稱讚兵團的橡膠和可可、咖啡、胡椒和多種經營等搞得好。

儘管當時受「極左」路線的干擾，兵團各級組織在執行政策上有過偏激的現象，但是，由於大多數軍人和「老軍工」、老農工本質上都有著遵守紀律、艱苦奮鬥和助人為樂的光榮傳統，所以給予知青的關懷和教育還是值得肯定的。在這一時期，兵團以貫徹黨的「九大」、「十大」精神，對廣大職工和知青進行了黨的基本路線教育、馬列主義理論教育和走與工農相結合道路等教育。同時通過各種半軍事化的組織紀律勞動鍛鍊，使知青在一定程度上思想都有所收穫、有所進步，連一九七二年三月二十八日廣州市將四百六十一名違法青年送到兵團進行勞動教育後都有了不同程度的改觀。據查，五年多，知青中有二七三九人入了黨，三點五四萬人入了團，二一一七人上了中專學校，一〇一八人上了大學，六十六人成了師、團黨委委員，十一人提任團職幹部，一三二九人擔任連職幹部，一點八萬人擔任班排長。

更值得一提的是，在抗擊自然災害面前，由部隊軍人領導的兵團表現了大無畏的英雄氣概。一九六九年七月二十六日，兵團成立不久，陽江縣江城西南「洋邊海峽」就發生六點四級地震，震中烈度為八度強，兵團所屬的九師八、十五、十六、十七團（也就是現在的曙光、紅十月、織簣、平崗等農場）受到較大破壞，倒塌房屋八十四幢、一點四四五萬平方米；損壞房屋一百零六幢、一點一九一六萬平方米。在地震災害面前，各級現役軍人領導身先士卒，帶領農場幹部戰士奮勇搶險救災，使生產很快得到了恢復。用實際行動贏得了人們的尊重。

但是部隊軍人和兵團幹部對許多尚未成年的知青心理、生理畢竟瞭解得不夠，有時甚至簡單地用管理訓練部隊士兵的方法來要求知青，如戀愛、婚姻、探親等，特別是在自然災害面前，對人的生命珍惜得不夠，往往將部隊不怕流血犧牲的精神運用於連隊知青之中，因而出現了一些失誤，有的甚至是致命性的錯誤。如一九七〇年十月二十日，因颱風暴雨，山洪暴發，六師二團（晨星農場）養豬場有二十二名知識青年遇難殉職。又如一九七三年九月十四日，歷史罕見的「十四號」強颱風中，兵團駐海南七個師的五十四個團均不同程度受損，一、二、六師有十八個團嚴重受災。死亡一百二十八人、受傷八百二十九人，橡膠損失七百四十萬株，倒塌房屋一百三十七萬多平方米。

儘管這是自然災害所造成的悲劇，但在另一個側面反映兵團各級組織和人員事先思想估計不足，準備工作欠缺。特別是有的幹部在危及性命的洪災情況下，竟動員戰士搶運國家財產物資，在今天看來，顯然是不可取的。關於兵團知青與自然災害抗爭的情景，自由兄弟將在後面章節中詳細述說，這裏暫且按下不表。

除了自然災害造成的傷亡之外，兵團時期勞動安全傷亡事故也相對較多。僅一九六九年，墾區傷亡事故共八七八起，傷六九五人，亡一二九人。其中，車輛事故一二四起，傷七十五人，亡十七人；工程作業事故二二二起，傷二〇四人，亡九人；爆炸事故二十八起，傷二十二人，亡九人；淹亡事故六十五起，亡六十八人；食物中毒二十五起，傷三一六人，亡十人。這與各級領導偏重開荒會戰，忽視勞動安全保護措施，缺乏嚴格的規章制度有很大關係，但是由於無法找到兵團五年半的時間總的傷亡事故資料。因此，只好暫時作為一個不解之迷留待後人細查其果了。

在一九七三年十二月二十五日至一九七四年一月七日期間，兵團轄區還出現了強度輻射降溫，連續降霜五至十三天。尤其是以一九七四年一月一日至三日早晨溫度較低，在雷州半島的陽春、化州縣北部和海南島的白沙、瓊中縣等地，地面草溫降至零下一至三攝氏度，低窪處都結了薄冰。橡膠樹受害總株數達一二五六點七六萬株。其中四至五級寒害占到百分之三十四。內有一九六九年至一九七三年定植苗四七九點六一萬株，苗圃苗六〇一點九二萬株，開割樹一七五點二三萬株。由此我想，海南兵團一九七四年橡膠的保存率較低，可能也與這兩次寒流災害有關。

海南兵團存在的期間，是十年「文革」最為動亂的年代，各種政治運動和政治學習較多。印象最深的是一九七〇年二月開展的清理階級隊伍，反對貪污盜竊、投機倒把、鋪張浪費和打擊現行反革命分子所謂的「一打三反」運動。在這次運動中，由於極左思想的影響，各師團都出現了不少冤、假、錯案和「過火」行為。我們連隊的老衛生員、轉業軍人周維富因為平時說了一些「彭德懷、賀龍是開國功臣」之類的話語，被人檢舉揭發，受到了批鬥，還被撤銷了衛生員職務去幹農活。

之後，就是一九七一年的整黨建黨活動，據載，這次活動共整頓了二七七三個黨支部，新建五百三十個黨支部，加上一九六九年已整頓的，共計四千四百個黨支部（占總數的百分之九十九）。整頓中，吸收新黨員九千五百名；勸退和開除出黨的有四十六名。受歷史局限的影響，這其中也難免有許多過嚴過左的做法。我所在的連隊指導員就是在這次活動中因家庭成分不好被免去了黨支部書記職務。

最為震撼人心的是，一九七一年十月，隨著林彪乘飛機外逃在蒙古溫都爾汗摔死，兵團分片在海口、湛江、舊州、那大等地召開科、團級以上黨員幹部會議，共有一五二六人參加，深入揭發和批判林彪及其死黨的叛黨叛國罪行。此後，連隊的各項政策環境開始逐漸寬鬆，「天天讀」之類的政治學習也少了一些。之後，是一九七三年夏季傳達毛主席給李慶霖的一封信，符合照顧條件的知青開始陸續回城。

同年十一月，在不提高工資標準、不取消下延工資等級的原則下，兵團對許多農墾職工調整了工資。據查，這次調資二〇點〇八萬人，共補發了五百六十七萬元。再之後，是一九七四年五月八日，兵團政治部召開「文化大革命」中非正常死亡善後工作座談會，要求對已查清屬非正常死亡的五五八人，扎扎實實做好善後工作。但是，其中有一些冤假錯案依然沒有得到平反。如自由兄弟所在的牙叉農場官明華反對林彪的政治冤案，是直到一九七九年經中共廣東省委干涉下才得以昭雪。

據瞭解，一九六九年四月，兵團成立後，實行的是「以收抵支，經費自籌」財務管理政策。在此期間，主管部門對兵團仍採用全額交撥的收支兩條線管理。與此對應，兵團於一九七〇年四月頒發後勤財務管理制度，規定會計工作採用現金收付記帳法，平時按預算收入、支出項目核算，年終按企業管理計算成本，編製決算。一九七二年二月，兵團正式頒發了《企業財務管理辦法》、《經費標準》和《連隊經濟核算辦法（草案）》，對會計工作做了規定：記帳方法採用以錢物為主收付記帳法；會計科目分為錢物類和財務收支類，共設置二十五個會計科目。另外設置待處理盤虧等六個備用會計科目；利潤口徑採用生產實現制。兵團核算體制則以團為企業核算單位，實行全面的經濟核算，計算盈虧。團所轄的連隊為基層核算單位，實行業務核算、統計核算和財務報帳的辦法。

兵團日常則對師、團採用收支兩條線的預算管理辦法，即：企業應交的計畫利潤、固定資產折舊、多餘的流動資金和基建儲備資金，根據季度預算交撥款計畫逐級上交；兵團核定應撥給各單位的基本建設投資、流動資金、基建儲備資金、彌補虧損和其他專項撥款則逐級下撥，年終根據決算數和有關規定對預算交撥款進行清理。但是由於各項非生產性開支較大，預算缺口太多，一九七三年，兵團又對各團試行「定收定支，超收分成，一年一定」的財務包幹辦法。

上述系列辦法，對於兵團建立穩定正常的生產秩序和恢復一些行之有效的財會制度起了促進作用，加上橡膠開割樹逐年增加，利潤有所上升。一九六九年兵團利潤達到一點〇四億元，比一九六八年農墾利潤增長了百分之八十九點七；一九七〇年為一點五億元，比一九六九年又增長百分之四十四點二。但兵團採用的是半軍事化行政手段管理經濟，管理體制與林業生產不相適應，再加上新建農場、連隊和墾荒擴大種植開支較多，遭受自然災害嚴重，從一九七一年起至一九七四年，利潤連年下降。一九七四年兵團利潤僅為一點〇六億元，比一九七〇年下降百分之二十九點三。

一九七四年十一月十一日，財政部同意補貼一千五百萬元作為兵團撤銷後彌留的財政缺口。在這之前的一九七〇年五月，國家也曾撥過五千萬元的基本建設投資專款。由此看來，兵團所在期間，基本上做到自負盈虧，略有結餘。如果再考慮新建農場、連隊和墾荒種植二百一十九萬畝、補換植一百五十萬畝，總共三百六十九萬畝橡膠樹種補植等因素，可以說，這幾年，海南生產建設兵團在企業管理上還是頗有成效的，至少為國家創造了一大筆經濟財富。比起其他一些撤銷時財富甚少或是虧損的兵團，還是應該感到驕傲和自豪。

不過，這一成效是在低投入（如連隊住的多是簡陋的茅草房）、低成本（如工人月工資僅是二三十元），高消耗（如對熱帶雨林的砍伐）、高索取（如時常加班加點會戰）下取得的，如今看來，並不值得特別推崇和讚賞。

（注：本書開篇至本節內容參考和引用了《廣東省情資訊庫》、《農墾誌》、《突破北緯十七度線》、《葉劍英傳》、《中國地理》等資料。）

第三節　關於海南及全國生產建設兵團的哥德巴赫猜想

是不是所有的大於二的偶數，都可以表示為兩個質數之和？

這個問題是德國數學家哥德巴赫於一七四二年六月七日在給大數學家歐拉的信中提出的，所以被稱做哥德巴赫猜想。

「哥德巴赫猜想」貌似簡單，但要證明它卻著實不易，已經成為一個著名的數學難題。目前，最佳的結果，是我國數學家陳景潤於一九六六年證明的，稱為陳氏定理：「任何充分大的偶數都是一個質數與一個自然數之和，而後者僅僅是兩個質數的乘積。」通常都簡稱這個結果為大偶數可表示為「一加二」的形式。但是，直到現在也無人能摘取證明「一加一」這頂皇冠。

如同「一加一」這個貌似簡單的問題一樣，直到現在，誰也不能準確說出從一九六九年至一九七〇年間，在原有的黑龍江生產建設兵團大規模擴大建制的同時，全國大江南北為何突然又新成立了內蒙古、蘭州、廣州、江蘇、安徽、福建、雲南、浙江、山東、湖北共十個生產建設兵團以及西藏、江西、廣西的三個農墾師的主要提議者、決策者和具體操作者及其內在外在動因。特別是隨著毛澤東、林彪、周恩來等老一輩離去，有些問題將會成為永遠塵封的秘密，再也無法找到其準確的答案。

當時，加上五十年代組建的新疆生產建設兵團，全國共有十二個生產建設兵團和三個農墾師，被國外媒體稱之為遍佈中國的幾百萬「准軍事部隊」。但是，隨著歲月流逝，人員更替以及幾經周折，檔案資料不全，現在已經很難準確詳細說清其中的人員之數，編制如何，甚至連其成立、撤銷日期都很難一一查清。於是，這個來去匆匆，宛若曇花一現的特定事物，一個時代的流行名詞和象徵之一，也如「哥德巴赫猜想」一般，令許多學者和對其頗有幾分感情的當年知青們著迷不已。

為了方便大家特別是有過類似經歷的知青朋友更深的瞭解和探討這一奇特的歷史事物，自由兄弟現將當時全國生產建設兵團和農墾生產師的殘缺簡況摘要如下，並期待得到知情讀者和知青戰友的指正補全：

一、十二個生產建設兵團：

（一）新疆生產建設兵團——一九五四年十月七日成立；一九六九年八月二十三日劃歸新疆軍區領導，目前下轄十四個師，一百七十四個農牧團場、五千多家企業等。是全國保留至今的唯一生產建設兵團。

（二）黑龍江生產建設兵團——一九六六年一月成立；一九六八年六月十八日劃歸瀋陽軍區領導，編制六個師，轄六十四個團，一九七六年撤銷。

（三）廣州生產建設兵團——一九六九年四月一日成立；隸屬廣州軍區領導，編制十個師，下轄一百四十八個團，一九七四年十月撤銷。

（四）蘭州生產建設兵團——一九六九年四月九日成立；隸屬蘭州軍區領導，編制六個師，下轄五十七個團場；其是將一九六五年組建的原甘肅、寧夏、陝西、青海四個農業建設師收編至旗下擴建而成的，成為當時全國唯一的跨省兵團。一九七三年撤銷。

（五）內蒙古生產建設兵團——一九六九年五月七日成立；隸屬北京軍區領導，轄六個師，四十一個團（廠），四個直屬廠團。一九七五年撤銷。

（六）江蘇生產建設兵團——一九六九年九月成立；隸屬南京軍區領導，轄四個師，四十一個團。一九七五年撤銷。

（七）安徽生產建設兵團——一九六九年九月十七日成立；隸屬南京軍區領導，接管國營農場、茶場、林場等四十二個。一九七五年撤銷。

（八）福建生產建設兵團——一九六九年成立；隸屬福州軍區領導，轄二十八個團場。一九七四年撤銷。

（九）雲南生產建設兵團——一九七〇年三月成立；隸屬雲南軍區，由雲南省和雲南省軍區領導，轄四個師，三十二個團，四個直屬單位。一九七四年撤銷。

（十）浙江生產建設兵團——一九七〇年五月七日成立；隸屬南京軍區領導，下設三個師，十五個團。一九七五年六月五日撤銷。

（十一）山東生產建設兵團——一九七〇年成立；隸屬濟南軍區領導，下轄二十個團。一九七五年撤銷。

（十二）湖北生產建設兵團——一九七〇年成立（具體編制不詳）；一九七二年撤銷。

二、三個獨立農建（生產）師：

（一）西藏農建師——一九六九年成立，隸屬西藏軍區領導，下轄九個團，一九七五年撤銷。

（二）江西農建師——一九六九年成立；隸屬江西軍區領導，下轄八個團。一九七五年撤銷。

（三）廣西農建師——一九七〇年成立，隸屬廣西軍區領導，下轄十二個團，一九七四年撤銷。

作為曾經生產建設兵團知青，自由兄弟在搜尋到了上述簡況之後，曾特意打開全國地圖，聯想當時的國際國內形勢，反反覆覆地揣摩了許久，從新疆、內蒙、黑龍江，再到海南、廣西、雲南，十五個生產建設兵團（農墾師），除了湖北生產建設兵團之外，全都沿著邊疆省、區，恰好將偉大祖國圍成一圈環環緊扣的長鏈。顯然，決策者之所以要大規模成立生產建設兵團，其首要用意是考慮防禦外敵的入侵。

眾所周知，當時由於中蘇長期交惡，雙方關係已從原來的政黨觀點分歧，發展到邊境武裝摩擦衝突。蘇聯「老大哥」為了恐嚇壓服中國這個「不聽話」的大老弟，已經在邊境陳兵百萬。而東北亞，日、韓當時與我國尚未建交，時有矛盾。在東海，臺灣老蔣企圖趁我「文革」動亂之際反攻大陸。在越南，誰都知道中國有十多萬部隊人員在幫助抗擊美國五十多萬大兵，戰火隨時有擴大的可能。在緬甸，國民黨殘餘部隊和以種販毒地方割據勢力時常對我邊境騷擾不已。而泰國，則是美軍的後勤基地。與西藏一山之隔的印度，更是對不久前的中印邊界戰爭敗北耿耿於懷，伺機再報一箭之仇。不過，當時發生戰火最大可能則是中蘇、中越邊境。

如果發生中蘇邊境戰爭或美國擴大越南戰火，就當時軍事技術和武器裝備，我們勢必以雙倍甚至更多的兵力才能抗之。而一旦出現抽調大規模部隊北上或南下，所留武裝力量空缺地帶該如何補充？這不能不成為高層領導人為之擔憂的事情。因此，籌建生產建設兵團，組建「准軍事部隊」就成了理所當然的事情。

這一點在海南生產建設兵團每個團幾乎必建一個武裝連，其他的連隊必建一個基幹武裝民兵排上可以得到佐證。不算普通民兵，光基幹民兵就達一一點〇八萬人，再加上二千九百多的現役軍人。足足是十個加強師的後備兵力。而內蒙兵團一九七一年職工總人數約為十至十一萬（其中知青七點五萬人），卻配備了五千六百多名的現役軍人。可以說現役軍人幾乎配備到連或排。

再看海南生產建設兵團的師部駐地所在，一、二、三、四、五、七師師部都是環島部署，六師師部居中。七、八、九師師部分駐海康、湛江、高州，三點連成直線，也是面海而向。各師也是下轄三縣，師部居中。如果再考慮隸屬廣州軍區的廣西農墾生產師的師部駐在緊鄰的浦北縣，而不是合浦、龍州，顯然有與海南生產建設兵團互為犄角、相互策應之勢。而這種臨戰狀態的的重點是保衛海南島。因為如果美國真的悍然擴大戰火，肯定會派兵首先攻占海南。如果海南淪陷，不僅會失去幾百萬平方公里海洋國土，連我國出海通道都成了問題。

所以說，在十五個兵團或農墾師之中，當時高層是很重視海南這個兵團的。各級政府也是想方設法擴充兵團人員，幾乎是當作一個政治任務來完成。連續三年層層下文大規模動員城鎮知識青年、社會青年、退伍軍人，甚至農村青年到海南生產建設兵團參加墾荒種植橡膠，使兵團人數從二十餘萬急速擴充至四十餘萬。人數位居各兵團第二，僅次於新疆兵團。如果僅是安排城鎮知青，就不會顯得連農村青年和已返鄉退伍軍人都動員前往這麼迫切憂慮了。

但是，這麼倉卒地大規模在全國範圍內組建生產建設兵團，到底是誰的意向？目前還很難在有關資料中找到答案。自由兄弟曾在網上看到過種種猜測，其中有一種說法，是林彪想搞「第二武裝」，甚至舉出海南兵團各級組織是如何學習宣傳林彪的指示為例。但冷靜分析起來，這種說法顯然站不住腳。因為當時兵團各級領導那些學習宣傳林彪指示的言行只不過是大勢所趨，不得已而為之；而林彪也不敢這麼明目張膽觸怒軍權在握的毛澤東，這在「一號手令」事件中可以得到印證。所以，自由兄弟猜測這一動議，很可能就是毛澤東本人提出。

因為自古以來，華夏民族就有開疆拓土、屯墾戍邊的傳統。早在西元前一二七年漢武帝命衛青率四萬大軍出擊匈奴，迅速攻占高闕（今內蒙古杭錦後旗），完全控制了河套地區後。因為這一帶水草肥美，形勢險要，漢武帝則命衛青在此修築朔方城（今內蒙古杭錦旗西北），設置朔方郡、五原郡，同時從內地遷徙十萬人到那裏定居守衛，修復秦時蒙恬所築的邊塞和防禦工事。這樣，不但解除了匈奴騎兵對長安的直接威脅，也建立起了進一步反擊匈奴的前方基地。可以說，這也算是我國最早的生產建設兵團雛形。

之後，歷朝歷代，將邊關將士留守邊關，以及將其親屬和內地居民移遷邊土，便幾乎成了一項不是國策的國策沿襲下來。對這一國策發揮得最為出色的應該是毛澤東的同鄉左宗棠。史載一八六四年五月，湖南湘陰人左宗棠以六十四歲的高齡，被任命為欽差大臣，督辦新疆軍務。他抬著棺材出征，經過十二年浴血奮戰，於一八七八年，率軍共收復了相當於八個湖南省面積的一百六十萬平方公里的新疆失地，是我國歷史上收復失地最多的將領。之後，為了保衛邊疆，他將所帶全部湘軍和其他一些清軍留守新疆，屯田開荒，推廣蠶桑，便利交通，發展地方經濟，其功績遺澤至今。

一九四九年十月十二日，又一位毛澤東的同鄉，湖南瀏陽人王震司令員率領大軍和平解放新疆後，組織十一萬解放軍將士就地駐防、就地開展了屯墾的大生產運動。之後，根據王震司令員提議，毛澤東於一九五三年五月又下令將新疆軍區所屬部隊整編為國防部隊和生產部隊。接著，一九五四年十月七日，又成立了新疆軍區生產建設兵團。

由此想來，熟讀史書、崇拜名臣的毛澤東在當時腹背受敵、四面受包圍之際，很自然就會產生組建生產建設兵團，充實邊防力量來對抗外敵入侵的意向。但具體是先與林彪商議？還是先與周恩來商議決策後才提交政治局討論的？就不得而知了。

此外，還有一個重要問題是，籌建如此眾多大規模的生產建設兵團具體操作者或實施者是林彪？還是周恩來？自由兄弟認為，前期具體負責的應該是林彪，因為其主持日常軍委工作，配備這麼多的現役軍人肯定需要他勞力費神，點頭同意。而後期，作為國民經建設的重要組成部分的兵團各項生產，計畫安排，可能就是周恩來負責兵團實際運作。也有可能是兩人共同負責運作。因為，一九七〇年十月，全國召開生產建設兵團會議之時，林彪和周恩來總理都分別接見了出席兵團會議的全體代表，對兵團的建設和發展都很關切。總之，這些問題都如「哥德巴赫猜想」一般，有待來日相關機密文件或資料解禁，才能找到正確答案，或是永遠會成為不解之謎。

短期內組建如此眾多大規模的生產建設兵團，自由兄弟還有一個因果猜想，就是高層領導試圖對建國以來一系列政策失誤的彌補或掩蓋。眾所周知，從建國初期到「上山下鄉」運動期間，一方面是過多過激的政治運動，嚴重阻礙了生產力的發展。如在工商業改造中擴大了所謂沒收官僚資本範圍和帶有強制性的公私合營，完全壓抑了民族中小企業的發展；又如反右的擴大化，使得當時生產力中最活躍的知識分子如履薄冰般無法發揮創造熱情；再如「大躍進」中的「共產風」，幾乎完全摧毀了社會主義初級階段應該具備的多種經濟成分；文化大革命開始後的三年時間，工廠停產、學校停課，又幾乎是靠吃老本來支撐國家機器運轉，根本難有更多的積累擴大再生產，建立更多的工礦商企業來創造大量新的就業崗位。

另一方面是忽視了人口計畫生育。一九四九年建國初期，我國的人口才五點一二億，但在信奉「多子多福、早婚早育」的觀念影響下，人口增長得很快。一九五七年人口就達六點四七億。為此，馬寅初先生曾提出了計畫生育、控制人口的建議，但是沒有得到重視，反而受到批判。結果在「人多好辦事」的思想指導下，全國人口到一九六九年就突破八點〇七億大關。二十年間，人口增長近三億，淨增長數量竟是中國八百多年人口增長的總和。

此時的國家已陷入了一個兩難處境：一邊是人口的急劇增長，一邊是就業崗位的緊缺。而當時我們的父輩又正當四十多歲的中年，無法退休騰出崗位給兒女頂替，「文革」三年累積的上千萬的初高中學生又等待消化，否則，任憑他們集聚城鎮無事可做，就會發生大的社會動亂。

於是，將上千萬知青分散到農村，就成了國家高層領導必然的無奈選擇。但到農村插隊畢竟還算不上正規就業，出於擴大就業崗位所想，將部分知識青年分配到國營農場當工人、領工資，有勞保福利待遇等，從事的是有程序的生產，就算是安排了就業崗位，無形中也成了高層領導的最佳方案和指導思想。

這一觀念，在一九七八年十二月全國知青工作會議上出臺的〈知青工作四十條〉中可得到最充分的佐證。該文件針對農場的政策只有一條：「……今後邊疆農場（兵團）知識青年一律按照國營企業職工對待，不再列入國家政策的照顧範圍。」由此可想而知，到兵團的知青是更為長久的「上山下鄉」，甚至是永久的人口遷徙。試想，如果沒有當時雲南兵團知青以死抗爭，這一政策不知還要延續多久。

但是，當時這種涉及人數眾多的大規模遷徙安排工作，必須要有堅強的組織結構和中堅力量，才不至於在派性鬥爭仍未消除的各個國營農場發生大的亂子。於是，習慣依靠部隊軍管來維護特別時期秩序的最高領導，也就自然而然地想到組建生產建設兵團這一形式，用強有力軍事機器來完成這一大規模人口遷徙安排工作。

事實證明，當初運用這一形式對於安排近二百六十多萬（有說是三百萬）知青到農場「就業」和恢復農場生產，也確實起到了積極作用。現役軍人的到來，使各農場的派性鬥爭迅速平息，幹部職工在兵團加快發展橡膠的旗幟下實現了「革命大聯合」，大家的心思開始轉到生產上來，所以這也是兵團成立之初具有積極意義的一面。

自由兄弟冷靜地分析了一下當年從學校去兵團的國家經濟形勢，即使不分什麼「紅黑五類」，如果要想到工廠或升學，在有限的工礦企業和大中專院校情況下，恐怕也得「競爭」才能決定是否得當工人或是繼續讀書，剩下的學生最後還是要「上山下鄉」。覆巢之下，豈有完卵？但這並不等於當時組織知識青年「上山下鄉」就是正確的選擇或決策。

相反，如果當時高層領導轉變一些觀念思考，另換一種決策選擇，如舉辦文化補習班，讓三年「文革」期間沒有正規讀書的學生繼續完成他們的學業，然後讓他們與後來各屆畢業學生一起進行高考。落榜者則如後來知青回城一樣，採取企業多安排一些，父母退休再頂職一些，再廣開門路動員一些自謀職業等安置措施，總之，是完全可以多種渠道消化這一千七百萬知青的。但是，這樣一來，就要改變一些原來的方針政策，意味著對「文革」的部分否定，這是高層領導，特別是最高領導人所不願意實行的。

由此，知識青年「上山下鄉」也就成了歷史的必然。而且開展這一運動，還寄寓著高層領導另外兩層重要的用意。就是當時通過文化大革命，已經達到了打倒清除劉少奇等所謂的「中國赫魯雪夫」目的，數量巨大，而又對政治高度熱衷的無業學生會逐漸成為難以控制的麻煩，對國家的社會穩定及政治穩定都會構成嚴重威脅。

通過將他們分散送到廣大的農村和農場進行農業勞動，不僅可以分而治之、減輕就業的壓力，而且可以使他們在貧下中農和部隊的「再教育」下，成為反帝反修堅強的無產階級事業的接班人。走出一條「知識分子與工農兵相結合」的新路。可以說，這一運動初期，從高層領導到許多知青都充滿著一種浪漫的革命理想主義氣氛。在當時，確實是有相當一部分知青是「滿腔熱血、滿懷豪情」而投入到這場「上山下鄉」運動之中。

但是，事與願違。與在城市較為優越的生活條件相比，知青們很快就普遍感覺到在農村農場的工作生活艱苦，他們在偏遠貧困的農場農村地區，無法繼續接受正常的知識教育，繁重勞作的閒暇之餘，又沒有可供娛樂休閒的文化生活，他們和當地農民農工的關係也遠非融洽。由於他們的到來，對本來人多地少、資源緊缺的農村更是形成了很大衝擊，由此而引發知青與農民這兩個群體的矛盾也日益增多。一些知青甚至到了只有自帶口糧才能維持農村插隊的處境。

更為惡劣的是，一些農村農場幹部或壞人，大肆歪曲對知青「再教育」的涵義，以領導監管者的身份任意侮辱、迫害男女知青，使知青這個在農場特別在農村相對屬於弱勢群體敢怒而不敢言，整天處於擔驚受怕之中。這些狀況自然也引起了千萬個知青家庭的憂心和恐慌。

於是，便有了福建省莆田縣上林公社一位叫李慶霖的小學教員，冒死寫信向毛澤東「告御狀」的神奇故事。這是一封最早敢於陳述知青苦難，揭露下鄉黑暗，飽含家長擔憂的「大無畏」狀書，今天讀來，仍可看到力透紙背的心酸血淚。

首先，李慶霖的信，證明了「文革」的徹底錯誤和失敗。儘管有些人認為「文革」的功績是「砸碎舊的官僚體制」，但新生的革委會官員們，同樣是魚肉百姓，欺上瞞下，官僚體制本身沒有受到半分觸動，只不過是打倒了一批被叫做「走資派」的人，又換上一批「流氓派」的人而已。李慶霖這封直達「聖上」的信，撕去了罩在「文革」頭上的所有美麗面紗，將其醜陋暴露在光天化日之下。

其次，李慶霖的信，揭露了知青「上山下鄉」運動中的種種陰暗面，也證明了這一運動不可避免的失敗。關於這一點筆者不想多說，請再看看李慶霖的那封信所述的內容就可以一目了然了。

就在毛澤東覆信後的第二天，周總理主持召開了中央高層會議討論知青問題，並將毛澤東的覆信印發全國。六月二十二日至八月七日，國務院又召開了全國知青「上山下鄉」工作會議。會議期間，一份新華社的〈情況反映〉引起中央領導和與會者的震動：雲南生產建設兵團一營長賈小山，強姦女知青二十餘人；一師某指導員張國亮強姦女知青幾十名；黑龍江兵團一團長黃硯田、參謀長李耀東強姦女知青五十多人；內蒙古兵團被姦污的女知青達二百九十九人，罪犯中有現役軍隊幹部二百零九人。

周總理看後怒不可遏：「公安部要速派人去，不要手軟！」李先念更是氣憤地說：「這些人不是共產黨，是國民黨，至少是國民黨行為，不知為什麼得不到糾正？省委和軍區難道說也不知道嗎？」在中央領導的關注下，各地展開了對知識青年「上山下鄉」狀況的調查，並將重要罪犯處以死刑，以平民憤。

據另一種流傳版本說法，李慶霖的信在毛澤東的案頭上擺了幾個月之久，老人家先後看了三遍半。每一次都是痛苦得淚流滿面。顯然，這第四遍是其心情十分沉重得實在無法再仔細看完。在其「寄上三百元，聊補無米之炊。全國此類事甚多，容當統籌解決」的覆信中，應該有痛苦、有內疚，也有自責和反思。

當理想和現實產生巨大反差之時，一生以做了「將蔣介石趕到幾個海島和發動文化大革命」兩件大事為榮的晚年毛澤東，不得不重新思考該如何調整國際、國內政策，加快國民經濟發展，增加生產就業崗位，來統籌解決這幾千萬知青和後續上千萬畢業學生的安置問題。

自由兄弟認為，這之後中蘇關係的緩和、中美關係的解凍、中日中韓的建交，以及四屆人大提出四個現代化和提倡計畫生育等等國策的改變，都與知青問題對毛澤東等高層領導的觸動和思考有關。這其中還可以從毛澤東斥責受江青指使到長沙告周恩來用經濟壓政治的王洪文的話語，以及最後決心起用鄧小平、陳雲等一批懂行的老幹部來抓經濟等事例得到有力佐證。顯然，晚年的毛澤東已經意識到繼續堅持「上山下鄉」一條道走到底是行不通了，必須輔以其他有出路的政策。

話再說回海南及全國生產建設兵團，就在傳達了毛澤東給李慶霖的信後，國務院在全國知青「上山下鄉」工作會議上部署各地對知青工作進行大檢查後，結果反饋的資訊發現有些兵團對知青迫害的問題比估計的還要嚴重。除了上述新華社內參反映的侮辱、蹂躪女知青惡行外，還有一些兵團幹部野蠻粗暴任意毆打知青，甚至逼死人命等暴行，其手段殘忍，簡直令人髮指。面對如此惡劣行徑，為了化解民眾的憤怒，緩和周邊的國際形勢，中央此時不得不決心按正常的國民生產秩序，逐步撤銷全國生產建設兵團，讓其恢復國營農場的本來面目。

但是，為何海南兵團卻會在全國最早一批撤銷？自由兄弟認為，這主要還是與國際形勢變化有關。當時，印度支那「三國四方」已經與美國簽訂了「日內瓦和平協定」，美國已經陸續從越南、老撾、柬埔寨撤軍。並與我國發表了「上海公報」，著手建立外交關係。如果我們再擺設一個幾十萬人的所謂兵團和農墾師在廣東、廣西，顯然沒有必要，反而會引起東南亞國家的誤會，為美國等敵對勢力造謠生事製造口實。

所以，一九七四年，隸屬於廣州軍區的海南生產建設兵團和廣西農墾師完成了歷史使命，同年先後撤銷。之後兩年，其他地方的邊境形勢也大為緩和，除新疆因存在「三股勢力」動亂，需要加強戰略防備，而保留了新疆生產建設兵團之外，其他兵團或農墾師也就自然陸續撤銷。

總之，回首海南及全國的生產建設兵團的經歷，只能說是功過參半。功也，在於其防禦外敵入侵、接收安排知青，組織當時尚處於動亂的農場有序生產發揮了積極作用；過也，在於一些部隊幹部受歷史局限和個人局限，不懂生產經濟規律，急於求成，瞎指揮、拚人力，搞了相當多的無效勞動。

特別是有的兵團、農墾師沒有遵循自然規律，確定適宜的生產專案，結果不僅沒有促進當地的經濟發展，反而對當地生態造成了破壞。如內蒙兵團的墾荒種糧最後幾乎是全部丟荒，破壞草原的植被至今還難以恢復。廣西農墾生產師在北緯二十四度以上種的橡膠樹木也大部分被寒流凍死。

然而，曾經在兵團和農墾師的幾百萬知青，為之而付出的慘痛青春和卓越勞動不應該被人忘記！他們留在農場邊疆的可歌可泣的事蹟也應當永遠載入史冊、流傳後世。

第三章　南國熱島漫起一場壯闊知青大潮

第一節　風起雲湧的廣東大小城鎮和農場

春去秋來，流年似水。

轉眼就是四十多年光陰，海南生產建設兵團存在期間到底有多少知青？或者說湛江、海南農場到底曾接收過多少知青？其中廣州市多少？湛江地區多少？汕頭地區多少？這恐怕也是一個值得待解之謎。之前，有說八萬多人，有說近十萬人，有說十多萬人，眾說紛紜，莫衷一是。為此，筆者費了不少心思查找過許多資料，也難得其詳，只好將有關資料摘錄如下，有不準確之處請知情者更正補全。

據查，一九六九年四月兵團成立後，當年接收知青二九四五二人；一九七〇年接收各地知青二七一八七人；一九七一年接收知青九四一六人；一九七二年接收知青一八三三人；但早在一九六六年時，各農場就安置城鎮知青八三三九人；一九六八年各農場又接收上山下鄉的知青四六〇七一人。如果再加上一九七二年三月二十八日廣州市將四六一名違法青年送到各團的連隊勞動教育，以及一九五二年和一九五三年華南各大中專院校到墾區的一千餘名的早期知青，至一九七三年底廣州軍區生產建設兵團應該共有知青一二點四萬人以上。他們主要來自廣州、汕頭、海口、湛江、潮州等地。

但這其中還有幾個懸而未解之謎，一是一九六八年六月四日，上級竟莫名其妙地將參加「四清」運動的二四六九名所謂「政治學徒」安置到海南、湛江墾區橡膠農場，這批「政治學徒」後來都留了下來，該不該算作知青？二是一直無法查閱到一九七三年和一九七四年接收知青的人數，在我的印象之中，這兩年仍有不少知青響應「上山下鄉」號召來到海南和雷州半島農場；三是一九五五年後，華南熱帶作物科學研究院、華南熱帶作物學院等大專院校畢業的學生，分配到各農場的人數也無法找到資料，照理他們也應該屬於知青。即使拋開這些人數不算，兵團期間知青總人數也應該在一二點四萬人以上。

此外，對於海南兵團知青人數統計口徑或是範疇，也有分歧。有人曾提出當年以社會青年和農村青年身份到農場的人員，以及初高中畢業的農場職工子弟，也應該算作知青。但有人認為，只有從城鎮學校畢業到農場的學生才能算作知青。如按前者，海南兵團的知青人數恐怕還要增加不少，甚至達二十萬之巨。自由兄弟認為，其實當時許多城鎮去的知青也沒多少文化（如筆者六九年初中畢業，實際就是小學文化），只要社會青年或農村青年達到這一文化，也該算是知青。不知當否？

另外，在兵團撤銷後，一九七六年海南、湛江各農場仍接收安置了城鎮知識青年二三五〇人；一九七七年又安置城鎮知識青年一八四六人。直到一九七八年才大幅度減少，僅安置城鎮知識青年二八二人。也就是說，先後到過海南、湛江農場的城鎮知青應該是一二八二三七人以上。甚至要超過十三萬人。在這十三萬人中，根據各種文章記載分析，廣州市的知青可能要占到七至八萬人。因為一九六八年到農場的四點六萬名知青中，除了少部分是汕頭、湛江地區的知青外，其餘都是廣州市的「老三屆」知青，而當時，韶關、清遠等地的知青都是到附近的農場農村，所以這一年到海南、湛江農場的知青以廣州市的知青人數最多。

從一九六九年三月十九日，廣州軍區、廣東省革命委員會發出了〈關於成立廣州軍區生產建設兵團的指示〉文件之後，才開始大規模從汕頭、韶關、海口、湛江、陽江等地動員其他地區知青前往海南兵團；一九七〇年五月二十二日，廣東省革命委員會向各級組織發出「通知」，動員八萬人到廣州軍區生產建設兵團（包括城鎮知識青年、社會青年、農村青年和退伍軍人）參加墾荒種植橡膠之後，各地知青到兵團又出現了一個新的高潮，而這一年到達兵團的知青又以汕頭地區最多，所以當時在兵團的汕頭知青大約有二至三萬人；排在第二。湛江知青人數主要是在雷州半島附近的農場，去海南的有一部分，可能有一至二萬，占第三。其他地區的知青因缺少資料分析，難以一一排列。在這些知青中，還有少量來自北京、杭州等外省的知青。

可以想像，從一九六八年到一九六九年、一九七〇年三年中，每年都是幾萬名知青奔赴海南生產建設兵團，該是一場多麼波瀾壯闊的情景。要動員這十多萬知青打起背包，滿懷豪情，步入「上山下鄉」的征途，廣東省各級政府上上下下大張旗鼓地做了不少的動員工作。可以說是當時的南國大小城鎮一時間都風起雲湧地掀起了動員歡送知青去海南兵團的熱潮。

而各接收的師團（農場）也是陷入了一派忙碌之中，首先是抽調能說會道的幹部，漂洋過海向各縣市派出遊說招工人員，然後是要求各連隊準備衣食住行，做好接收安排知青等事宜。當時的整個廣東省就像一隻被無形之手捏起的茶壺（從地圖上也有些形似茶壺），急切地將從各地大小城鎮動員起來的知青涓涓細流，匯聚成一股充滿豪情的「上山下鄉」激流，拚命地向海南、湛江各農場傾注。而在這湧動的激流之中是成千上萬個家庭骨肉分離的悲歡故事。

自由兄弟從許多知青的回憶之中，瞭解到當時的「上山下鄉」動員形式可謂多種多樣。有的招工人員為了鼓動更多的知青們去海南兵團「屯墾戍邊」，動員或招工宣傳時，都刻意迴避了農場艱苦的實際，而是繪聲繪色地告訴學生們，海南生產建設兵團屬於中國人民解放軍「序列」，生活待遇有保證，組織系統有人管。有的還添油加醋地將農場描述得如何如何地好……

於是，在這些誘惑的話語之下，一些行將告別學校又無升學機會的青年學子按捺不住內心的激動，紛紛對緊張嚴肅的軍事生活產生了一定的好奇或幻想。無論是出身好的「紅五類」，還是出身差的「黑五類」，都將「響應毛主席的號召，屯墾戍邊，建設祖國的寶島」，爭取成為一名光榮的兵團戰士作為他們的熱切願望。一些知識青年的家長，也覺得把孩子交給兵團比到農村插隊更為安全和放心一些，竟紛紛找到招工人員，要求將自己的孩子送到兵團去。

據查，為了使動員工作顯得像模像樣，當時中央軍委還明文規定，生產建設兵團招收城鎮知識青年必須符合國家的政治條件，必須採取一定的工作步驟。當時的工作安排分為八大步驟：

一、組織落實

兵團招兵人員與各市的知識青年「上山下鄉」辦公室等機構商討招收知識青年方案，確定徵召人數，指定招兵學校。

二、動員

由兵團招兵人員和各學校革命委員會、工宣隊、軍宣隊等共同組織宣傳活動，召開動員大會或誓師大會，鼓勵初、高中畢業生寫決心書等，廣泛宣傳前往生產建設兵團「屯墾戍邊」的偉大意義，並講明加入生產建設兵團的條件。

三、報名

各校畢業生以班或年級為單位，填寫畢業分配志願表，並展開參加生產建設兵團的報名活動。有兩個以上兵團招兵的學校，允許畢業生選擇去向。

四、體檢

安排報名參加生產建設兵團的畢業生進行體檢。各兵團一般規定參加兵團的知識青年滿十六周歲，身體健康，身體條件不適合參加農業生產勞動或有嚴重慢性病、傳染病者不予錄取。

五、政審

對報名參加生產建設兵團的畢業生進行政治審查。政治審查的標準一般為「本人作風正派，家庭和本人歷史清楚，無限忠於毛主席，無限忠於毛澤東思想，無限忠於毛主席的革命路線」。

有下列情況的畢業生，兵團不予接收：出身剝削階級家庭的子女，本人表現不好者；叛徒、特務、死不改悔的反革命、壞分子、右派子女；直系親屬被鎮壓者；有海外關係或社會關係複雜而不清楚者；本人道德品質敗壞或思想反動者。

六、錄取

宣佈參加生產建設兵團的畢業生名單，發放錄取通知書，並告知啟程時間，發給乘車證和購物證等。

七、準備物品

被錄取參加生產建設兵團的人購買生活必需品，並把箱子等大件行李按時送到指定地點一同發運。

八、啓程

安排車、船等，將被錄取者陸續送往生產建設兵團，屆時在學校或車站等地舉行大規模歡送活動。

唉，想來真是佩服當時高層富有欺騙性的策略，明明是居心叵測地要中斷一代孩子的學業，將他驅趕到農場去接受「再教育」，免得他們積聚城鎮惹是生非，卻偏偏要打著冠冕堂皇的口號，讓他們以能去兵團沾沾自喜。自由兄弟不想詳細評說所謂招工安排的八大步驟了，僅從上述的第五款政審要求與後來到海南兵團知青許多都是「黑五類」子女的實際情況來冷靜分析一下，就可以證明當局完全是在自欺欺人。

不過，話說回來，如果按照第五款所規定的政審標準，恐怕海南兵團根本招不到十多萬知青。因為當時屬於「黑五類」或「黑七類」的子女實在太多了，各縣市的招工人員除了放寬政審條件之外，別無其他辦法。說來也還得感謝這一政策的寬鬆，不然，身為「黑五類」子女的自由兄弟當時還真「混」不進海南生產建設兵團。也無緣收藏編纂這一海南兵團的史實了。真是有點「因禍得福」啊！

據查，在當時全國各生產建設兵團招收的知青中，海南兵團人數位居第二，十一萬餘人，僅次於黑龍江兵團，該兵團自成立時至一九七五年共接收知青三十九萬餘人。根據解放軍總參謀部一九七二年的統計，全國生產建設兵團時有職工二九二萬人，其中知識青年近一百一十萬人，約占百分之三十八。可以想像，這支生氣勃勃的年輕隊伍，曾經給祖國邊疆農場帶來了多少浪漫的青春活力……

現在分析起來，能在短短的時間裏，動員如此眾多的知青遠別城市、遠別親人，奔赴農場、奔赴兵團，也真得「感謝」那個令人思想十分容易狂熱的特殊年代，以及那些招工者口若懸河、激動人心的宣傳。種種有關生產建設兵團屬於中國人民解放軍「序列」，生活待遇有保證、組織系統有人管的說法，確實曾使許多知青，也包括本人，都對緊張嚴肅而又帶有神秘浪漫色彩的軍事生活，產生了一定的好奇和嚮往。這在一些知青後來的回憶中可以得到有力印證。一九六八年到海南中坤農場的知青**廖國釗**在**〈方案〉**一文中這樣講述當時的情景：

……幾經蹂躪的校園，近來慢慢恢復了生機，進進出出的學生多了。那些未被「文革」風暴徹底打倒的殘存的老師們也紛紛出來活動，行使已經名存實亡的班主任之類的職責。

從年初以來，我就已經意識到，國家總不會讓成千上萬的中學生天天吃飯睡覺，總有一天要分配的。在這秋天明媚的陽光下，這一天總算來臨了。

梁老師忙得上上下下團團轉，好久沒有這樣地忙正經事了。因為兩年來學校老師學生忙的都是寫大字報、貼標語，揭發、批判走資派、串連，買菜買煤，娶老婆生孩子。梁老師雖然不屬根正苗紅，但出身、言行均找不出大毛病，幾派人馬都推舉他出來做「維持會長」。

官方的方案有兩個：東莞插社，海南農墾。至於非官方的，則各人「八仙過海，各顯神通」了：軍幹子弟設法去當兵，這是最上等的出路。工人子弟可以設法頂替還在壯年就退休的父母。貧農子弟設法等城市工廠的招工名額。麻六類子弟設法做輔導員，還有其他種種「設法」的，如父母有病，本人有病，獨生子女等等。剩下的無法可想的學生家長就只有一致地「響應號召」。而這號召都是由紅司令直接發出的。

我沒法可想。沒有一件可以利用的好條件，若要利用什麼「條件」的話，只會自找苦吃，可能發配得更遠。我也沒有怨天尤人，我感到一種推力：「應該這樣做。」我甚至渴望有一個轉折，應該有一個結果才對，我感到二十歲的青春在召喚。

「文革」兩年，眾叛親離，唯一的知己只有「同類」項毓奇。我們兩人一見面，不約而同地：「去哪兒？」「不去東莞，我不想當農民。」「我不想收工回來自己煮飯吃。」「農民，聽起來好像有點那個……」「那……」又是一個不約而同：「去海南農墾。」「至少集體生活，有食堂，還拿工資。」「農業工人，有個『工』字好聽些。」「種橡膠，總比種水稻強。」「聽說還會改歸廣州軍區管，有個『軍』字更威些。」「遠是遠一點……」不過遠些又怕什麼呢？毓奇與我都有點想離開廣州這個是非之地，幾年的揪、批、鬥、抄家，已把二十歲的青年弄得心灰意冷。我們要走自己的路。

一位矮壯、黝黑，渾身充滿亞熱帶陽光色彩的農場工人或幹部，他是由海南農場來招工的。接見了我們幾百個躍躍欲試的青少年。「那是一個大有前途的地方。」「橡膠是戰略物資。」「林副主席親筆題字，大大鼓舞……」農場招工者一一回答同學們的提問，聲音堅定又自信：「每年享受探親假……」「農場之間有班車，各個農場連接在一起……」「工餘，同學們還可以互訪……」後來的事實，證明他講的是實話，只是這些都是理論上的事實而已，實際上卻有很大的差距。唉，「明知山有虎，偏向虎山行」，隨著招工者的宣講，我的信心漸漸大過擔心。

毓奇要回家去告別多病的母親，再計畫到「牛欄」去告知監禁中的老父。我也一樣。只是我不打算去直接告知父親，由媽媽轉告好了。因「專案組」正在對父親隔離審查，規定在此「非常時期」不得與其見面，以免通風報信之類。我很自覺地服從組織這個規定。這麼遠的門都敢出，相比之下，其他的都是小事。我心裏相信，開通的父親會支持我，並坦然面對。與父親不辭而別，心裏難免帶著幾分悲壯。看來，我父親的問題比毓奇父親的要嚴重些，但毓奇卻歷來不這樣認為，他總是憂心忡忡地重複他的父親曾為美軍做過事，不得了的一件歷史也！

就這樣，在那年秋天金色的陽光下，我和許多同學們一起，在兩個方案之間做出了一個無奈的選擇——去海南生產建設兵團。此時我的腦袋裏，只記得「橡膠是戰略物資」，而忘記了稻米是每日三餐必需。

同是一九六八年到海南農場的知青**范至莊**在**〈十七歲的回憶：「上山下鄉」頭四天〉**中對她當時的心情描繪得更為詳細：

> ……坐在車上堆得高高的行李垛上，看著公路兩旁飛快地從眼前掠過的高大的椰子樹、檳榔樹以及遠處的村落、農場，我不禁思緒萬千。今天（嚴格地說應是十一月五號），是我十七歲人生的一個轉捩點，從今天起，我就再也不是學生了，而是一個自食其力、拿國家工資的農場工人了。
>
> 小時候，對於未來我曾有過太多太多的憧憬和嚮往，志向往往隨著看過的一本書或一部電影中令我崇

拜的人物形象而不斷變化。由於年紀小，這些嚮往實際上是模糊的、不確定的，正如俗話所說的：「五時花，六時變。」但不管怎樣，讀完大學才參加工作卻是肯定的，而大學畢業該是二十三四歲了吧。小學時，我覺得自己要長到這把年紀該是多麼遙遠的事。然而，一場文化大革命卻使這一天那麼快就提前來到了，不但中學不能繼續念下去，還要遠離父母到遙遠的海南去當農場工人，這可是我絕對不曾預料到的。

讀華農附小時，班上有幾個同學的父母是學院農場的工人，不太有文化，曬得黑黑的，一天到晚戴著竹斗笠扛著鋤頭捲起褲腿，養牛，種水稻，種農場的試驗田。他們的家就住在農場附近，周圍的空地全讓他們開成了「自留地」，種滿了瓜菜，還養了大群大群的雞、鴨、鵝，還有狗，好像農村一個樣。每到週末，他們的爸爸或媽媽總將自家的這些農牧產品，挑到自由市場上去與從四鄉來賣菜的農民擠在一塊擺賣。

他們當中的許多人，在讀小學時學習及表現也似乎不算太好。別看現在毛主席說：「工人階級領導一切。」他們中間不少人在「文革」中便當了革委會或紅衛兵的頭頭，其實在「文革」前他們真的不怎麼樣。而且在我內心深處還覺得他們實在算不得是「正宗」的工人階級出身，他們的爸媽充其量是拿工資的農民大叔大嬸罷了。

唉，連做夢都沒想到過，現在我竟然會成為他們中間的一員。而且今天的這個結局卻偏偏又是我自己爭取來的：原本學校工宣隊是將我分配到東莞去的，大概是照顧本人是獨生子女的緣故吧。可與我要好的班上的大多數女同學卻給分配到海南去了。這下子我可急了，忙找工宣隊堅決要求也要到海南去！

一直以來，海南島在我的心目中與雲南的西雙版納一樣，是一塊充滿神奇的未開發的處女地，原始森林、少數民族、奇珍異獸、五指山、萬泉河……無不深深地吸引著我。更何況海南毗鄰越南，是反帝的最前線。

六十年代以來，由美帝國主義發動的侵越戰爭不斷升級，特別是詹森上臺當總統以後，為了繼續遏制中國，同時擴大侵越戰爭，美帝國主義投入到這場戰爭中的部隊，人數已高達六十七萬了。英雄的越南人民在胡志明主席的領導下，奮起反抗侵略者及其傀儡集團，「保衛北方，解放南方，統一祖國」，與敵人展開了艱苦卓絕的持久戰。

毛主席教導我們：「我們共產黨人反對一切阻礙進步的非正義的戰爭，但是不反對進步的正義的戰爭，對於後一類戰爭，我們共產黨人不但不反對，而且要積極參加。」為了支持「同志加兄弟」的越南人民打贏這場反擊侵略者的正義戰爭，中國政府和中國人民給予了他們道義上、物質上極大的支持，甚至不惜承受巨大的民族犧牲。一列列滿載參戰部隊和物品的火車、汽車，冒著美帝B-52轟炸機扔下的炸彈，源源不斷地向越南南方開去。在惡劣的環境之下，參戰部隊與越南人民一道向美帝開戰，聽說我們學校不少在「文革」後期「內部參軍」的同學也「過去」了。

此時雖然全國各地的文化大革命運動仍在轟轟烈烈地進行中，但廣東、廣西、雲南等邊境省份卻已經籠罩著濃濃的戰備氣氛。晚上經常可見一隊隊蒙著草綠色帳布的軍車，在夜色的籠罩下從城市邊緣的街道上悄然駛過，甚至還見到過坦克深夜在柏油馬路上碾下的深深的轍痕，我們都在暗自猜測，這些就是「抗美援越」的部隊。

而學校同學間流傳的小道消息就顯得有聲有色多了：什麼軍區總醫院裏都住滿了從前線運回來的傷員，某某的媽媽給傷員動手術忙得幾天沒回家了。什麼誰誰的爸爸從越南前線回來給他帶了用美國飛機殘骸造的小飛機模型了。什麼韋國清的兒子（附中學生）說了什麼什麼了。有的同學從家中帶回壓縮餅乾向同學炫耀說是援越部隊吃的……還聽說全國各地有不少紅衛兵也跑過去參戰了，XXX的表哥也去了……等等。一切都那麼令人感到神秘、刺激、興奮、熱血沸騰。這段期間，廣播裏還經常播出我國外交部針對越南形勢發表的嚴正聲明，報紙上天天報導越南局勢。

毛主席說過：「我們不但要解放全中國，還要解放全人類。」毛主席還說過：「今後的幾十年對祖國的前途和人類的命運是多麼寶貴而重要的時期啊，現在二十歲的青年，再過二三十年是四五十歲的人，我們這一代青年，將親手參加埋葬帝國主義的戰鬥！」每當我想起毛主席的這些話時，總能激起滿腔的自豪感和責任感。我多麼想也穿上綠軍裝，獻身到這場埋葬帝國主義的戰鬥中去啊！

然而，我卻不幸出身在一個教授家庭裏，別說當解放軍了，連紅衛兵我都還沒資格參加呢，只能加入到什麼「紅旗公社」裏去，袖章上連「紅衛兵」三個神聖的大字都沒敢印。今天車上飄揚的紅衛兵旗還是人家「毛澤東主義紅衛兵」的呢，如果不是這陣子「上山下鄉」，「陣線混淆」了，這旗又怎會飄在我的頭頂上呢。

看著公路兩旁高高的茅草，茂密的灌木叢，以及遠處疊翠的山巒、蔥蘢的樹木和身材矮小黑瘦的當地老百姓，我又想：海南與越南其實僅隔著一道北部灣，不但經緯度、氣候環境大致相同，就連老百姓的長相都差不多。目前這場抗美援越戰爭還真不知道要打多久，沒準會越打越大，說不定哪一天中國向美國宣戰，那時候，海南島可就成了烽火連天的戰場了。

早在廣州時我就聽說了：海南農墾系統將有可能轉為生產建設兵團編制。這也是我非來海南不可的主要原因，到那時也就是部隊的戰士了！平時扛鋤頭搞生產建設，戰時抄起武器與敵人作戰，「屯墾戍邊」就這意思，沒準中央早就有打算了。新疆、東北早已成立了生產建設兵團，就是為了專門對付「老毛子」蘇聯的，他們建設邊疆保衛邊疆，可是立了大功了。從報紙刊登的照片上，我曾看到過他們身穿黃軍裝，朝氣蓬勃、英姿颯爽的模樣，周總理還專程去看望過他們並發表重要講話呢。

我真盼著這場仗早打、大打，巴不得現在就打起來，到時候，我們就可以放下鋤頭拿起槍砲，投身到這場埋葬帝國主義的戰鬥中去，去衝，去殺，去流盡最後一滴血……我完全沉浸到自己編織的壯烈情景中去了。

確實，「廣州軍區生產建設兵團」——這一閃光動聽的名字，不僅成為當時「去兵團，還是下農村」的「黑五類」子女們或其他應屆畢業生的最佳選擇，而且還吸引了一些本來打算到農村插隊的外省知青，他們想方設法要加入這支隊伍。來自杭州的知青**倪啟芬**在**〈海南的回憶〉**中寫道：

……一九六八年末初冬，經歷了文化大革命的青春躁動之後，我們杭州女中一大批同學在「到邊疆去，到祖國最需要的地方去」口號的激勵下，同時報名上山下鄉，準備去黑龍江省一個最邊遠的僅和蘇聯一江之隔的邊陲小縣去插隊，我的名字也在其中。

然而，就在這時，我在海南的表姐來信說，她們那裏已經改建成廣州軍區生產建設兵團了。這個消息一經傳播，頓時吸引了許多同學。曾幾何時，一部《軍墾戰歌》紀錄片裏身著軍裝的兵團戰士和新疆奇異風光令我們多麼陶醉、嚮往。而廣州軍區兵團和寶島的熱帶奇特風情更令我們神往！許多同學都來找我，最執著的當屬黃雍雍了。

於是，我和黃雍雍最先作為杭州知青來到海南中坤，接著陳金校也來了，同時來的還有張定儀和呂小妹；鍾國男和盛兆燾是最後到的。還有黃雍雍的弟弟黃鋼，當時還有其他學校的男生也加入到海南，黃海龍就是其中之一。而在我們之前，我弟弟倪啟慶早已在他剛滿十八歲時就迫不及待、獨自一人奔著「建設兵團」投親靠友來了。

說起我們到海南兵團的經歷，並不是一帆風順。其中還有一個插曲：因為正處於交接期的農場來函明確表示只接受廣東省的知青，而我們卻是浙江的知青，自然是無緣得去海南。怎麼辦？這時我們當中不知是誰提出寫份「血書」以示決心，於是，大家當即割破手指找來一塊白布寫上了我們的請求（具體內容已經記不清了），這份血書很快就得到了回應，中坤農場來函同意接受我們……

起初，我們全以為是「血書」感動了農場諸位領導。不料到了海南，聽倪啟慶說，于團長把他叫去詢問有沒有爬窗戶取場部大印私自蓋章，問得他丈二和尚摸不著頭腦。後來才聽說當初的覆函並不是領導們所為，而是一位掌管大印的「軍工」的傑作。原來「血書」感動的是這位膽大妄為的軍工，只可惜已記不得他的大名了。

命運就是這樣跟我們開了個玩笑，本來想到中國的最北部去「扎根」，結果卻來到中國最南邊的海南寶島，與廣州、海口、汕頭、北京等地的知青共同走過了一段難忘的歷程，這也許就是宿命吧……

看到倪啟芬這篇回憶，筆者深為這位掌管大印的「軍工」的行為而感動！可以想像，在年輕姑娘、小伙們的熱血激情面前，他確實不能無動於衷，於是貿然做出了一個膽大妄為而又十分正確的行動。當然，那位于團長好奇地過問也無可厚非，真是慶幸此事後來能不了了之。唉，當年的杭州知青真該找到這位軍工大哥，請他喝餐酒表示謝意才是。要不，怎能會有到海南農場這幾年刻骨銘心的經歷?!

在當年遠別城市、遠別親人，奔赴農場、奔赴兵團的知青中，還有一個特殊的群體，這就是「僑補知青」。所謂「僑補」，就是歸國華僑子弟補習學校。「文革」前，一批批海外華僑子弟在父母的殷切期望下回到了祖國，廣東是第一僑鄉，自然是回到廣州的較多。這些華僑子弟非常熱愛自己的祖國，甚至有的瞞住父母，偷偷揣著父親的印章，去到中國大使館申請到了回國護照。為了幫助這些歸僑學生熟悉中國文化，以便考取國內大學，有關部門特意開設了華僑子弟補習學校。

誰知「文革」開始，廣州歸國華僑學生中等補習學校和暨南大學相繼被迫停辦。大學沒讀成，這些歸僑學生卻要和普通老三屆學生一樣被動員「上山下鄉」。其實，當時他們還可以選擇返回僑居國與父母一起生活。但濃濃的愛國情和當時奇特的政治氛圍，使他們也和許多知青一道，踏上了去海南生產建設兵團的旅程。據不完全統計，下放到兵團各華僑農場和國營農場的歸僑學生約有二千三百多人，除小部分來自北京、廈門等地外，大部分是廣東本省。

有過僑補知青經歷的記者**遊子**在《**華僑知青夢**》中詳細地描述了這一知青群體「上山下鄉」的經歷：

一九六八年十二月十五日，一支為數九百多人的青年學生，在激昂的「到農村去，到邊疆去，到祖國最需要的地方去」的歌聲中，登上「紅衛輪」開赴海南島。他們就是當年位於廣州沙河瘦狗嶺的廣州歸國華僑學生補習學校的華僑學生。其後再有華僑接待站的僑生也被分配到海南落戶。據統計、華僑知青到海南約有二千多人，遍佈二十幾個農場。

廣州華僑中等補習學校「是一所專收由海外歸國讀書的華僑子女的學校。學生來自世界各地，又以東南亞地區較多。二十世紀六十年代，許多海外華僑出於對新中國的熱愛、對祖國的信任，把自己的子女送回國讀書，希望其在祖國的教育下成材，為國家、為民族貢獻力量。

二十世紀六十年代時期，國家的經濟建設還是比較落後的，生活條件也比較差。相對來說，華僑學生在海外的生活條件遠比在國內要豐裕。當時據說中央有政策對華僑學生要「一視同仁，適當照顧」；學校領導在生活上也給予一定的照顧。在廣州華僑補校，所有的學生都過著群體生活、嚴格的作息制度，在物質生活上雖然遠不如海外，又沒有父母的關懷，但校領導及老師都努地的做到，既是師長又是家長，對一些年幼的學生更關懷備至。

而學生也努力適應國內的生活，不論是學習還是勞動，都能刻苦耐勞；不論是農忙到農村協助農民收割插秧還是在校勞動，都能向國內青年學生看齊。當年宣傳口號：以艱苦樸素為榮。不少華僑學生皮箱裏有許多新衣服，但穿在身上的都是舊衣服，補釘處處，有些花衣服要拿到沙河染店去染成藍色才敢穿上身。

華僑學生來自不同國家，為了學習中華文化走到一起來了，朝夕相處，同窗共讀，學文化，學勞動，學艱苦樸素（後兩樣在海外讀書是不用學的），物質短缺，但是大家都很開心，學習也很努力。

「知識青年到農村去，接受貧下中農再教育」的「最高指示」傳下來後，軍訓團、工宣隊傳達了上級的指示，全校要到海南島落戶，絕大多數學生都報名響應，一時間，決心書、志願書、標語、口號，鋪天蓋地，響徹校園。「上山下鄉」是那個年代的潮流，不論你願意不願意，不論你當時心裏認為自己回國是為了求學，不是為了去種地，不能跟隨潮流。然而潮流還是把你沖出大海送上海南島，當時有幾十人不肯「上山下鄉」，留校「頑抗」，最後都被軍訓團、工宣隊「押送」到農場或鄉下去。

「告別父母，告別親人，到農村去，到邊疆去，插隊落戶，接受貧下中農再教育」是當年社會上最為「流行」的口號，但對華僑知青來說，他們告別的是生活學習多年的母校、亦師亦友的老師，還有朝夕相處的好朋友被分配到不同的農場；卻沒有可告別的父母親人，因為他們都在海外，許多父母都不知孩子後來跑到老遠的海南去當農民。有些父母數年後才到海南農場見到自己的兒子女兒，激動得熱淚直流……

在這群知青中，有一個來自印尼的華僑知青陳經緯，自由兄弟深深地為他滿懷誠摯的愛國情懷所感動。是時，陳經緯本來已經在雅加達讀上了大學，但他偏想回到祖國來讀大學。誰知回來進了廣州僑補學校，就趕上了「上山下鄉」，小陳也被動員到了海南中坤農場。到連隊不久，他被分配養豬。父親對此心中有些不快，多次勸他出國返回印尼。

然而，即使是在這樣的環境中，小陳依然放棄了繼承父親經營大片莊園的機會，在艱難困苦中兢兢業業地磨礪自己，一點一滴地領悟著人生的真諦。之後，他移居了香港，還依然牽掛著曾經執教過的農場學校，多次捐款贈書。當然，這是後話。用時髦的話來講，儘管祖國對他們不太公平，但他們卻依然摯愛著祖國，牽掛著農場。他們是真正無愧於自己的青春的一代！

儘管當時的極左政治宣傳，使蠻多的知青對「上山下鄉」充滿著美好的幻想和激情，但是，真的要告別疼愛自己的父母親人，告別伴隨自己長大的城市之時，內心還是會充滿著不捨和難過。特別是將戶口遷往異鄉之時，稍有城鄉差別常識的知青和家長內心都會陷入一個痛苦沉重的狀態。在粵海農墾（兵團）知青網上，我曾看到過一張十分珍貴的「知青文物」。在粗糙的黃色草紙上，事先刻好字樣格式上的證明是這樣寫道：

廣衛派出所同志：

茲有我校畢業生宋達喜現分配到湛江區海康縣幸福農場參加農業生產勞動請於（應為予）辦理遷移戶口手續。

敬祝毛主席萬壽無疆

廣州市第十五中學革命委員會

一九六八年十月二十八日

帖子作者感歎道：「不是可以自己選擇的耶！那時學校發給一張遷戶口的紙片，我們就走上了（『上山下鄉』）革命的道路呀！」

是啊！雖然這張證明毫不顯眼，但其中的蘊意卻十分沉重。它由此就意味著取消了你的城鎮戶口，讓你變成邊遠農場的農工。在當時那個城鄉差別懸殊、有城鎮戶口而身價百倍的「二元社會」年代，這張紙片可以說是有「千鈞之重」！不難想像，當成千上萬個十五六歲的少男少女，聽信老師、工宣隊或招工人員的鼓動，興高采烈地捏著這張證明紙片，要父母去辦戶口遷移手續之時，各自的家庭成員，尤其是熟知世故的長者那種壓抑傷心的情感，是很難用筆墨來描述的。

自由兄弟曾聽妻子淚水漣漣地給我講述過，她在二哥的陪伴下去派出所辦完遷戶手續之後全家的心情。妻說，當時，本來家裏很窮的老母親想到女兒明天就要遠行，硬是咬著牙破例去買回了一斤豬肉和大蒜，並招呼全家都回來給她餞行。可是菜炒好端上桌子，全家都勸著她，其他人卻很少動筷子。只有她忍著傷感，強顏歡笑地一個勁傻吃。忽然，在旁悄悄地直掉眼淚的二姐一把抱著她悲聲大慟，結果是全家都哭成一團……

那年她才十五歲多，正是很會讀書的時候，深得兄姐寵愛，誰知就要離別親人遠走他鄉，大家想著小妹不知幾時還能回來，心裏怎能不十分痛苦？果然，後來為了將這張重如性命的戶口再遷回城市，全家上下可是費盡了心思，受夠了白眼，送禮、求情、找關係、編藉口，幾乎是耗盡了全家微薄的積蓄，才在一九八二年初將戶口掛到一個集體企業的名下……

家庭尚有幾個子女都如此傷感，那些獨生子女或父母正在「牛棚」的子女家庭則更可想而知是怎樣的傷心難過了。自由兄弟無意再責備那個荒唐草率、缺少人性關愛的年代，只是遺憾當年的高層領導和各級組織如果不是將這一「上山下鄉」運動作為遷徙城市人口措施來執行，而真正只是用於所說的鍛鍊「無產階級革命事業接班人」，不用遷移他們的戶口，並讓他們在若干年後，可以自主地返城與家人團聚，那麼，這一運動後來也不會受到知青和家長們頑強的抵制和詛咒了。可惜啊！

如今，當一些知青在網上看到這張與自己命運生死攸關的遷移戶口證明的「知青文物」時，內心自然頗為苦澀怨恨。有位知青感歎道：

> 因為我曾是「黑五類」的子弟，「復課鬧革命」學校合併時無端地取消了我的學籍，明擺著是要逼我下鄉。沒辦法，我只好報名隨潮流到了海南島農場，誰知道這一去就是整整十三年！最後，費盡心機才得以回城……

十三年，足足是人生工作時間的三分之一，而且是最寶貴的青春年華。可想而知，這位知青心靈為了夢寐以求的戶口遷移回城，曾經受過多少痛苦和煎熬……因此，在某種意義上來說，文化大革命運動不僅剝奪或中斷了我們整整一代人讀書的最佳時光，而且這種城鎮人口農村化的「上山下鄉」運動又浪費了我們這代人最寶貴的青春年華。

稍有一點常識的人都知道，工業人口與農業人口的比值，城市人口和鄉村人口的比值是標誌一個國家工業化程度和現代化程度的一個重要的參數。如果一個國家的農村人口絕對地大於城市人口時，這個國家是無現代文明可言的。「上山下鄉」運動人為地將本來在全民總數中就占少數的城市居民驅趕到農村，將當時發展工業最需要的知識青年強制性地轉為務農人員。這種國策分明是對與社會發展和世界經濟發展的大趨勢的一種倒退。

現在，總有一些人以安排青年就業，作為這場運動的解釋，自由兄弟認為也是站不住腳的。據查有關部門的統計資料，到一九六八年，積壓在全國各中學的六六、六七兩屆，加上六八屆畢業生，當時共計二百萬人。難道當時全國總人口達八億的各系統崗位就安排不了這二百萬人嗎？顯然不是。

如果當時繼續堅持開辦大中專學校，起碼可有五十多萬人深造，只剩下一百五十多萬人。可是我們的高等教育卻關閉了十一年之久，算上招收工農兵學員，也停了七年，這可是中國近代史的罕見的一個莫大的損失！因為即使在烽火連天的抗日戰爭期間，大學都未曾停辦，如遷移雲南培養出許多精英的著名的西南聯大。

就是到了一九七〇年，三年中，全國「上山下鄉」的知青也只不過五百七十三萬人，完全可以通過擴建基礎工業和發展當時席捲全球的電子工業、通訊交通行業浪潮的新興工業等渠道來進行消化。顯然，高層領導當時偏重了政治方面的考慮。而失去了發揮我們這一代人的創造力的最佳時機，也拉大了我們與其他國家或地區的差距。如日本、韓國、臺灣等就是這一時間快速發展起來的，痛心啊！

回歸正題，如果說，一九六八年和一九六九年的知青去海南兵團，是響應號召，在無奈的下農村還是去農場兩種選擇中自願報名去的結果，那麼，一九七〇年兩萬七千多名知青奔赴海南兵團，則是各級政府組織大力動員的成果。因為一九七〇年一月四日國務院、中央軍委聯合發出了〈關於下放農墾部直屬的雲南、福建、廣東、廣西墾區的通知〉，決定將農墾部直屬的廣東汕頭墾區下放給廣東省領導；廣州軍區生產建設兵團的海南、湛江橡膠墾區及其所屬企業單位和華南熱帶作物學院，下放給廣州軍區領導。下放後，人員調配、物資供應、計畫、財務、勞動工資的管理，從一九七〇年起列入所在省（區）計畫。有關墾區的方針、政策、長遠規劃，仍由中央有關部門負責。

由於人員調配列入省（區）所在計畫，而兵團此時又編製了到一九七三年擴種橡膠面積要達到七百五十萬畝的宏偉計畫，自然需要增加人員。於是，一九七〇年五月二十二日，廣東省革命委員會向各級組織發出「通知」，要求動員八萬人到廣州軍區生產建設兵團（包括城鎮知識青年、社會青年、農村青年和退伍軍人）參加墾荒種植橡膠。

文件層層傳達後，在那段時間，不僅是學校、老師和政府人員，而且連單位、居委會等組織全部行動起來，為了配合宣傳鼓動工作，兵團還組織一九六九年「活學活用毛澤東思想積極分子」或先進知青回城回校給即將畢業的學弟學妹做報告，暢談「上山下鄉」的心得體會。一時間，南國城鎮的大街小巷到處都是「到廣闊天地煉紅心」的標語。有的地方還對待業在家的知青和家長採取了辦學習班的形式，讓他們深刻理解「上山下鄉」的偉大意義，一直達到想通應允為止。

當時，全省城鎮街道都相繼對知識青年開展了「上山下鄉」動員工作。知青**李明**回憶道：

當年我姐剛好十九歲，待業在家，理所當然屬於動員對象之列。可是她自小身體孱弱，弱不禁風，長年離不開那藥煲。居委會的工作人員隔三差五地往我家裏奔，對我姐進行思想動員，說什麼「知識青年『上山下鄉』是黨的號召，是國家的需要，是防修反修的有效措施。知識青年要積極回應黨的號召到農村去，那裏是個廣闊天地，自是大有作為」的等等話語……

說實在，她們這種死纏爛打、費盡心機、有真有假的動員方法，使我媽和我姐難以招架。經過五個多月居委會工作人員不厭其煩地登門動員，媽媽和姐姐的思想開始招架不住了。但媽媽還是下不了決心讓姐報名去，主要是擔心弱不禁風的姐難以適應農場艱苦的生活，母女倆為此而常常寢食不安，一想起這事，便常常以淚洗面……

每當我看到媽媽和姐姐整天愁眉苦臉、傷心落淚的情景，我的心就像刀割一樣難受，但又無奈得很。我與媽媽和姐姐商量，請求她們讓我頂替姐姐去報名下鄉。儘管當時我個子很矮，只有一米四八公分，體重不到九十市斤，瘦得像隻小猴。媽媽說：「你和你姐都是我的心頭肉，你倆誰去我都心疼呀！你身體雖好，可你太小，又矮又瘦，才十五歲，我能放心你去嗎？下鄉不是鬧著玩的……」

一天，工作人員又來動員，我自告奮勇地對她們說：「我姐身體多病的情況，你們都清楚。她是不適宜『上山下鄉』的，如果你們一定要完成上級下達的任務的話，那讓我去頂我姐……」

沒想到第二天，居委會的工作人員真的好高興地帶我去區知青辦報名。又過了十多天，媽媽和姐姐幫我到街道辦事處和派出所辦理了戶口本、糧食本的遷移註銷事宜，並認領了「上山下鄉」購買日用品，如棉被、蚊帳、鐵水桶等有關票證。然後在家裏等待著統一奔赴海南農場的時間。

類似的情況，自由兄弟在一九七二年探親返程時也聽說過，當時與我同行的是一個湛江地區知青，他也是一九六九年初中畢業的，一九七〇年才無奈地去到海南兵團三師，一路上都見他悶悶不樂。交談時才得知，原來他父親是搞文藝的，後被下放到了企業。見他身體過於單薄，但頗有音樂天分，便一直拖著沒有讓他「上山下鄉」，在家教他拉小提琴……

誰知一九七〇年廣東省動員知青「上山下鄉」的文件下達之後，街道居委會天天來做他的工作，開始他父親陪上一大堆笑臉總算搪塞過去了。誰知，有一天上班，單位領導叫他先去街道學習班，學通領會「上山下鄉」的偉大意義之後才回來上班。一連幾天，父親實在捱不過去，只好答應讓他去了兵團。

臨行，父親一再叮囑兒子要繼續練好小提琴。可是到了農場，砍樹、放砲、挖穴，繁重的體力勞動，使他手指粗壯得不再靈活，樂感也不如從前。這次探親回家，父親聽了他拉的曲子，不僅沒有進步，反而不如從前，頓時大失所望，一氣之下，竟摔壞了他的提琴，還莫名其妙地大罵上山下鄉是誤人子弟。當時，我對此頗為憤憤不平，還說他父親思想落後。如今想起這個故事，真是有些痛心。也許，這世界上本來可以少一個種橡膠的農工，多一個出色的小提琴演奏家，然而，命運卻讓這一切全都南轅北轍、無法挽救……

在我的記憶之中，一九七〇年秋季，伴隨著大批知青而來的還有許多潮汕普寧、揭陽和信宜、高州等地的農村青年和退伍兵，他們大都來自田少人多的地方，為了緩解家鄉親人生存的空間，也被當地政府動員來到了海南。與城鎮知青相比，他們顯得更為聰明能幹，更能適應兵團艱苦的生活。上山砍岜，看到那些白白被燒掉的珍貴樹木，他們很快買來了鋸子、鉋子等工具，然後合力用鋸子開成木板、方條，做出了一個個漂亮的木箱或櫃子，有的還做出了床鋪。後來，我們城鎮知青也跟著他們學著做了起來，但做出的家具總沒有他們做的那般有模有樣。

當時，我也學著做了一個木箱和摺椅，但歪歪扭扭不成樣子。只有一個陽江的知青李宗森做得特別好。臨回城時，他送了一張用上好花梨木方條拼成的摺疊椅給我，那摺疊椅不用上油，就黑紅透亮，很是精緻。可惜後來伯父帶回衡陽，幾經搬家丟了，想起來還心疼不已。摯友的一番情分沒有保存好不說，現在再找這樣好的木材已經是很難的了。

值得讚揚的還有，這些潮汕農村知青兄弟的到來，還帶來一種獨特的飲食文化——功夫茶，那茶葉則是我們過去都不大知曉卻經常可見，而今頗為有名的五指山野生茶。現在想來又是十分可惜，這種茶在有些山嶺常常是連片生長的。由於我們不懂保護其價值，往往是全部砍光燒掉。而這些潮汕兄弟卻會將葉子焙乾製成上好的茶葉。每當傍晚，大家就三五成群、悠然自得地捏著個小小的茶杯，一邊喝著永遠「不夠喉」的茶水，一邊講著各自所聞的風流趣事……

與一九六八年至一九七〇年大規模知青熱血沸騰、爭先恐後到兵團相比，一九七一年和一九七二年，廣東省各大小城鎮的應屆畢業生去海南兵團的願望就明顯減退。據查，一九七一年到兵團的知青只有九千四百一十六人；一九七二年則更少，只有一千八百三十三人；造成這一現象可能有兩個原因：一是受上級土地山林政策限制和補植存活率低等原因，兵團已經大幅度修改了墾荒種植指標，並且基本停止了增團擴連工作，原定的新建九個團（農場）只完成了八個。據說細水農場，也就是四師十六團因太靠近昌江霸王嶺的熱帶雨林自然保護區，過多的人為墾荒干擾，將影響世界罕見的珍貴動物黑冠長臂猿的生存等緣故放棄了，後將新墾的山林劃給了四師七團（白沙農場）管轄。

另一個主要原因是，隨著時光的流逝，人們漸漸瞭解海南兵團生活工作的艱苦實情，已經失去原來招工人員鼓動時所說的那些迷人的色彩，甚至出現了許多知青回城滯留不歸，或是偷渡逃港等現象。自然，沒有多少真正部隊光環的兵團，也就失去了吸引知青前往的魅力。

再加上林彪這個傢伙的摔死，使厚重的中國政治生活開始透露出稍許的民主自由空氣，人們也開始從狂熱響應號召的盲從中，冷靜理智地思考著兵團離家遠、探親難、工作累、生活苦等問題。所以，許多知青寧願就近到農村插隊，以便至少可以多回家幾趟，也不再願意去天遠地遠的海南生產兵團。於是，這場湧動了四年多的十萬知青下海南、到雷州的大潮，才得以漸漸平息，而風起雲湧的南國大小城鎮，也重歸於往日的寧靜。

第二節　永遠的「紅衛輪」，自願與無奈同行

凡是到過海南兵團的知青，或許也與自由兄弟一樣，只要提起當年參加工作的情景，腦海中就會浮現這樣一個畫面：在紅旗飛揚、鑼鼓喧天、人聲鼎沸的碼頭，有一艘巨大的客輪停泊在蔚藍色的海面。這艘輪船的甲板和欄杆邊旁，滿是揮動的手臂，而碼頭上，也是一片搖動的手臂。在這恍若森林般的手臂和呼喊之中，可以看見許多人戀戀不捨、傷心難過或揩淚抽泣的神情……

這艘客輪，就是深深烙印在許多海南兵團知青腦海和心靈深處的，可以稱之為「永遠的紅衛輪」。儘管幾十

年過去，但是在知青們的眼中，當初登上客輪、即將遠行的情景依然歷歷在目，難以忘懷，任憑時光怎麼流逝，也揩不去、擦不掉！

所不同的是，它可能是「紅衛一」、「紅衛二」，或是「紅衛四」、「紅衛七」，而碼頭可能是廣州的太古倉或是湛江的霞山港。可能是因為當年許多海南兵團知青都是坐著這一名稱相同的客輪，離別城市，離別親人，踏上獨立人生的第一步，又是坐著這一名稱相同的客輪回來探親，告別回城，所以，只要提起「紅衛輪」這一話題，大家就感覺特別親切，也有說不完的內容。因為其中許多刻骨銘心的情景和這背後蘊含的故事，都是任何人永遠難以忘懷的。

為此，幾年前，一些海南兵團知青們還專門展開了一場懷舊抒情的「尋找太古倉碼頭的活動」。經過一番周折，人們終於確認，位於海珠區革新路地段、珠江南河道東岸的河南港務公司內一碼頭，就是已有七十年歷史，在廣州對外貿易史上占據重要地位，文物專家苦尋多年的太古倉。如今碼頭上依舊是車水馬龍，一片繁忙景象，倉庫中堆放著滿滿當當的貨物。

據說，太古倉碼頭原為英商太古洋行二十世紀二十至三十年代初之間所建。至今仍保留著當時建設的三座丁字形棧橋式混凝土碼頭，碼頭岸線長達三百二十一米，八座英式建築風格的倉庫質量極佳，雖然歷經數十年風雨，建築結構仍幾乎絲毫無損。用來支撐碼頭的鋼筋，儘管泡在水中達八十多年之久，卻至今仍不生鏽，可見英國曼徹斯特聯合鋼鐵公司的產品讓人稱奇。而湛江霞山港，由於是解放後所建，總體格局與筆者當年赴海南時基本沒變，只是候船大廳和上船通道、駁位等地方重新進行了整修，看起來鮮亮整潔了許多。

關於「紅衛輪」的歷史，感謝映明等許多海南兵團知青戰友熱心提供的資料幫助，自由兄弟能夠拼湊起一個大概的簡介。據說，這「紅衛一」客貨輪原是宋子文的產業，原名叫「長江號」，解放後曾改名為「新安號」，公私合營時再改名為「海棠號」，文化大革命期間又再改名為「紅衛號」。

據資料記載，這艘客貨輪是一九三五年由上海「大中華造船廠」製造的載貨量五百三十噸，載客量三百五十人左右的客貨兩用汽輪；而「紅衛二」、「紅衛三」和「紅衛四」則是以一九五一年從香港回來的「虎門」、「玉門」、「雁門」三艘在一九四八年至一九四九年由加拿大魁北克建造的遮蔽甲板、內河汽輪機型船改裝而成，載貨一千三百噸，四百四十九客位；「紅衛五」和「紅衛六」則是一九五〇年從香港起義回到廣州的「民本」、「民俗」號改裝而成，兩輪分別是一九三六年和一九四八年由上海大中華船廠建造的蒸汽機內河客貨輪。「民本」輪四百載貨噸，二百七十三客位。「民俗」輪六百八十載貨噸，二百三十六客位。

這些舊客輪原都屬於私營的民生公司或其他公司。專門從事長江內河的航行運輸工作，一九四八年才改為航行上海至廣州的航線，解放前夕，為逃避戰火而駛停在香港，一九五一年下半年才駛回廣州為祖國的社會主義建設服務，公私合營時曾撥歸廣東省航運廳管理，後又再撥歸廣州海運管理局管理，一直從事廣州至海口、湛江至海口等航線的往返運輸工作。由於多是平底船設計，所以抗風能力差，有時遇到海面大風大浪，船體晃動得十分厲害，連船員都感到緊張。

「紅衛七」是一九六九年由文沖船廠新建的客貨輪。該輪為開式遮蔽甲板柴油機船，二百四十載貨噸，三百一十七客位，這是廣州第一艘按華南沿海航區特點而設計製造的客貨輪，續航能力一千海里。一九七五至一九七九年，文沖船廠和廣州船廠先後新建九艘「紅衛」型客貨輪。老的「紅衛輪」是在新建的「紅衛八號」輪投入營運後陸續淘汰的。當時，這些輪船依次從「紅衛一」編號至「紅衛十一」。

如今，那些歡送我們去海南兵團的輪船早已報廢，我們只能從照片或想像中看到它親切的身影。最近，筆者在廣東華之傑影視傳播有限公司的網頁上我又重新看到了當年知青乘坐「紅衛輪」奔赴海南激動人心的場景。更深夜靜、萬籟俱寂，自由兄弟盯住欄杆兩側滿是知青手捧著畫像，揮動著寶書的照片看了好久，禁不住思緒萬千，感慨萬端……

筆者感歎的，不僅是當年這些輪船一班接一班地將七八萬滿腔熱血的知青送往海南兵團，而且更感慨的是在滿天揮動的手臂中，讀到了當年知青各種各樣複雜的情感。這之中，有激動和自豪，更有憂愁和悲傷。莫名的空靈之夜，我的耳邊突然記憶猶新地響起這麼一首歌曲：「不是我不愛你，親愛的廣州，不是我不愛你，親愛的爹娘，命運驅使我遠走他鄉……」

是啊，這是一艘自願與無奈同行的離別之船，在這艘名稱相同、人生首航的船上，承載著許多不同背景、不同境遇知青遠赴海南、湛江農場的故事。為了便於大家更為深刻瞭解和領會當時「上山下鄉」知青的不同感受和思緒。筆者特意從不同側面在粵海知青網上挑選了幾篇回憶……

回憶一，原六師四團（中坤農場）的知青Fzz718：

……記憶中的這一天是個陰天。上午，我與所有即將離開廣州前往海南島屯昌縣五大農場（中坤、中建、黃嶺、晨星、南呂）的同學們一道，胸前別著紙紮的大紅花，在文化公園開完「歡送」會後，便在震耳欲聾的鑼鼓聲中，與前來送行的媽媽徒步走到太古倉碼頭準備登船。「紅衛三號」輪船早就停泊在那兒了。從文化公園到太古倉，路程不算短，但一想到這次與媽媽別離後不知道什麼時候才能見面，想到即將要去的遙遠的海南島不知道會是個什麼樣，心中就沉甸甸的堵得慌。

雖然十三歲就開始在學校住讀，早已習慣離開父母過集體生活，但我仍不禁對媽媽產生了強烈的眷戀和對未來感到茫然，長長的路程也不知道是怎麼走過來的。太古倉，同樣是鑼鼓喧天，船上碼頭上到處擠滿了人。由於幾乎全是我們學校的同學以及他們的親人，大多數都互相認識，加上現在又是「同上征途」，因此大家都倍加親切地打著招呼，講著話。這種熱鬧的氣氛像是無形的安撫，使得我將要離別親人的那點失落的感覺很快就被淡化了。

啟航的時刻到了，一聲笛響，船起錨了。發動機的響聲越來越大，震動著輪船，也震動著船上和碼頭每一個人的心。船尾噴湧起白色的大浪花，輪船緩緩地離開了碼頭，離別的時刻到了！我們擠在甲板上，擠在小小的舷窗邊，向站在碼頭朝船上張望的爸爸媽媽們，向廣州使勁地揮手告別，也不知道他們能否看見自己的兒女。「再見了親人們！再見了廣州！」。船上有的同學眼眶紅了，碼頭上有的媽媽也在擦著眼角的淚花。我趕緊別過臉去，怕萬一受了感染而控制不住自己，那重則是對「上山下鄉」的態度問題，輕則也是資產階級小姐的小資產階級情調。

一群一群的海鷗像送行似地跟隨在「紅衛輪」的左右，久久不願離去。我們站在甲板上，看著船後方離我們漸漸遠去的廣州和親人，惆悵和傷感是不言而喻的。但大家都必須把這種情感深深地埋藏到心底，不可以將它表露出來。好在經歷過文化大革命的許多風風雨雨，我們這一代人的心理承受能力是很強的。而多年來，「到農村去，到邊疆去，到祖國最需要的地方去」、「一顆紅心，兩種準備」以及以艱苦為榮，自覺抵制資產階級思想，與工農相結合，徹底改造世界觀的教育也使我們早就有了堅實的思想基礎和充分的心理準備。更重要的，是對黨的無比的服從和對毛主席的無限的崇拜，使我們下了一個決心，必須義無反顧地堅決地走「上山下鄉」這條光榮的道路。

船越駛越快了，珠江兩岸秀麗的田園風光令我們的心情漸漸開朗起來。我開始充滿了好奇心，與在學校裏既同班又同戰鬥隊的幾位女同學，開始東張西望地打量著船上船下的一切。這艘大輪船對於過去只乘過「花尾渡」的我，應該說是大大地開了眼界。它是那麼的巨大和漂亮，簡直就像一座漂浮在水面上的大廈。裏面有寢室、浴室、餐廳……各種功能一應俱全，真是太棒了。我們從擁擠的船艙裏一路參觀兼「串門」，最後來到了寬闊的甲板上。

甲板上，早已有不少同學。我們迎著撲面而來帶有泥味的涼爽的風，看著兩岸的秀麗景色，猜測這裏大概就是東莞縣的某某地方了。由於我們班上也有不少同學被分配到此處的農村插隊，所以這又使得我們覺得這塊大概是東莞縣的某某地方像有著自己的什麼親戚一樣，平添了一份親切感。這時，船上有同學拉起了手風琴唱起了歌，周圍的氣氛也似乎漸漸輕鬆愉快起來了。

望著這令人心曠神怡的自然風光，聽著這優美動聽的琴聲歌聲，我們一大幫同學在甲板上不著邊際地又說又笑，誰也不願意再回到寂寞船艙裏去。不知不覺，珠江兩岸的村莊田園逐漸變得稀疏起來，取而代之的是一座座荒蕪的山頭和人煙稀少的海岸線，越來越寬闊的江面上船隻也漸漸越加少見了。我們知道輪船就要遠離大陸進入大海了，離愁別緒不禁又一次湧上心頭，我們什麼時候才能再回來呢？

珠江口入海處的景觀十分奇特。只見江水與海水，黃的、綠的、藍的一股一股，有時界線分明，有時糾纏不清，很像是誰把幾支蘸滿了不同顏色的巨大彩筆一同攪進海水裏而產生出來的效果。過去美術老師曾經告訴我們，黃色加藍色可以調製出綠色。可萬沒想到黃濁的江水匯入其實並不是「藍」色的海水裏，竟然會產生出了這種鮮亮透明的嫩綠色，大自然實在太神奇了。我們都被深深地吸引住了，久久俯視著這一奇觀。

許久，許久，當我們再次抬起頭來時，發現海岸線離我們已經非常遙遠了，輪船已經進入真正的大海。天連海，海連天。極目遠眺，茫茫大海上往往空無一船，偶爾見得海天相接處，有白雲帆影隱隱約約的，似越來越近卻半天也駛不到跟前。因此每當「會船」時，我們總是興奮不已，一廂情願地像見著了久別重逢的親人，朝著那艘不明國籍的船瘋了似的又是招手又是喊叫。可那邊的甲板上總是空無一人，除了「會船」時各自鳴一下笛之外，一點回應都沒有，又漸漸遠去了。

其實我對大海並不算陌生，小時候我曾到過大海邊。那是我五歲的那一年暑假，曾隨父母所在學院的教工度假團，到一個大概是屬於珠海的叫做唐家灣的海邊小鎮，小住了幾天。這裏緊挨大海，空氣中永遠瀰漫著一股子的魚腥味。鎮民們幾乎清一色是正宗漁民：一天到晚都戴著一頂棕黑油亮的尖頂竹帽，黑衫黑褲，褲腿短而寬大，赤腳，肩上總挑著一副擔子，籮筐裏裝的不是魚蝦就是螃蟹什麼的。

我們每天都到那一望無際的雪白的沙灘上去曬太陽，拾貝殼，捉螃蟹，看潮漲潮落，還到又苦又澀的海水裏游泳。當時大海給我的感覺是實在太大了，大得看不到邊，也深不可測。記得有好水性的老師勇敢地潛入海底，拾上來比在沙灘上不知漂亮多少倍的奇形怪狀的貝殼、海星。我還總覺得海平面比我們站立的陸地還要高，大概那是一排又一排大浪給我造成的錯覺吧。

記得年幼的我，那些天總被一個問題所困惑：大海裏有這麼多水，如果用桶（我五歲時用來澆花的小桶）來提，要提多久才提得完呢？……還記得，小鎮總是一派熱火朝天的繁忙景象，木製的大帆船來來往往進進出出，那高高的桅杆上，巨大的白帆時而張開時而合攏。曬得黝黑的健壯的漁民挑著裝滿「海鮮」的大筐，抬著沒到過海邊漁村的人們無法想像其之巨大的魚網，踏著架得高高的窄窄的木板，悠啊悠的上上下下。這些征服大海的人們，勇敢與強壯的形象，給我留下了不可磨滅的印象。那次我們還參觀了海軍駐紮的軍港，最為難得的是，我這個小不點，竟然還被一個海軍叔叔抱上了魚雷快艇，扶著旗杆，站在迎風飄拂的五星紅旗旁，出海「兜」了一圈的風。

之後，我再也沒有機會到海邊玩了，只能從電影上看海、從小說中讀海了。童年時的大海，是《漁夫與金魚》的大海，是海龍皇與水晶宮的大海，是聚滿了寶物的，充滿了童話色彩的大海。漸漸長大了，這時的大海，是充滿了豪邁與勇敢的大海，是軍艦、潛艇、魚雷……還有迎風招展的八一軍旗，迎著長風踏著海浪勇往直前，充滿了激情的大海。文人墨客、中外作家詩人都喜歡用大海來抒發情懷，用大海作為題材的小說、詩歌數也數不清。「我愛這藍色的海洋……」這首動聽的歌我們誰都會唱……。能到大海邊上去一次，能坐上大輪船到大海去旅行，這是多少人的夢寐以求的願望啊。

今天，我們終於見到大海了，相信不少同學還是有生以來第一次呢。大海一如既往，仍是那樣的遼闊，那樣的湛藍，那樣的風情萬種……可此時此刻的我們，為什麼找不到那種想像中的特別的興奮和激動的感覺呢？卻總有一絲淡淡的憂愁在腦海之中揮之不去……

不知不覺，天色黑下來了。入夜了的大海黑漆漆的什麼也看不見，我和班裏的八個女同學只得擠回原本只住兩位乘客的二等艙中，仍然一點睡意也沒有。今天上午我們還在廣州，還在父母身邊，可現在卻在漆黑的大海上，由大輪船載著駛向一個陌生的地方，一個將要在那裏永遠生活下去的地方。對於才十六七歲的我們，有誰能充分理解這「永遠」的涵義呢？聽著一陣又一陣海浪拍打船舷的聲音，我們都瞪著眼睛各自在想心事。……夜已經深了，海上的風浪越來越大。窗外的甲板上還傳來輕輕的說話聲，從船窗往外望去，只見黑黑的甲板上躺滿了男同學，海風這麼大，他們冷嗎？……

透過范至莊農友生動、細膩、優美的描繪，我們不僅可以感受當時熱烈歡送知青遠赴海南盛大的場景，讓筆者省去了許多筆墨勞累，而且可以感受到她那從孩提時代就種下的對大海，自然也許是對海南美麗風光的好奇，以及她那渴望「到農村去，到邊疆去，到祖國最需要的地方去」、「一顆紅心，兩種準備」以及以艱苦為榮，自覺抵制資產階級思想，走與工農相結合，徹底改造世界觀的「上山下鄉」道路的激動心情。這其中，又帶著一些離別父母依依不捨，對未來陌生世界如何應對的思緒。但由於其是主動要求去兵團鍛鍊自己，又有媽媽一路叮嚀相送，心情顯得還是比較輕鬆愉快的。

回憶二，原六師七團（陽江農場）的知青**蔡健民**：

……記得這是一九六九年七月二十四日，我與汕頭四中的同學及其他中學的同學們，胸戴著知青的紅花，在人民廣場召開的歡送大會，之後，市民夾道歡送我們在港口乘坐駁船登上「建華輪」奔赴海南。記得當時是下午大概是五點鐘開的船（據說是為了深夜經過香港），輪船駛出港口不久，天色就漸漸暗了下來。

那是一個月色明媚的晚上，天真單純的我們，玩耍著、嬉鬧著好一會兒才陸續進入了夢鄉。沒想到大海無風也是三尺浪，輪船晃得厲害。躺下幾小時後，被攪暈的我們稀里嘩啦地全將胃裏的東西吐出來看了。之後，大家只好目瞪口呆疲憊地躺著，嘻笑打鬧的場景早已煙消雲散。就這樣，我們在海上航行了一天兩夜後，在二十六日終於到達了海口秀英港。幾經周折，我們來到了兵團第一招待所。放下行裝，結伴就近轉了轉，大家都不敢走遠，怕迷路找不到住的地方。

> 二十七日，我們乘坐著國家汽車工業的名牌「解放」卡車，準確說是站在車上趕赴陽江農場的。一路上，大家說說笑笑，一路高歌一路狂，轉眼間經過了烏石，天啊，進入了崎嶇的山路，伴隨著汽車的顛簸搖晃，大家隨著曲折起伏的道路不停地搖擺著，這才想到農場該會是什麼的環境？大家都有點擔憂和沉默。下午，我們來到陽江農場，竟是冷冷清清，沒有人前來歡迎。奇怪？原來是農場沒料到我們這麼快就到了。但卻看到了歡迎的標語、錦旗還斜倒在路旁。後來農場領導安排我們到小學住下。就這樣，水陸兼程的我們來到了陽江。開始了新的生活……

讀著汕頭知青蔡健民的這篇並不太長的回憶，我彷彿又看到了一群無憂無慮的知青，他們沒有太大的思想負擔，也沒有特定的理想目標。在他們的腦海中，只有「人家去得，我也去得，沒有什麼地方不可去得」的天生牛犢不怕虎的精神，在這種隨大流、不畏難的思想情緒支配下，他們懷著快樂好奇的心情，自願來到了海南生產建設兵團。當然，在這之後，隨著各人所處的工作生活環境差異和對艱苦奮鬥內涵的不同理解，各人的心態和命運也會發生不同的變化。

但是，不管如何，當他們在經受海南兵團風雨歲月的磨礪，透徹領悟了人生艱辛之時，他是怎麼也不會忘懷那艘「搖晃了一天兩夜，將我們這群天真單純、玩耍嬉鬧的少年，全都攪暈了的，把胃裏的東西都稀里嘩啦地吐出來看了，然後目瞪口呆疲憊地躺著，笑聲鬧聲早已煙消雲散」的渡海客輪。因為就在他獨立人生的第一步之際，就受到了大海的嘲笑和挑戰。在這個意義上說，這艘客輪，必定是他心中「永遠的建華輪」。

回憶三，筆者曾在知青網上很是感動地讀到一個網名YU知青的帖子：

> ……當年，六八屆的大哥大姐們下鄉後，我才踏入中學的校門。當時的復課並沒有真正讀過幾天書，倒是成天學工、學農、學軍，幹的也是不帶薪的體力活，還說是備戰備荒。我們中學在從化建分校，我們

算是開荒牛了。蓋瓦房的大樑都是男生爬上大山砍的，當晚還趕不及抬下山，只得在山上天當被來地當床地露宿。

第二天，全班（那時興叫排）上山把大樹幹抬下山。那次差點把我摔死！在那崎嶇的山道上，我一腳踩空，整個人就貼著山崖滑下去，幸好還能有一隻腳尖踏著一小塊突出的石頭，而雙手的手指也緊緊扒著路邊的草木。就那一瞬間，我還沒回過神來，就被身後的一個男生，手急眼快地拽住衣領，猛地往上一提，拉回了山道。事後想來真有些危險害怕。在潼湖學軍幹的也是農活，為了搶在颱風之前收割稻子，我和同學們曾幹到深夜。儘管我小時候患有先天性心臟病，但那時候幹起活來一樣不要命。

我去海南島之前就已經聽到那裏的艱苦，也得悉晨星農場不幸遇難二十二名姐姐的事情。那年，原本家中已有人下鄉，我是可以不用去的，但我還是申請去了。在太古倉，當海輪汽笛響起的時候，船上、岸邊的人群大多數都在嗚咽流淚，而我，遠望著岸上送行的妹妹，沒有淌一滴淚水，心中也沒有熱血沸騰，但我的心裏卻在唱著一曲〈共青團員之歌〉。直到幾十年後的今天，我依然很喜歡這首歌……

從文中估計，這是一個一九七一年初中畢業，患有先天性心臟病，但幹起活來卻不要命的小妹妹。儘管在學工、學農、學軍時吃了不少苦，還差一點丟掉了性命（說來真該罵上幾句那可惡的學校：「住山上，抬大樑，簡直是拿孩子的身體和安全當兒戲！」不過，想到那時候的學校都是如此——也就罷了），但卻依然以苦為榮，不畏艱險，不怕犧牲，充滿著浪漫的革命理想和堅強的革命意志。只是，每當我看到她所說的「當海輪汽笛響起的時候，船上、岸邊的人群大多數都在嗚咽流淚，而我，遠望著岸上送行的妹妹，沒有淌一滴淚水，心中也沒有熱血沸騰……」話語時，我的雙眼就會有些潮濕。事後，經側面瞭解，原來這姑娘母親正在患病住院，父親是一位省部級高級領導，都不方便前來送行，但都很支持她前往海南兵團。

憑這，就讓人對這姑娘的勇氣和堅韌充滿了感動，但又對她的身體狀況更為擔心。正是這些充滿夢幻、不知艱險的少男少女用他（她）們青春的浪漫，染綠了古老熱島的群山峻嶺，才能有如今海南和雷州滿眼的膠林碧波……

據瞭解，在當時海南兵團還有許多這樣充滿革命理想，年齡只有十四五歲的小兄弟姐妹，用現在的話來說，應該是相當多的未成年的童工。在我到海南之時，我以為我只有十五歲，年齡應該是全團最小，可是後來，還有兩個清遠妹妹年齡比我更小。一個叫苗蓮英，當年只有十四歲，另一個叫潘桂英，則僅有十三歲。兩個姑娘剛上初一，聽說海南兵團招人，便找到招工的幹部軟磨硬泡，甚至託人說情，結果也是如願以償地來到了海南。

回憶四，當年兵團六師醫院的護士**魯華**自述：

> 汕頭首批赴海南兵團是在六九年「六一兒童節」，我還清清楚楚記得，是在半夜離開汕頭到海南兵團一師八一農場。當時我還沒有滿十四歲，與另外九位因歲數太小的知青在海口就被「退回」。十一月因某些緣故再次赴海南來到海南兵團六師十五團，七一年元月調師醫院，七八年秋回城。如今我的一切還好，只是身體零件磨損，時不時鬧亂子，和大多數女知青一樣也是腰椎和骶骨問題。這和我十四歲下鄉有著很大關係，我對疼痛耐受性也特別強……

唉，這真是讓人心疼不已！讓人肝腸寸斷！又是沒有滿十四歲到的海南兵團，而且是在「退回」後又再次執著地奔赴海南。如今想來，既幼稚可愛，又荒唐可笑。這也算是當年海南兵團招工時的一個「戰績」吧！因為當年的繁重的體力勞動必定會影響這些正在生長發育、尚未成年的「童子軍」身體，難免會對這些知青造成或多或少的傷害。

唉！永遠的「紅衛輪」呀！但願你多多保佑這些同我一般年紀的小兄弟姐妹都平安無事、健康長壽！這是我內心永恆由衷的祝福……

回憶五，知青**青春兔**在**〈下鄉前的相見〉**也述說了她去海南兵團時的經歷：

……一九六八年十一月初，當學校通知我和姐姐將分赴斗門和海南農場時，行程已經在即，但卻無家長可以訴說安排。因為父母都在挨鬥，家裏連正常吃飯都成問題，更不用說有錢給我們準備行囊了。無奈，姐姐和我一起給父親單位打了報告，申請借資。報告送到單位，回覆我們第二天來拿錢，同時還奇怪地通知我們當晚一定要到單位，有重要事情相告。

是什麼事情需要在晚上相告？疑惑、警惕和毫無經驗的我們姐倆商量之後，決定不去理會它，一切盡等第二天再說。可是，我們錯了！

第二天一上班，我們就趕到了父親單位。門衛大叔一見到我們，就悲憤地質問我們為什麼昨晚不到？細問之下，才知道頭天晚上因為父親要被押送到「五七幹校」，單位特地安排他晚上和我們相見。可是由於我們的不到，已經被隔離有大半年之久的父親坐在單位，在痛苦的等待中熬過了一夜。

得知父親剛於當日早上被押走，心急火燎的我們姐倆懷揣著單位借支的那一點錢，打聽好父親他們往從化方向的行走路線，毫不猶豫地跳上了開往榕樹頭的汽車（那時榕樹頭是廣州市與從化縣的分界點）沿路追趕。

果然，在榕樹頭的前兩個站，我們看到了一支舉著「五七幹校」旗幟的揹著背包的學員隊伍。跟在隊伍後邊的，是被兩邊各有十幾個手持大棒的工人糾察隊員押著正在行走的我們的爸爸！汽車超越隊伍在前方站停下，我和姐姐不顧一切地衝下車，回頭迎著隊伍飛奔而去！

當我們迎著隊伍，不顧工糾阻撓，衝到了爸爸身邊的時候，一夜未睡的爸爸也被突然從天而降的我們驚呆了，只聽得他連聲不斷地問：「你們怎麼來了？你們怎麼來了？」我們姐倆一左一右地陪在爸爸身旁，邊走邊和他交談著。於是，公路上出現了這樣一幅奇特的景象：被戒備森嚴的工糾押著的「走資派」，身邊還有兩個小姑娘緊緊地「押著」他！只是我們兩個橫眉冷對工糾的厲聲呵斥，使得工糾隊員也不得不網開一面地讓著我們。

我們告訴爸爸，我們都要下鄉了！看到爸爸關切的面孔，我們都忘掉了在路上商量好不要告訴爸爸我要去海南的消息，老老實實地告訴爸爸我們的去向。爸爸很沉重地叮囑我們，以後自己一人生活工作，一定要聽黨的話，好好接受再教育，好好向貧下中農學習；還要安排好家裏幾個弟妹的生活……

話長路短，好像話還沒有說夠，我們就已經走到了榕樹頭。也許是因為隊伍中有了我們，隊伍小休一陣。看著遠方無止境延伸的路途，爸爸很果斷地打斷了我們送行的話語，堅決要我們回頭。

我們只好戀戀不捨地告別了親愛的爸爸，走上了回城的路，走上了「上山下鄉」進入社會的路。

三十八年過去了，我們的父親已經垂垂老矣！因為年紀大的緣故，九十六歲的他早已忘記了當年的很多細節，但是他卻永遠記住了我是從吊羅山下回來的，是從海南島回來的……

回憶六，知青**黃珊建**在〈**下鄉前的道別**〉中述說：

……學校工宣隊宣佈去海南農場的名單裏有我的時候，十六歲的我，竟然有了一絲惆悵、擔心與興奮交織的複雜心情。當時，我的父親和母親均被單獨隔離，大哥、大姐遠在北京的大學，二姐在等待分配，下面還有兩個讀小學的妹妹。回到家，我把這消息告訴尚在家中的二姐、兩個妹妹。

傍晚，我便趕到母親單位，向監管人員提出要見我媽媽。後來想起來，監管人員還算有點人情味，給了我媽媽一晚的假。媽媽趕緊回家給我準備行裝，我記得是用一件藏藍色的斜紋布裏面襯了塊薄絨，用家裏的縫紉機縫了一件可叫夾克的衣服，媽說這可禦寒。然後第二天媽媽便匆匆趕回單位了。

接著，我要見見父親，順便帶上只有十歲的小妹妹去見父親。去見父親的時候，我越走心情越沮喪，為啥同班同學中有一部分讀高中，而我卻要去農場？其實自己心裏很明白，還不是因為父母被關在「牛欄」！想著想著竟哭起來。臨進父親被隔離的房間外的大院前，妹妹說：「姐你的眼睛紅了，不要讓爸爸看見。」怎麼辦呢？一看手中準備帶給父親最喜歡吃的香蕉，就順手拿香蕉在眼睛上按摩一下，眼睛就沒那麼紅了。

進到父親被關的房間前，門口看守的是一位操著上海口音的女人，這女人拿出極不友好甚至是鄙視的眼光把我從頭頂掃到腳。這可激怒了我，我回掃了她一遍。最後她拿我們沒辦法，讓我們進去見父親了。一見到父親，我忍不住又哭了，還是那句話：「為什麼我就沒高中讀？」此時此地的父親，還能說什麼呢？怎麼跟我解釋呢？唯有拍著我的肩膀不斷地說：「要堅強，要樂觀。」我只是不斷地點頭。會面的時間很短，一會兒，我們就被那女的叫走了。

第三天，舅婆（母親的舅媽），一位熱心的街坊組長，因是工人階級暫屬平安階層，那時行動還比較自由，我家被抄、父母被關後，她常來家裏看看。也許是她也知道將有大批中學生要下鄉了，於是來到我家，得知我要下鄉，忙出去給我買了一床蚊帳，和二姐（其實二姐才比我大一歲半，一個月後她也接到通知下鄉了）一起幫我收拾行裝。

很快便到了啟程的那天，二姐和小妹，還有亦民（小時候一起玩的男孩，他不用下鄉）幫我拿行李，送我到天字碼頭。與他們揮手告別後，我立即被融進「上山下鄉」知青的人海中了，只是心裏依然還有幾分惆悵……

通過這兩篇標題幾乎相近的回憶，我們可以得知，在當時即將告別親人、遠走異鄉的知青中，那些因「文革」被列為「黑五類」、「黑七類」子女的知青，走的時候，內心是多麼的可憐悲傷！父母被隔離審查或是關到「五七」幹校的「牛欄」，生死未卜。沒有全家團聚的餞行，也沒有父母送別的叮嚀，有的只是父母被關、被押甚至被鬥、被打，子女不得讀書只好下放農場的骨肉離散淚水和相互擔驚受怕的掛念。這種噩夢般的情景讓許多

知青的心靈至今難以癒合傷痛。

知青**成真**跟帖說：

青春兔，看了你的故事我落淚了。我們也有你相似的遭遇。「文革」時我的哥哥們全都被造反派關進了牛棚（我的父母幸虧「文革」前夕就退了，但地委大院寫我爸的大字報也是鋪天蓋地的）。北京的侄子去海南兵團時到韶關跟爺爺奶奶及親人告別。我父母親遞給冬冬一個飯盒說：「你跟兩個小姑姑一起去牛棚看看你叔叔吧。到那不要說你爸在北京批鬥的事，不要講『文革』。」

我們遵囑上路了，翻過了一座山又一座山。當見到我二哥被造反派用槍壓著勞改時，我們忍不住哭了。哥哥給我們打眼色，替我們擋住造反派。我急忙遞給哥哥飯盒，哥哥用很快的動作打開飯盒，撥開飯團，取出紙條，又用很快的速度看完，撕碎塞到我的衣兜裏。這些在電影中才看到的地下黨接頭的鏡頭，如今讓我們親身實踐！這可是在父輩用鮮血換來的和平年代啊！

哥哥一把抱住冬冬說：「要相信黨，相信人民，相信你爸爸和你的叔叔們都是無罪的！天總會亮的。」可是我的大哥——冬冬的父親最終沒熬到天亮，就被「文革」迫害死了！七八封催歸的病危通知書也沒能讓冬冬趕回去和他父親告別。那時冬冬正在黎母山上大會戰。

知青**圖圖**說：

看著這篇文章，同時想起了我自己。我走時父親已經被抓走一年多了，再次相見是在一九七〇年，我填好了「犯人家屬」的探視單才見到分別四年幾乎不認識的爸爸。其複雜心情真難以表述。

知青**Zyz**說：

青春兔，你那段痛苦的回憶值得同情，在那個年代，一切都被顛倒了！你去海南之前好歹見上父親一面，而我去海南時，父親卻還在監獄裏，連看都不許看！

知青**andrewzxz**在青春兔的帖子後跟道：

看了你的文章，往事歷歷在目，原以為會淡忘了的東西，一下子湧了出來，在眼角，在唇邊，在自語喃喃中……才知道那回憶如同深藏的酒，隨著光陰的流逝，日月的推移，那味兒竟越來越濃，越來越醇，打開就令人若醉如癡，不由自主地湧上心頭！我踏上西去的列車時，父親還在「牛棚」。啊，欲說還休！欲說還休！欲說還休啊！……

知青**啟棟**：

兔姐的回憶文章再一次敲開我記憶的大門。我爸爸是單位裏「文革」最早被鬥的人，我去海南時，家裏剩下兩個妹妹……前兩年爸爸去世時還是六百元一個月的退休費。但他說，比起彭德懷、賀老總，我們是幸運的了。我希望能為前輩拍張好照片，以表達後輩的敬意。

看著這許多淚別親人而後踏上旅途的帖子，自由兄弟在傷心同情之餘，還有一絲慰藉，因為他們的父母雖遭迫害也還健在。有的知青卻更為可憐，其父母在「文革」運動中被批鬥死亡，以致無人相送，只有孤身一人踏上遠航的輪船……

回憶七，知青**麥蒔龍**在〈**紅衛輪的那一響汽笛聲**〉的述說：

……大凡六十年代末七十年代初從廣州啟程往海南的知青們，絕對忘不了「紅衛輪」，也絕對忘不了「紅衛輪」即將起錨啟航時那響撕心裂肺、催人淚下的汽笛聲……

就在那一聲汽笛驟然拉響的一剎那間，無論是船上即將離岸遠航的准知青們，還是碼頭上送行的親友們，全都被突如其來的汽笛聲撼動了。所有人的五臟六腑都被揪了起來，早就在眼眶裏積聚的，但一直強忍著不讓它流出來的淚水，就像被阻擋著的滔滔洪流，汽笛聲猶如開閘的號令，閘門驟開，洪流洶湧而一瀉千里。被碼頭工作人員阻隔在十米開外的送行的親友們，亦恍如聽到一聲號令，不顧一切地衝破警戒線，湧至正徐徐離岸的船舷邊，扯開喉嚨大聲哭號呼喊，那聲浪完全掩蓋了歡送的鑼鼓聲和高音喇叭播出的樂曲聲，久久地在洲頭嘴碼頭的上空迴盪……

相信沒有人做過這樣的統計：當時正在船上的准知青們，在告別親友、揮別生活過的熱悉的城市那一瞬間，有多少人熱淚滿臉放聲痛哭，而又有多少人鐵石心腸沒有落下過一滴淚珠？自然，成千上萬准知青們，在那一刻的心境絕不會千篇一律，有哭的，有笑的，也有不哭不笑，表面肅穆，內心卻波濤洶湧的。在他們中間，涕淚橫流、肝腸寸斷者有之，盡顯了在莫測命運面前不知所措的青年對未卜前途的徬徨哀愁；意氣風發、鬥志昂揚者亦有之，展現著不知天高地厚的莽撞少年們「壯士一去不復還」的紅衛兵幼稚氣概。

與大多數准知青一樣，在「紅衛輪」那聲汽笛撕心裂肺地鳴響的一剎那，我也流淚了。不過，那淚水不是為我自己而流的，也不是為即將離別這座城市而流的。我相信，那一刻我內心的萬千感受，在船上所有的人中間，絕對是獨一無二的。因為，就在「紅衛輪」拉響撼人肺腑汽笛的那個水域位置，正是我父親被迫投河自盡沉入河床的地方！

那天，沒有任何親人來送船，送行的人群中也沒有我認識的同學朋友，我是孤身一人告別我生活了十多年的熟悉的故鄉廣州的。

父親已含冤離開了人世，母親還戴著「黑七類」的政治帽子被關在「牛棚」，兄姐各散東西，弟妹扎根海南，就這樣，我孤身隻影地登上了「紅衛輪」。

那一聲汽笛，於我而言，是對我那葬身白鵝潭的父親的祭祀，也是代表我發出的與父親最後告別的心聲。那時候，我沒有再踏上這座城市土地一步的念頭。

如果硬要歸類，我寧願把我父母親歸類為「藝術家」而不是「國家幹部」，雖然他們都有國家正式任命的不算太低的幹部級別。父親年輕時是學美術（油畫）的，與中國著名漫畫家廖冰兄是同學。抗戰爆發，救國的熱血促使他投筆從戎，參加了軍隊。但他骨子裏仍然是一個文學青年，而且有著藝術的天賦，於是他並沒有真正地投筆，而是不斷向抗日的報章投寄文稿，結果因此認識了在夏衍先生主編的一份抗日報紙任編輯的母親，編務的接觸使兩人日久生情，終由抗戰同志而成革命夫妻。

後來父親、母親同在著名的抗日救亡演劇隊工作，這支由共產黨領袖周恩來通過郭沫若直接領導指揮的抗日文藝宣傳隊伍（後來許多演劇隊人員去了延安），表面上隸屬於國民黨軍隊編制，所以「集體加入國民黨」便是不可避免之事，這就成為全國解放後歷次政治運動中，革命了一輩子的父母親不得不備受「歷史反革命」懷疑而必須接受各種政治審查的禍根之一。

說我父母是「歷史反革命」真是冤哉枉也，如果當初他們反對革命或者不參加革命而躲在安逸富裕的家中，我那未滿一周歲的三哥，又怎會在戰火威脅之下夭折?!

我外公是湖北一位著名的開明大士紳、書法家和慈善家，在當時的湖北乃至中國政界很有影響力，曾任議會議長，後成為佛學研究家。母親出身這書香世家，自是大家閨秀，從小學一直讀到師範大學成績均優異出眾，無奈受進步思想影響，在個人感情方面不甘受媒妁之言、父母之命的桔桎約束，為逃婚而離家出走，更踏上了革命之路。我母親到了解放後的五十年代才第一次回家，外公已經仙逝。可以說，母親年輕時的經歷與長篇小說《青春之歌》中的女主角林道靜十分相似，所以在我烏石農場的「私人圖書館」裏，那本破爛不堪補了又補的《青春之歌》，一直是我的至愛珍藏。

父母到香港從事進步演藝活動，是四十年代後期的事了。父親導演了不少針砭時弊、嚮往新生活的話劇和電影，例如《香港暴風雨》、《水上人家》、《想入非非》等，而在改編自趙樹理小說的電影《小二黑結婚》中，我母親還飾演了一個重要角色。

我就是那時來到這個世界的。我剛滿周歲，正就讀香島中學的大哥突然失蹤，不久我父親也不知去向，後來才知道，他們都是在香港地下黨的安排下，北上去了東江解放區，加入了東江縱隊，十幾歲的大哥其實早就加入了地下狀態的新民主主義青年團。後來，他們隨著解放大軍進入廣州，父親在軍管會主管文藝工作，他的頂頭上司就是中國大作家秦牧。

不久，也就是在廣州解放之時，母親離開了香港文匯報，帶著一家老少北上，投入了即將展開的國家大建設的行列，具體的工作就是協助籌備成立珠江電影製片廠。大哥參軍在北京當上了空軍飛行員，姐姐參加抗美援朝當上志願軍文工團員。父親的最高榮譽是進北京接受周恩來總理的接見和握手合照。直到他決心赴死以示對國家與人民忠貞之心，在投河前兩天最後一次與我談話時，我還清楚地記得，他提起過此事，足見他當時心境的悲壯。

五七年的反右運動是我的家庭走向衰敗的轉捩點，父親的一些現在看來極為正確的觀點，成了他招來大禍的「右派言論」。「廣東文藝界大右派」的罪名不但使他搖身一變成為勞改農場的另類，沒有任何「右派言論」的母親也受到株連，被「下放」到湛江吳川當了一名中學教師，從此被迫離開了她終生熱愛的文藝事業。哥哥和姐姐也受到連累，先後離開部隊。父親的「右派分子」的帽子和其他莫須有罪名，是在他以非常方式離開這個世界二十多年之後的改革開放時期才被摘去的。那是後話。

六十年代中期，一股由領袖親手搧起的政治黑風，由弱至強，開始席捲神州大地。剛獲開恩給予「敵我矛盾做人民內部矛盾處理」不久的父親，再一次遇到了滅頂的政治劫難。這次的罪名更加嚇人，誰戴上了誰都永世不得翻身，而且絕對株連九族。中國知識分子「寧為玉碎不為瓦全」的錚錚骨氣，使他毅然步老舍先生的後塵，選擇了以一死抗拒批判鬥爭的不歸之路，用「士可殺不可辱」的決絕態度，向無情無義、無理無據的政治運動說：「不！」

於是，便有了鞭屍般的批判：「以死來抗拒黨和人民的批判」，是「現行反革命」！

其實，如果他願意，像音樂家馬思聰那樣出走海外，是非常容易的事。在父親的老家番禺黃閣，由叔伯兄弟安排他偷渡往港「易過借火」，何況香港有他許多演藝界、電影界、戲劇界有錢有勢的密友。然而那不是他的性格，正如廖冰兄世伯後來對我說的：「如果他那樣做，那他就不是他了。」

就在後來「紅衛輪」嗚笛啟航的那個水域位置，父親趁著夜黑人稀無人留意，悄然從往來珠江兩岸的渡輪上下水，他留戀地再望了岸上燈火一眼，毅然地潛下水去，並呼出了胸腔的空氣，任由身體往河床沉去。父親會游泳，而會游泳的人自願投水自盡，極為困難。可見他一死之心是多麼決絕。沒有人目睹這一切，渡輪工人撿到父親留在船上的一雙舊皮鞋和一個公事包，發現了他留在公事包裏的絕筆遺書，才推測出他投河的時間和位置。

二十多年後，我讀到了父親在生命最後時期寫的一首詩，充分表露了他「志未酬，心不死，恨悠悠」的嗟歎：「長嗟空負少年頭／瞬息人間五十秋／幕下雖曾施末技／臺前尚未展新猷／三千桃李情難了／十萬文章志未酬／思想未紅心不死／白雲千載恨悠悠。」

母親深切體會痛失親人的哀痛，所以當她得知秦牧叔叔在挨批鬥之後突然失蹤，立即與秦牧夫人吳紫風阿姨一起四處尋找，最後終於及時在白雲山一處石巖邊將準備一躍而下的秦牧叔叔攔住。一句「留得青山在」，打消了一代散文泰斗輕生之念。後來聽母親自責地說過，如果父親投河前她有所覺察，是有可能改變我們家的歷史的。

母親也受到「群眾運動」的衝擊，掛黑牌、挨批鬥、掃大街、住「牛棚」，一個「黑七類」在文化大革命中該受的，她全都經歷了。但母親的胸襟寬闊，即使對在運動中批鬥過她甚至動過拳腳、吐過唾沫的人，她全都寬恕了。對當年也曾寫過批判大字報的一些子女，她更是寬容得連外人都為之動容，這反而令一直愧對母親的兒女們汗顏。

我也是愧對母親的其中一個子女。「文革」運動初期，尤其是「老子英雄兒好漢，老子反動兒混蛋」剛出籠那陣，為了心目中崇高的革命理想，我也曾在一種虔誠的理想主義支配下，寫過批判母親的大字報。但這種「反戈一擊」的革命行動並不能改變「狗崽子」的命運，我始終被拒於紅衛兵組織門外，連革命的資格也沒有。

不久前，我在寫〈在毀樹與植樹中思考〉一文（見香港知青聯網及會刊）時，正值老母親忌日期間，由於內心對她老人家一直有愧，所以就把這種心情寫進了文章，這才有了「……那時候年輕幼稚不懂事，曾經抱著善良的虔誠，無知地傷害過您。母親，今天，我們贖罪來了，我們要用自已真誠的行動，向您懺悔……」的文字，我是流著淚寫這段文字的，每每重讀，心頭都會泛起一陣熱浪。

母親是偉大的。當她以九十二歲高齡臨離開這個世界時，還再三叮囑身後事一切從簡，不必開追悼會，不必通知其他人，不必登報，不必立碑，就讓她靜靜地走。這位不但受到子女尊敬也受到許許多多認識她的人尊敬的堅強的革命老人，走得平靜而無憾。父親沒有留下骨灰，我們把母親的骨灰安放在一個雙人骨灰盒裏，兩張照片並排，在屬於父親永遠棲身的位置，放置了他生前導演的一齣值得他驕傲終生的著名戲劇電影的CD影碟，父親說過，那榮耀，也有母親的一份奉獻。就讓凝集了他們畢生鍾愛的藝術創作結晶，伴隨他們終生吧。

正因為父母都是「黑七類」，所以我原本連去海南島當一名「土八路」（光榮的兵團戰士）的資格都是沒有的，只配去農村插隊接受貧下中農再教育。一位工宣隊長惡狠狠地對我說：「想用中國人民解放軍的金漆裝扮你這狗崽子的黑面？休想！」如果不是接連寫了十一封誠意拳拳的決心書和矢志「扎根邊疆一輩子，永遠革命不回頭」的保證書，加上死乞活賴，軟纏硬磨（就差沒有請客送禮），我這個因有「惡毒攻擊」言論和「私藏武器」（家有一支仿真度相當高的自製木槍）被公安局監禁審查近一年，剛從監獄裏放出來的「混蛋」（工宣隊長語：「果然是老子反動兒混蛋。」），是沒有資格登上「紅衛輪」的，也就無緣聽到那響催人淚下、憾人肺腑的汽笛聲了。

所以，我那天登上「紅衛輪」，即將前往那個遙遠而陌生的海南島時，我對廣州這座城市已經沒有多少留戀和不捨。看到旁人熱淚盈眶，我當時想：有什麼好哭的呢，如果讓我有機會去越南打仗，巴不得戰死了當個烈士得個軍功章，或許可以用我的命來換回母親的自由。

唯一觸動我的是，當我倚在船舷冷漠地望向岸上送行的人們時，突然想起自己身處的這個地方，正是父親投河的水域位置……

我還來不及細細品味這其中的涵義，那聲要命的汽笛，就震耳欲聾地驟然鳴響了。一隻無形的大手頓時緊緊地揪住了我的五臟六腑，我的心疼痛得顫抖了起來，說過不流的眼淚，就在這時情不自禁地奪眶而出。就在轟鳴的汽笛聲持續的長時間裏，我放開喉嚨，喊出了自從父親死後就再也沒有喊過的一句話：

「爸爸！！！……」

看罷麥蒔龍農友含恨泣血的回憶，自由兄弟不禁也想起了自己當年乘坐「紅衛四號」輪船遠赴海南兵團的情景。而每當回想到的這一過程，我的心，宛如活生生地將已經癒合的傷疤再次撕裂開來一般疼痛不已，淚流不已。於是，每每舉筆，又每每放下。如今，當歲月風沙的磨礪，使我終於坦然自若，有如講他人的故事似地，也來講講自己這段噩夢般長夜的經歷，講講救我於絕境中的許多恩人……

我清楚地記得，那是一九六九年八月二十九日的上午，儘管天氣很熱，只穿著短袖，可卻是一個讓我覺得永遠寒冷的秋天。我們八個班，四百多名學生，整齊劃一地站在操場上，大家都惴惴不安地在靜候著初中畢業後的去向……

其實，我們在學校裏從未正規地讀過一天書，不是批判，就是遊行，老師常常無奈地拿著一本「紅寶書」，領著我們整段整段地背著「最高指示」。可是，我們依然就這樣莫名其妙地初中畢業了，並且即將面臨分配。而掌握我們生殺大權的卻是錯別字連篇、老是喜歡叫女生個別談話趁機揩油的所謂「工宣隊」隊長。

此刻，裝得一本正經的工宣隊隊長，扯著沙啞的喉嚨在威嚴地嘶叫：「現在，我宣佈，繼續上高中的同學名單，唸到姓名的同學往左站……」

一陣騷動之後，約有三分之一的同學喜形於色地站到了左邊……

「現在，我再宣佈到工廠同學的名單，唸到姓名的同學往前站……」

又有三分之一的同學，興高采烈地往前走了幾步……

「最後，我再宣佈下農村去接受再教育的名單，唸到姓名的同學往右站……」

又是三分之一的同學很不情願地站到了右邊……

儘管我摒氣凝神地聳著耳朵聽著，可是一直沒有叫到我的名字。與我一起站在操場中間，被羞辱的還有二十多名同學。正當我們感到困惑之際，那工宣隊隊長又嘶叫起來：「剩下沒有唸到名字的都是家長有嚴重問題的『黑五類子弟』，並且個人表現又不好的同學。由於農村貧下中農不放心，不歡迎，暫時還無法安排。現勒令你們立即回家學習《毛主席語錄》，好好改造思想，不許亂說亂動，老老實實等候學校下一步分配的消息……」

「天啊！」這話語，對於當時只有十四歲多的我來說，無疑是一個晴天霹靂！

當時我二伯，也就是我的養父（因其無後，農村的生父將我過繼給他）——這個目不識丁的窮苦人，在清理階級隊伍時，由於經不起專案組人員的循循善誘，遂將自己曾被國民政府抓壯丁，而在警察護路部隊代理過一個多月的警長，並稀裏糊塗地集體加入過國民黨的過往，全都老老實實地「吐」了出來，另外還提起了年輕當兵時曾與一個苗族少婦相好的思念之情，以及被「和平解放」後返鄉遲了一步，村政府不分其田地的往事……

於是，可憐的伯父便成了懷念舊社會作威作福的日子，對新生紅色政權極端不滿，思想反動、頑固不化的「歷史反革命分子」。隨後就被押往單位集中勞動改造，與世音訊隔絕。而我，這個祖宗三代貧農的後代，一夜之間，也就成了「黑五類」的子弟。

更倒楣的事還在後頭。當時學校都要學生個個畫「三忠於」畫像，當時我費了老半天時間，才用鉛筆打好了虛線格子，中午要去吃飯，我拿著那張尚未成形的「聖紙」，因為住在上鋪，沒有箱子，不知放在何處是好，又怕別人偷去，想來想去，只有放在席子底下最為保險。誰知，這一舉動立即被一個同站區的同學報告給了工宣隊。那隊長氣勢洶洶趕來當場抓住了我的「現行」，並且氣急敗壞地說：「這還了得！反動家庭加反動行為……」

於是，當天下午，我就被送進了「小牛鬼蛇神」學習班。初中最後一個學期，許多同學都在課堂朗朗讀著《毛主席語錄》，而我們近三十個少年，卻要被工宣隊看守監視著從事拔草、掃地、沖水溝等原本應由工友幹的體力勞動。那些日子，我們只覺得屈辱的淚水總是在我們嫩稚的心頭流淌……

因為這個緣故，我至死也不會原諒那些製造「三忠於、四無限」的傢伙，至死也不會原諒那個居心險惡告密的壞蛋！！！

如果受了欺凌，有了委屈，能在母親的面前訴說，倒也還覺得人間有幾分溫暖。可我，當時連這個條件都沒有。因為伯娘在與二伯成家前就結過婚，也想將與已經去世前夫所生的兒子過繼為嗣。但倔強的二伯堅持血脈為上。於是，心胸狹窄的伯娘便將滿腔的怨恨無休止地發洩在我的身上，使我十歲時就不得不離家住校……

學校分配後的當天下午，我就收拾了簡單的行囊，乘坐貨車回到位於廣東雷州半島的河唇小站。可家門是鎖著的，等到天黑才見伯娘回來，她卻不許我邁進家門，並惡狠狠地要我自尋生路。她告訴我，伯父的工資已被單位扣發，如今她也是靠打零工度日，沒有能力養活我這個吃閒飯的。

望著黑沉沉的夜幕，身無分文，生身父母又遠在千里之外，我真不知如何是好……

正在我可憐巴巴之際，伯父的徒弟，一個叫黎維強的叔叔找到了我。他將我安頓在工區的學習室裏過夜，因為他也有三個孩子和母親，六口人擠住在一大一小的平房，很難再安排我到家中住宿。不久，他又叫兒子端來了一碗飯菜，儘管只是少許的空心菜，但我卻吃得淚流滿面。許多年了，黎叔早已被埋葬於黃土之下，可我始終記得他那碗情深義重的飯菜。有一次我請他的兒子喝酒，兩人喝著、喝著，講起過去的往事，我又抑制不住內心思念的情感痛哭起來……

卻說當夜，我躺在工區學習室裏的長凳之上，望著空洞洞的屋頂，聽著吱吱作響的老鼠叫聲，想來想去，最後，竟打定了爬火車回湖南老家的念頭。

迷迷糊糊之中，已是八月三十日的早晨，我恍惚聽到有人叫我，原來是同校同學張和平在不停地敲打窗戶。他也是因為父親被懷疑有歷史問題，被學校列為待分配的名單之一。他告訴我，海南生產建設兵團在廉江縣招工，問我：「願不願意一起去報名？」

「可是，我連坐車的錢也沒有，再說，人家會要我嗎？」我遲疑地說。

「怕什麼，我媽也去。另外，小石和他媽也去，到時她們會幫你說話，管你吃飯。」

於是，我和他們一起坐車來到廉江，經過一番輾轉打聽，終於找到了縣知青辦招工的地方。海南農場來招工的是一個中年男子，幹部模樣，臉龐黝黑，姓什麼我們不敢多問，只是覺得很和善。開始，他只同意張和平和小石，而我年小個矮，他怕受到上級批評，開始怎麼都不同意。

「你就可憐可憐這個孩子吧！不然，他真的活不下去了……」張和平的母親急得聲淚俱下地將我的情況向農場的招工幹部訴說了一番。末了，還加了一句：「你就發發善心，給他找個出路吧！」

「行！」招工幹部深思良久，終於應承了下來。他拿起了一張招工表，看我認認真真地填好，然後，交代我回去蓋上父親工作單位的公章，第二天一起趕到廉江，九月一日就出發奔赴海南農場。

（到農場後，由於是在連隊勞動，我沒有辦法打聽這位招工的幹部，只聽說他是白沙農場的。但是，我永遠記住了他那價值萬金說「行！」一字的勇氣。許多年後，當我也成為了一級黨組織的領導，或是一級人事勞動部門的幹部時，我更為深切地體會和感動這種人性化關懷的溫暖作用。因為當時一個簡單的拒絕，有可能就會使我產生絕望，走上歧途！）

於是，當天下午，我拿著招工表又找到黎叔。他帶我找到了父親工區的所謂「文革」領導小組長，請他幫忙蓋個公章，證明我是單位職工的子弟。然而，不管說了多少好話，他只是拿著招工表看來看去，突然，惡狠狠地丟到地下：「妄想！黑五類的子弟還想到解放軍的農場當兵……」

見此情景，黎叔趕緊撿起招工表，匆匆領我又回到了工區學習室裏。「怎麼辦呢？怎麼辦呢？」好心的黎叔右手握著拳頭，不停地擊打著左手的手掌，打得我心裏直發毛。整夜，又是在忐忑不安中度過……

我當時既痛苦也想不明白：是什麼作祟？一場號稱群眾自我教育的「文革」運動，竟使許多人完全泯滅了人性和良知；許多道貌岸然的偽君子，竟然連一絲愛心也沒有，恨不得將所有「黑五類」及其親屬都置於死地而後快！事後我才知道，伯父在專政學習班裏被打得更慘，而且，致使其餘生都離不開藥酒。

次日上午，就在我萬念俱灰之際，黎叔又找進房裏來了。「走，我們再去找一找工務領工區的楊領工員……」

懷著最後一線希望，我跟著黎叔來到了楊領工員的家中。黎叔又將經過說了一遍，也告訴了他本單位工區不肯蓋章的情況。

「這還讓不讓人活呀！老子反動，關兒子屁事！這是去解放軍農場接受再教育，又不是去幹壞事？來，這個公章我幫你蓋！」說著，他在招工表上面寫下了一行蒼勁的字句，然後取出了公章，用力地蓋了下去！

就在那一瞬間，淚水從我的眼眶唰的流了下來。不，是從我的心裏湧了出來！許多年後，人事部門怎麼也鬧不清楚，我一個水電單位的子弟，招工表上怎麼會變為工務單位的子弟，蓋著工務部門的公章。直到我費了不少口舌說明原委，方才豁然明白。

我謝過楊領工員伯伯，欣喜若狂地趕緊收拾一下簡單的行李，然後就與兩位同學和他們的母親一起來到了廉江。

第二天，也就是九月一日的上午，我和二十多名廉江知青，踏上了一輛開往湛江的班車。汽車站裏，滿是他人的來送別的親友。看著擁擠的車內和窗外人們眼裏閃動著的淚花，甚至他們依依不捨的抽泣，我只有冷漠以對，一心希望車子早點開動……

儘管沒有一個人來送我，但那父母送別子女的情景，卻永遠定格在我的記憶中。那一年，我還不滿十五歲，卻被剝奪了一切，包括親情……

我們是九月一日到達湛江，原定是九月二日過海，誰知突遇颱風襲擊，又在湛江待了三天。在這期間，伯娘可能是經不起人們的指責和勸說，與另外二位同學的母親坐火車來看過我一面，買了四個小小的沙梨留下。她走後不久，我就將梨子丟進了水溝。許多年後，當伯父病逝，我將她從湖南接來同住五年，儘管我始終沒有再叫她一聲母親，只是以女兒的奶奶相稱。可為了給她手術治病，我耗光了所有的積蓄，甚至以血換血，為她參加了兩次「獻血」活動，從而使她的手術治療能獲得免費多倍的用血量。在她去世臨終之際，她說了句讓我又是好一陣心酸落淚的話語。她說，她一生最愧疚、最後悔的，就是當年我遠走海南時，對我那麼狠心絕情……

九月五日上午，我們終於登上了駛往海口的「紅衛四號」輪船。每人的胸前都佩戴著大紅花，花下還有一條剪尾紅綢，上面印著「光榮參加海南生產建設」的字樣。從湛江兵站出發，陪同的還有我的鐵路兩個同學以及廉江來的二十多個知青。一路上，兩邊都是熱情洋溢、夾道歡迎的群眾。特別是湛江本市的知青家長更是依依不捨地與遠行的子女且行且說。本來兩人一列的縱隊竟變成四人或五人一列。

我們走了一個多鐘頭才到達湛江霞山港口的碼頭，此時，送別的人群已是隊形大亂。有兄弟握手揩淚的，有母女相擁而泣的，在鑼鼓喧天的熱鬧中，極不協調。原先帶隊的領導講好是按行進縱隊依次上船，最後根本分不清人來，只好吆喝著凡是戴紅花的人都趕快上船。好在與我一起來的同學和廉江知青的親人都在當地汽車站送別過了，沒有再來湛江送行，否則，我孤身一人遠行，又會難受好久。

我和兩位同學本來心情就不好，又在湛江待了三天，實在煩悶得很。上了客輪，我們就各自找到床鋪躺了下來，心裏只是盼著趕快開船，離開這個討厭的地方，到那個被人們說得好之又好的海南寶島去開始自己的新生。輪船離港之際，我們都沒站在欄杆邊上揮手告別，只是透過舷窗看了看遠去的湛江和被滿天陰霾壓抑得很低的天空。

如今想來，那種無奈下的被迫遠行，真不該是我們這些尚屬少年的知青該擁有的心情。我常想，如果有來生，真希望能生在一個風和日麗的季節，不要再經歷這荒唐和傷心歲月。此後，每當我和許多戰友、農友相聚之時，總會回憶起當年去海南兵團的情景，我們自然又會講到了這艘「永遠的紅衛輪」。然而，每次說著說著，我們的心頭都會湧起無限的感慨和悲愴。我們在為自己的劫後餘生慶幸之際，也為自己被無端剝奪讀書甚至是生存的權利而痛苦萬分。我們有時真想怒吼一聲：「不長眼的老天，請將我們的學生時代還來！」

但是，歷史就是歷史，時光永遠無法倒流！任憑我們千萬次追問假設，也無法找到答案，也不再想去尋找答案，我們只有勇敢地向前看！拚命地向前走！才能彌補歷史給我們造成的過失，才能彌合心靈的傷痛！

在此——我雙手合十，滿含熱淚，再次真誠地感謝在我人生苦澀的歲月，給予我溫暖關愛的好人！特別是那些已經遠行的前輩——我的恩人，願你們的在天之靈，永遠引導著我一路走好！也祈禱那艘曾經讓許多海南兵團知青刻骨銘心的，如今已漸行漸遠的「紅衛輪」，能平安地伴隨我們晚年的夢幻駛向人生的終點……

回憶七，六師二團知青**黎服兵**：

……當年妹妹是被我「騙」到海南的。至今想起，心裏仍隱隱作疼。一九六八年第一批廣州知青去海南的時候，妹妹才小學畢業，不夠下鄉條件，得以留在廣州。那時父母被關押審查，家裏兄弟姐妹四個，我是第一個要走的，妹妹留下要照顧兩個比她更小的弟弟，論走與留的艱難比較，她的擔子更重。走前一天，搜遍家中，僅有八元錢可用，妹妹硬要我帶走四元，餘下四元給她和兩個弟弟度日。其時家裏還有些破爛，賣到廢品收購站還能維持一段日子，我同意了。家裏的老保姆在最困難的時候不但沒有離開，反而用她積存十多年的工錢撫育我的弟妹，直到我父母解放，她把一個家完整地交回來，才到香港安度晚年。

剛到海南晨星的頭幾天，新鮮感還沒過去，廣闊天地，無邊無際的大森林，老工人講的猿人（人熊）傳說，和小時候聽講的「嗷巫婆」相同，更激發了我們的好奇心。待四十四中的農友到後，其中有個初一的男孩叫葉德華，善打彈弓，幾乎百步穿楊。有天中午，我倆溜進森林玩，想打些山雞、野兔，但中午動物們躲起來休息了，只有幾十隻松鼠在一棵大樹上跳來跳去。葉德華彈無虛發，打下好幾隻松鼠。松鼠肉並不好吃，松鼠的大尾巴倒是很漂亮，我把它留下來夾在信裏，信裏是一大篇海南的神話傳說加自己的想像，一起寄回家裏。

巧的是，在中建農場的表姐、表妹也在信裏夾了一根雉雞的翎毛給妹妹。妹妹更覺得海南有趣神奇了，死活不肯回校讀書，一門心思要來海南。結果一年後，她到了中建農場十隊，把自己送進了「虎口」。妹妹曾經是個性格很倔的丫頭，小時候經常和我搶爭東西，每月一期的《人民文學》和新出版的長篇小說，是我們爭搶的主要東西。歐陽山的《苦鬥》、曲波的《橋隆飆》，我們都爭到把書撕碎。那時候我十四，她十二。

稚氣未脫的中學生領著更幼稚的小學生在農場勞動，承擔起成年大漢也感到吃力的重體力活。歷史的誤會是如此殘酷，漂亮的夢想一夕打破，回到夢中已絕無可能，不論是被迫來的還是自願來的，到想脫離時誰也沒有優先權。

一晃八年過去，八年中兄妹倒也來往頻繁。晨星十隊到屯昌縣城大約二十五公里，中建十隊到屯昌縣城距離大致相當。沿途幾個生產隊都有同學，走動起來還不算辛苦，一路可以騙吃騙喝，交流串聯。以探望妹妹的名義請假，屯昌的農場除了南呂沒去，其餘都走遍了。主要靠雙腿，有機會也扒車。妹妹來看我會舒服些，女孩子攔車成功率高，基本不會失敗，基本是揚手即停。只是晨星場部到十連的十公里，汽車不來，拖拉機少到，只能走路。

兄妹見面的時間短於路上的時間，談話是在收工之後，能在晚飯時多一個鴨蛋煎的荷包蛋就是不錯的款待。中建十隊有個放鴨的知青林小明，喜歡打獵。碰巧了，吃過他打的「金雞蛇」（大蜥蜴）。那時兄妹間的話題不多，家裏父母的事是不敢提的，一說就是「一勺眼淚」，只能說同學農友的事，交換各自寫的詩歌。

妹妹寫新詩，我寫舊詩，互相交流倒也有趣。她寫詩的悟性和能力比我強，雖然是小學文化，然而詩歌這東西講的是靈性與天分，要求童真和單純，無拘無束，妹妹寫得一臉的陽光、一紙的快樂。這些，我差多了，滿眼憂患，一片黑暗，寫出來即是牢騷：「塊壘澆難化，仍是髮衝冠。」

海南兵團鼎盛時期組織知青出版過三種文學單行本，分別為詩歌集、小說集、戲劇集，由廣東人民出版社出版。小說集的作者有孔捷生等，書我沒見過；戲劇集的作者有曾應楓等，我在作者手裏見過書；詩歌集叫《火焰般的年華》，首篇選的就是妹妹的〈進京第一天〉，我仿《長征組歌》寫的《軍墾組歌》也收錄其中，書現在還保留著。那時出書沒有稿費，出版社寄了幾本書來，記得有本《桐柏英雄》，寫得不錯，後來電影《小花》即據此改編。

妹妹好玩，容易和人交朋友。後來屯昌送來了一批廣州小偷，都是未成年的孩子，每個農場分了十幾個。妹妹跟他們好得像江湖上的俠客，小偷們和她無話不談。妹妹來信告訴我，小偷的語言精彩絕倫：「姐，我以為海南島像瓶子那麼小，誰知進來就出不去了。」幾年後大家都回城了，那些小傢伙還會經常來我家做客。

妹妹的長處漸漸被農場領導發現，在大批知青回城無人可用的情況下，妹妹成了場部小報的主要工作人員。一個紮著小辮成天嘻嘻哈哈不知愁滋味的女孩，擔負起一張四開報紙採編刻印的全部工作，居然也辦得有聲有色。

八年後，終於輪到妹妹回城，到市交校讀汽車維修專業，學成留校當實習教師，天天鑽車底鼓搗發動機，早晚奔波於市郊嘉禾與文德路之間。算是擱下了，城市的灰暗代替了膠林的翠綠，日常的煩瑣代替了單純的激情。但她讀小說的熱情不改，「文革」結束後恢復出版一批中外小說，她為了買這批書可以幾天不上班在新華書店門前排隊，直到買全為止。

廣東人民出版社招校對員，妹妹考上了，直到前幾年得病，十幾年一直工作在校對崗位上。同學農友讀大學、讀研，她不去，知道自己文化低，白考；同事讀外語考職稱，中級、高級評上了，她不考，說不費那個勁。一直頂著個不用考的初級校對職稱做四校的工作，還是教育出版社的校對科副科長。

六年前妹妹得了癌症，挺了兩年終撒手塵寰。我到她辦公室收拾時，看到桌上壓著英國詩人蘭德的一首小詩：「我與誰都不爭，與誰爭我都不屑。雙手烤著生命之火取暖，火萎了，我也應該去了。」我明白了，妹妹一生喜歡文學，喜歡無拘無束、自由自在；不喜管閒事，不喜被人管。做人如此，夫復何求？

相對前面幾篇回憶，這篇是稍長了些。我曾經想節選，可每次細讀，都是淚水朦朧地不忍心剪裁。作者一氣呵成、滿是珍珠般的思念。更讓人感動的是，作者一九六八年第一批去海南之時，父母雙雙被關押審查，音訊隔絕，家裏還有一個十二歲的妹妹和比她更小的兩個弟弟。不難想像，當「紅衛輪」離別廣州之際，這位知青心裏是多麼難過，多麼牽掛！

其次感動的是，「走前一天，搜遍家中，僅有八元錢可用」，妹妹硬要他帶走四元，餘下四元給她和兩個弟弟度日。「其時家裏還有些破爛，賣到廢品收購站還能維持一段日子。」如此懂事而又會體貼哥哥的妹妹，真是楚楚可憐，讓人淚水奪眶。

更為痛心的是，僅是小學文化稚氣未脫的妹妹就被作者「騙」到海南，領著更幼稚的小學生在農場勞動，承擔起成年大漢也感到吃力的重體力活。而她，卻依然仗著靈性與天分，仗著童真和單純，無拘無束，將詩歌寫得一臉的陽光和一紙的快樂。而兄妹相聚，懂事的妹妹只是談談同學農友的趣事和交換各自創作的詩歌，從不提家中的父母境遇，唯恐引發兄妹那傷心的「一勺眼淚」。

當然，還有對那位在作者父母都被關押審查時不離不棄的老保姆，竟用她積存十多年的工錢撫育作者弟妹，直到其父母解放，又把一個家完整地交回，才到香港安度晚年。此等情深義重的老人，真可奉為母親啊！

最讓自由兄弟惋惜的是，老天有眼無珠，竟然讓病魔奪去了這麼一個樂觀豁達的小妹妹。我不知道，這其中是否與她過早地從事繁重的體力勞動和當時農場惡劣的生活環境有無聯繫？因為，二〇〇六年十一月，我在與連隊戰友相聚羊城時，席間，大家細細數算了一下，當初九十七人的連隊，竟走了二十三人，這其中大多數竟是病魔奪走的。

回憶八，知青**五月艾**的講述：

……那是一九六九年秋天的一個下午，我們幾個農友圍著一個大放悲聲的小姐妹，心裏酸酸的，卻不知道該怎樣安慰她。原來她母親瞞著她辦好了戶口遷移手續，直到第二天將啟程奔赴海南才告訴她實情。她急得大哭，問我們：該怎麼辦？是否可以躲到廁所去逃避這突如其來的命運安排？

當年她只有十三歲，剛上初一，由於家庭出身不好，她媽媽擔心女兒的前途命運，聽說海南生產建設兵團享受當兵的待遇，以為是給女兒找到了光明的前途，到處託人找關係，把本不應「上山下鄉」的女兒送到了海南生產建設兵團三師十團。

到農場後，剛開始她還有信給我們幾個小姐妹，隨著時間的推移漸漸失去了聯繫。我調回家鄉工作後，偶然一天在街上碰見她，叫她的名字卻不答應，只是用一雙直勾勾的眼睛望著我。原來她在海南得了重病，農場通知她母親去把她領了回來。至今她的病仍未見好轉，她母親深感痛悔，因為自己的「愛」，反而害了女兒一輩子……

可想而知，當年海南兵團的嚴酷生存條件，是怎樣地損害了這些兄弟姐妹的健康。對此，我常常痛苦地幻想能攔住那艘駛往天國的「紅衛輪」，讓它將載有海南兵團的兄弟姐妹全都留下，多給他們一些安享晚年的歲月，因為他們年輕時受了太多太多的苦難。然而，波濤洶湧，只有伴隨遠航的汽笛聲中，又隱約傳來那首十分熟悉的知青之歌**〈告別廣州〉**……

黑色的烏雲是岸邊的榕樹，白色的煙雲是奔騰的珠江。
我倆徘徊在長亭路上，多少話兒在心上沒法講。
再見吧廣州，再見吧珠江，
明天我就要離開你，奔向遙遠的地方。

不是我不愛你，親愛的廣州，不是我不愛你，心愛的姑娘，
明天我就要離開你，帶著期望，帶著傷痕，帶著惆悵。
再見吧廣州，再見吧姑娘，
明天我就要離開你，奔向遙遠的地方。

未來的日子不知道怎麼樣，心中話兒只有對自己講。
在這份悲憤和歎息中，有我的祝福，有我的留戀，還有希望，

再見吧廣州，再見吧珠江，
我要永遠地面對現實，奔向遙遠的地方。
再見吧廣州，再見吧珠江，
我要永遠地面對現實，奔向遙遠的地方……

第三節　在真誠的歡迎中，踏上彎彎的山路

憑心而論，不管是當時的農墾總局，還是後來的海南兵團，總之，上上下下，對知青們的到來都顯得十分高興。他們在當時有限的條件下，盡可能地表示歡迎的熱情。甚至連地方縣市有關部門都積極行動起來，從車船到食宿，盡可能為知青的到來運送提供方便。由於自由兄弟是隨著一九六九年第二波知青浪潮到的海南，在這之前的第一波知青浪潮，也就是一九六八年到兵團的前身，海南、湛江各農場，所看到一路情形，還是請大家來欣賞當時的知青**Fzz718**生動詳細的描述吧：

……第二天，也就是一九六八年十一月六日，我們乘坐「紅衛號」輪船從廣州出發，經過一天一夜的航行，次日清晨，在不知不覺之間，似乎天已亮了。知青們都朦朦朧朧地醒了過來。從舷窗上望出去，海天相連，白茫茫的一片。

「我們看日出吧！」有人提議。這是個好主意！大家一下子來了神，紛紛湧到甲板上。東方已經透亮，只是一片蒼茫，海天連接之處，竟分不出哪是海，哪是天。厚厚的雲層像嚴實的棉絮，看來日出是看

不成的了。此興一掃，也不記得餘下的時間是如何打發的了。只記得，下午二、三點的時分，隨著一聲發現新大陸似的驚呼，我們又一次湧上了甲板。是的，眼前出現了一片陸地，那不是哥倫布發現的新大陸，而是祖國的寶島海南島，那將是我們「上山下鄉」的地方。

輪船漸漸靠近碼頭，終於停泊下來了。我們得知，這就是海南島第一大港——秀英港。我們心目中海港的形象，是由「革命樣板戲」《海港》造就的。可眼前的秀英港卻沒有那種熱火朝天的繁忙景象，冷冷清清的，幾艘貨輪無聲無息地停泊在那兒。有些人在走動，不知是在幹什麼。幾臺大吊車呆立著，使我們無法體現《海港》中所唱的：「大吊車，真厲害，成噸的鋼鐵——它輕輕一抓就起來……」不知道現在是在抓革命，還是在促生產。

領導發下話來，我們還必須在船上再過一夜。「一切行動聽指揮」，無須解釋原因。不過，我們猜想，一定是接待安排工作跟不上了。這一夜是怎樣度過的，已失憶。

第三天（一九六八年十一月七日），遠處一陣響似一陣的鑼鼓聲把直至深夜才漸漸入睡的我們驚醒了，我們又一次從地鋪上、床上，一躍而起，爭先恐後地擠到小小的舷窗旁，使勁地朝響聲處望去。只見岸上像變戲法似的，昨天還冷冷清清，現在卻人頭湧動，彩旗飛舞。船上，人們一下子沸騰起來了，大家都一股腦兒地朝靠岸一側的甲板上湧去，努力睜大朦朧的雙眼，細看眼前的景象。真要感謝船舶設計師，在設計這艘船時，未卜先知，早已考慮到可能會有這一突如其來的巨大偏心距，否則非翻船不可。

雖然這裏離岸上至少還有上百米的距離，可我的眼尖，一下子就發現在敲鑼打鼓的人群中，有不少人的胸前掛著一個紅彤彤、金閃閃的毛主席紀念章，其直徑足有二三十釐米之大。雖然那時中國正處於形而上學「紅海洋」猖獗的年代，但我心裏對此還是大不以為然：難道像章越大就可以證明你對毛主席的感情越深嗎？太誇張了吧？但不屑之餘又竊想：能弄到一枚就好了。其實海南島雖小，但有不少東西與其他地方相比卻顯得很大，這在日後的生活與勞動中，我們便逐漸體驗到，再也不會少見多怪了。可以說，這也是海南的一大特色。不過這是後話了。

看到我們湧上甲板，岸上的鑼鼓敲得更歡了，還不斷傳來「熱烈歡迎」的口號聲。我們也向岸上熱情的人群招手致意。歡呼聲、口號聲遙相呼應，昨日沉悶的壞心情似乎又得到了調整，相信這時船上的大多數同學又都融進了這熱烈的氣氛中。

終於踏上了海南的土地，幾十輛卡車一陣風似地就把我們拉到了離秀英港有相當距離，在海口市近郊的農墾衛校，在那裏洗漱、用早餐，並安頓下來。因為「紅衛輪」上的嚴重超載、超時，我們已把船上的淡水消耗光了。

這所衛生學校設備簡陋落後，連自來水也沒有，我們洗漱只能在一口大水井旁進行。人太多，免不了要排隊。正當我在等候的間隙環視這四周的風光之時，卻發現了一處令人驚訝不已的風景——離井邊不遠，也就是十來米之外吧，有一排低矮的木結構小平房，那隨風飄過來的陣陣氣味和那進進出出的不斷更新的面孔，不難明白，這就是廁所了。然而，卻是間不分男女的廁所！這對於剛剛來自省城學校的我們來說，實在是件深感彆扭的事。

而更令人感到驚訝和無法接受的是：朝著我們方向開闔的那一扇扇的小木門，竟然不到一米的高度！坦然地暴露著蹲在裏面的人的上半身，而這些上半身們不但絲毫不感到羞澀，還大大方方地與等候在門外的熟人說說笑笑，或是無聊地審視著正在井邊洗漱的我們。看到這一情景，我們不禁目瞪口呆，臉熱心跳，這就是衛生學校?!我們只好草草洗漱之後強忍著從船上帶到島上來的便意落荒而逃，至於以後是如何解決的，已經記不清了。

儘管連日來在船上的顛簸，晚上又沒有休息好，但早餐的兩個小花捲一落肚，青春的活力就被激發起來了，誰也不願意大白天躺在那些硬梆梆的帶有一股子黴味的床鋪上睡大覺，急匆匆地都想立即逛海口市去。海口在我們心目中是個美麗的熱帶海濱城市，相信其風光一定出色無比。

我們一大群同學連蹦帶跳地衝到招待所旁的公路上，正在為該朝哪個方向走而各抒己見時，只見遠處開來一輛軍用卡車，車廂內空無一物。文化大革命中早已學會攔車，我們連想都沒想，呼啦一下就擁到了公路當中。軍車不知是有意還是無奈，「吱」的一聲在我們跟前急剎住，駕駛室內是一個長著一副娃娃臉的海軍「叔叔」，他善解人意，無須多言就讓我們像猴子一樣全攀上了他的車，然後開足馬力上路了。

熱帶的驕陽照耀著一張張充滿興奮的青春臉龐，撲面而來的是一陣陣潮熱的風。這個小小的勝利使我們興奮無比，不禁齊聲唱起歌來。隨著飛揚的歌聲，公路兩旁高大的椰子樹，棕櫚樹迅速地朝我們身後退去。又是一次剎車，車停下來了，望著不遠之處的樓房、街道，我們一下子就意識到海口市區到了。一聲歡呼，眾人紛紛從車廂內跳到公路上，也不知有沒有向好心載我們進城的解放軍叔叔道別，便連蹦帶跳地朝市區奔了過去。

其時的海口市，說實在的與我們心目中海濱城市似乎不怎麼對得上號。樓房低矮陳舊，馬路窄小雜亂。號稱「人民公園」的那個公園，充其量只有咱們廣州的一個街心公園——東山公園，那麼一丁點兒大。僅有的一間「大」點的商店，記得是間只有幾十平方米的平房，臨街的櫥窗談不上什麼裝潢，店內灰暗暗的，顯得毫無生氣。貨架上為數不多的商品，準確的叫法應是雜貨，上面落滿了厚厚的灰塵，無人問津。還是大上午，售貨員就已經懶洋洋地坐在角落裏無精打采，我們的到來絲毫不能使他們打起精神。

走在這座寶島首府城市的馬路上，除了感到不斷撲面而來的夾帶著泥塵的熱風之外，絲毫也感覺不到半丁點熱帶海島城市的浪漫情調。儘管我們已經儘量放慢了腳步，但還是不到一個小時就已經把這個城市的主要街道逛了個來回。可能當時仍處於「文化大革命」，物資緊張，生產停滯，人們的精力都放到「鬧革命」上去了，所以海口市留在我們記憶中的這種景觀，現在想來，也不足為怪了。

倒是路旁的貨郎擔子和水果小攤引起了我們的注意。先說貨郎擔子吧，在我的印象中，這玩意兒似乎僅適用於遠離城鎮交通不便的農村山區。那裏沒什麼商店，鄉村裏需要的日用小百貨、針頭線腦的，就得靠走家串戶的貨郎擔了。記得歌唱家郭頌就有一首頌揚貨郎擔的歌呢。想不到的是，海口市的街道兩旁卻居然有著為數不少的貨郎擔，裏面的東西花花綠綠的還挺多的，光顧的人也不少，與冷清的國營商店形成反差。貨郎（不一定是「郎」，大都是「娘」）還把一些彩色的什麼玩意兒掛在擔子的「把」上，風一吹嘩啦啦地飄動起來，老遠就能看到，這不但發出了「貨郎擔子在此」的資訊，還為這座城市增添了些許色彩。

然而，當我們湊上前去時才赫然發現，那些如彩旗般正在迎風招展的玩意兒，竟然是女士們在「特別的日子」裏——這是現代廣告裏的說法——所用的「特別的」用品！女同學們又一次臉熱心跳。聯想起早上井邊尷尬的一幕，覺得還真不知該如何理解這海南人民了。太開化還是太不開化？說不清楚。再以後，只要一發現有彩色的東西在街道旁晃動，我們都不約而同地出現條件反射，目不斜視，加快腳步趕緊通過，不敢再瞅上一眼。

讀者對此一定大惑不解：這有什麼見不得人的，充其量就是不太雅觀而已。跑什麼跑？莫名其妙。不是沒文化就是有心理障礙！還真說對了，雖然毛主席稱我們為「知識青年」，可我那時實際上才只有初中二年級的文化水平——真真是沒文化啊！再說了，那時哪像現在，滿街都是「做女人挺好」，「特別的日子，特別的關愛」。心理障礙由此形成。

很快，街上的水果攤引起了我們的興趣，它太有特色了。記得當時擺在海口市街道上的水果攤千篇一律，僅賣甘蔗和大楊桃。古怪的是，粗壯的黑甘蔗和肥嘟嘟的翠綠色大楊桃旁，總擺著一個裝滿乾辣椒碎拌鹽粒的粗瓷碗，不知當地人到底是把甘蔗還是楊桃，拿來沾著這又辣又鹹的玩意吃的？想像一下這甜酸鹹辣的怪味，不知樂趣何在？

尤其是粗瓷碗中，那小石頭般的稱為「鹽巴」的海鹽，著實讓我們又大開了一次眼界：在廣州，我們還真沒見過如此「壯實」的鹽粒呢，不知道的還以為是冰糖粒。那絕對是海水直接曬出來的結晶體，小的半立方釐米左右，大的卻足有一立方釐米甚至還要大，不那麼白，裏面夾著的雜物清晰可見，一粒粒的都顯得那麼有稜有角。如此大顆的「鹽巴」別說吃了，看一眼都覺得鹹。

攤主看到我們好奇的神情，一定是以為我們就要「幫襯」他了，興奮得手舞足蹈，抽出一根大甘蔗就要削，嘴裏還嘰哩呱啦地講著我們一點兒也聽不懂的海南話，嚇得我們連連擺手後退。在學校時，一直教育我們要艱苦樸素，不要隨便買零食。不過話說回來，當時我們真還沒有那個消費能力呢。

咕嚕作響的腸胃提醒我們（那時還沒有手錶這麼貴重的物品）觀光活動該告一段落了，該回去吃午飯了。抬頭看看天上那個火辣辣的大太陽，似乎比廣州的要大要熱，眼前被太陽曬得滾燙的發軟的柏油馬路，彷彿變得無邊無際了。又渴又餓的我們，進城時那副興致勃勃的笑臉，已換成了一張張無奈的苦瓜臉。

要命的是，那時海口還十分落後，城區窄小，人們出門上班辦事多是步行。整條大街上連自行車都少見，若誰家有一輛自行車，那可就與現今有部私家車那樣令人眼饞了。公共汽車更是稀罕物，我們在回去的路旁等了半天也沒見著它的影子。再想攔貨車吧，此時我們已沒有了進城時「大兵團」的優勢，早已化整為零，兩人一夥，三個一群的，所以這一手根本就不靈了。只得「下定決心，不怕犧牲，排除萬難，去爭取勝利」，徒步返回。好在衛校離海口市不是遠隔千山萬水，對於參加過「長征」串聯鍛鍊的我們——「濕濕碎」啦。

太陽終於下海了，涼爽的海風吹起來了，汽車把我們又拉到海口市。今晚，熱情的海南人民為歡迎第一批抵達祖國寶島的廣州知識青年，特意安排了一臺盛大的文藝晚會。晚會是在一座環形的體育館內進行的。記得整個體育館內座無虛席，人頭洶湧，鑼鼓咚咚，彩旗習習，紅衛兵戰旗飄飄，革命口號、革命歌曲此起彼落。

在海南行政區革委會（「文革」期間的最高權力機構）的負責人致歡迎詞後，我校初三的一位男同學代表全體今天抵達海南的廣州紅衛兵，上臺向海南人民表達我們響應毛主席的「上山下鄉，接受貧下中農再教育」的號召，滾一身泥巴，踩兩腳牛屎，磨兩手老繭，練一顆紅心，在廣闊天地裏做出大作為的決心。這一抑揚頓挫、錚錚有力的口號式的發言，將晚會的高潮推到了最高峰。

第二天的《南方日報》也報導了這個晚會的盛況，還有我們這位同學發言時的照片——不過順便指出，隨著這位同學父親的「解放」，他很快就離開了海南島。他並沒有機會，也不必有機會去實踐他的決心。他確實只是「代表」而已。接著是文藝演出。聽著和看著這「煽情」的發言和「文革」特色的歌舞，確實使我們的一腔熱血又都沸騰起來了。這地方是落後了點，但沒關係，「天下者我們的天下，國家者我們的國家」，我們不僅能砸爛一個舊世界，我們還會用自己的雙手創造出一個新世界。「屯墾戍邊」這是一個多麼光榮而艱巨的歷史使命啊。

過去我曾看過許多反映新中國年輕的一代人，捨棄大城市裏的舒適生活，到農村去，到邊疆去，到祖國最需要的地方去，為建設祖國而貢獻青春的電影和小說，他們朝氣蓬勃，滿懷革命豪情，不畏艱苦，不怕困難，與天鬥，與地鬥，與人（階級敵人）鬥的精神實在是鼓舞人。神秘的原始森林，星羅棋佈的墾荒篝火，熱火朝天的勞動場面，能歌善舞的少數民族……想像到這些，我的心早已飛向了那片還沒開墾的處女地，就盼著天亮就出發了。

第四天（一九六八年十一月七日），今天早上，我們按照早在廣州就已分配好的名單，各自登上將要去「落戶」的農場的大卡車，繞海口市一周，接受海口人民傾城出動迎送國賓般的夾道歡送。在震天動地的鑼鼓聲、口號聲，以及激發鬥志的革命歌曲聲中，只見海口市區的各主要街道的兩旁，擠滿了參加送行的人群。熱情的人們向車上的我們揮動著「紅寶書」，原本就不寬的馬路更顯得窄小了，我們的車隊只能在他們的中間緩緩地通過。看著這一張張親切的笑臉和一隻隻熱情揮動著的手，我不禁被這熱烈的氣氛所深深地感染了，覺得這情景多像電影中老區人民送紅軍上戰場的場面啊，頓時感到自己特光榮、特有使命感似的。相信不少同學的心情也和我是一樣的。大家就像即將出征的戰士一樣，心情激動卻神情凝重，也向街道兩旁的群眾不停地揮動著手中的「紅寶書」。

汽車終於離開海口開上公路了。海口離我們越來越遠了，大家剛開始還挺興奮的，嘰嘰喳喳地鬧個不停，但漸漸地就安靜下來了。二十多輛滿載知識青年的解放牌大卡車，迎著朝陽，奔馳在海南島「中線」的國防公路上，幾面醒目的紅衛兵戰旗被疾風拂得平展展的……

隨著一路的卡車顛簸，漸漸地公路兩側的山越來越高，雜草灌木越來越密，公路也越來越坎坷了。早上出發時浩浩蕩蕩的十幾輛車，也不知道什麼時候已僅剩下兩三輛了。原來我們早已到達屯昌縣境內，去其他農場的車輛早就各自奔向自己的目的地了。當時學校共七百多名同學，分配在屯昌縣的五個農場。

汽車在山路上一下左轉，一下右拐，忽而上坡，忽而又下坡。我們的雙手緊緊抓住卡車的欄杆，隨著車子大幅度地上下拋動、左右搖晃，道路兩側樹木的枝條還不時地向坐得高高的我們劈頭蓋腦地橫掃過來。走了好長好長的一段路，從未會過車，更未見著人，遠處的山坳裏除了高高的荒草就是密不透風的灌木叢，沒見著有什麼村落。車聲不時驚動了草叢中的不知什麼鳥，撲騰撲騰地竄出來，一下子又不知道鑽哪去了。車上沒有人說話，大家都目不轉睛地、若有所思地注視著車外的一切。

漸漸地公路兩旁的荒草被一片連著一片的高大茂密的樹林所代替，只見按一定距離整齊排列在山坡上的每一棵樹的樹身上，都有用鐵絲拴著的一隻白色小杯子，十分奇特。這是些什麼樹呢？有人說：這大概就是橡膠樹了吧。樹林裏靜悄悄，偶爾會見到遠處有個把工人拿著鋤頭在林蔭下幹著什麼，聽見汽車響聲，便停下來直起腰，向公路上張望。

前面的地勢漸漸變得較為平坦了，幾幢說不清外牆是什麼顏色的房子若隱若現，路上也可見到些行人了，不多，扛著鋤頭挑著柴還有青菜什麼的，邊往路邊靠邊好奇地看著車上的我們。汽車加快了速度，這時只見路的盡頭處出現了左右兩個磚砌的墩子，上面用不知是樹枝還是別的什麼紮了個拱，成為一個拱門，很像電影《英雄兒女》、《上甘嶺》裏出現的戰地指揮部的大門，所不同的是墩子上面用紅漆對稱地寫著：「屯墾戍邊，保衛祖國」，而不是「抗美援朝，保家衛國」。

我們從拱門下面穿越過去，在一排已經很有點年頭的像是辦公室的平房前，停了下來，司機從駕駛室裏跳下來，邊拍打身上的灰塵邊告訴我們：「中坤農場場部到了。」聽到聲響，幾個幹部模樣的人忙從室內走出來，幫助我們從車上往下卸行李。

這就是場部啦?!我茫然地四處張望：幾排低矮陳舊的平房，凹凸不平的土路，在已經十一月了但熱情仍絲毫不減的太陽的照耀下，四處顯得靜悄悄，只有蟬們的叫聲此起彼伏。偶見三三兩兩的人挑著水桶到井邊去洗菜、淘米、挑水，向我們投來好奇、友好的目光。時值晌午，一些房子的煙囱冒出了白白的炊煙，迎面吹來的陣陣熱風帶來了柴火乾草的味道。一切都平平靜靜、實實在在，簡單得不能再簡單。沒有歡迎的人群，甚至連歡迎的標語也見不到，人們都在有條不紊地幹著他們平日該幹的一切。

午飯是在一座飯堂兼禮堂的建築物裏進行的，這是我所看到的場部最大、最好的建築物了——雖然很舊，而且地面沒有鋪混凝土，估計它可以同時容納好幾百人。記得我坐在禮堂那造工粗糙的長凳上，看著那碗裝滿水煮大芥菜和又鹹又苦的米飯時，我幾天來的情緒突然降到了最低點。

從禮堂敞開的缺了玻璃的窗子望出去，遠處是連綿起伏的荒山野嶺，在正午烈日的直射下顯得發白。熱風打著旋，捲起路上的落葉和泥土，斷斷續續地從窗邊颮過，直吹得禮堂旁邊的幾叢高大茂密的野草（後來知道這叫芒草）「沙沙」作響。剛才在車上的一腔激情這時卻變成了一種空落落的感覺。聽說明天我們就要分到生產隊去了，生產隊又會是個什麼樣子呢？

突然間，我想家了，我們這是在哪啊？難道這就是我要生活一輩子的地方嗎？

唉，真可惜，Fzz718知青戰友這段一九六八年到海南農場的精彩回憶，正到引人入勝之時就戛然而止，缺少了一段知青到連隊的過程。但從其後來的述說中可以想像：連農場的場部都如此簡陋，連隊肯定也好不到哪裏去了。無奈，自由兄弟只有來個狗尾續貂，接上一段我們一九六九年知青到達海南兵團的過程。

說也巧，就在第一波廣州知青到達農場的十個月後，作為第二波大規模到海南兵團的第一批湛江知青，我們也於一九六九年九月五日抵達了海口，也是秀英港。只不過我們是傍晚五、六點鐘左右到的。

在長達七個多小時的海上航行之中，一路上，我們只能在船的右舷水天相接處，隱隱約約地看到雷州半島黛綠色般的岸影，而船的左舷則是一望無際的大海，船首犁起的驚濤駭浪不停「嘩—嘩—」地拍打著船身，時不時可見船邊的飛魚躍出海面，瞬間又沒入水中不見蹤影，引來知青們一陣陣地驚奇讚歎。也許是我們第一次見到如此波瀾壯闊的大海，大家都沒有暈船。只是感覺時間久了，有些枯燥乏味，急迫想快些到達海口。如今終於見到幾天來夢幻中的海南寶島，大家都興奮不已，全都歡呼雀躍「啊！啊！」地喊了起來……

此時，已近傍晚的海口城市，處處椰樹高聳，蕉葉低垂。由於人少車稀，顯得十分清新寧靜。夕陽的金輝照在有些奇特的建築屋頂上，顯得美麗極了，有些南洋異國的情調氛圍。給我印象最深的是入港處的燈塔，它在人們不經意間竟一閃一閃地率先亮了起來，不一會兒，好似在它的召喚之下，遠處城市的燈火也漸漸閃爍多了起來，待我們乘車來到瓊山學院住宿之處，到處已是繁星點點，夜風習習，美輪美奐，十分迷人。

我記得好像住的是一所學院，門口掛著橫幅，牆壁貼著標語，都是歡迎的字樣，好像還看見了海瑞墓碑。晚餐吃的是回鍋肉和椰菜，由於是新米大鍋飯，很好吃，我吃完一碗後又去盛了好多。只是在吃飯時廣播傳來了哀樂，讓人心裏陡然有些沉重——原來是越南人民的領袖胡志明去世了。反正身上沒有錢，我洗完澡就在學校臨時開設的床上睡了。臥具很簡單，只有席子、枕頭和棉巾。

次日早上六點多鐘，天剛濛濛亮，我們稀裏糊塗就被叫了起來。大家草草吃了一碗稀飯和兩個饅頭就爬上了一輛解放牌卡車，沿著海南島的西線公路一直向南、向南，繞臨高，過那大，再進白沙。印象之中的那時海南沒有如今這麼多的村莊房子，到處都是鬱鬱蔥蔥迷人的景色。

最令我難以忘懷的是卡車爬上九架大山的盤山公路，我第一眼看到原始熱帶雨林的壯麗景觀。只見高聳雲霄、狀如鋸齒的險峻山脈，一座追著一座在薄霧縹緲中直奔西線海岸，氣勢十分渾宏迷人。這些峰巒起伏的群山，除了公路兩側有少許的灌木林，幾乎全被原始森林所覆蓋，一直綿延到極目遠處。

密林深處，抬頭不見天日，毛竹、蔓生的灌木叢和芒草交織互生，間中有些古樹大得幾個人都抱不過來。在陰森幽深望不到頭的林莽之中，除了林濤、溪流的潺潺水聲，還隱約可聽到鳥鳴獸叫。而發源於大山深處的小河或山間小溪，千迴百轉於深山密林之中，途間大石迭置，灘潭相間，蜿蜒有致，河水清澈，瀑布眾多，再加之兩旁獨特的熱帶雨林風光，給人一種入目即畫、心曠神怡的美感……

下到白沙河谷盆地，車過金波還是龍江農場，我們第一次見到了萬頃碧波般的橡膠林帶，深綠色的樹葉遮天蔽日令人好不清爽，蔓延出來的枝條時不時將車棚打得叭叭作響。好心的司機聽見我們不斷發出「少見多怪」的叫喊聲，還特意停下車來，讓我們大驚小怪地、七嘴八舌地圍著膠樹議論了半大……

就這樣，我們一路顛簸了六個多小時，才來到了白沙縣牙叉農場場部，當時叫做四師八團。我記得，團部的軍人、幹部，還有許多人像迎接自己的孩子一樣，全都圍攏走了過來，爭先恐後地幫我們拿著本來並不算多也不算重的行李。記得好像政治部主任還講了一番歡迎的話語，之後是介紹前來接我們的指導員——他叫吳惠川。

那時的吳指導員可是年近四十，長得英俊瀟灑，神情和藹可親。可能他見我小，竟伸手一把將我從車上抱下來，從那一刻，我就喜歡上了他。三十年過去，我心裏始終記著這個漢子，記住這個我人生中的第一個路標。關於他對我和知青的關懷還是留到後面再說，現在還是先說我們初見白沙縣城的情景吧！

我記得，那天晚上在團部又是回鍋肉和椰菜。之後，我們都去縣城轉了一圈。白沙縣城很小，只有一條街，除了一間飯店還像個樣子，其他的房子又破又舊，有的還是茅草房。街上也沒什麼賣，我們什麼也沒有買。後來聽人說，這海南最窮的縣是瓊中，其次就是白沙，被人們戲稱為海南的「一窮（瓊）二白」。別看白沙縣面積很大，當時卻只有七萬人。除了各農場二萬多職工家屬，其他四萬多的人口都是黎族、苗族同胞，居住在深山老林。

我們的九連距團部有九公里多路，次日上午，汽車在農場推土機開出來的簡易公路上，緩慢地顛簸了近一個小時才看到連隊。途中，與我同來的一個同學小石分到了八連，我和張和平則分到九連。因為前不久颱風暴雨將簡易公路進連隊的木橋沖走了，汽車只好停在連隊的苗圃地的溪邊，我們開始忙不迭地從車上拿下自己的行李。

就在這時，只見指導員吆喝了幾聲，霎時，從連隊苗圃地裏湧出了許多廣州知青和黎族大哥——事後才知道這些黎族大哥都是縣武警中隊轉業的戰士，他們搶著幫我們將行李扛進了連隊。那情景實在親熱。見我瘦小，其中有個知青很快便給我起了個「馬溜仔」的外號，當時還惹得我很不高興。事後才知道，這個連隊幾乎人人都有外號，連受人尊敬的指導員都不能倖免。

這幫老隊友幫我們將行李扛進早已張羅好的房間之後，就迫不急待地邀請我們新來的知青跟他們進行排球比賽。事後我想，在那麼簡陋的條件下，這應該是他們最好的歡迎儀式吧！可惜我當時太小，不太會玩，而且那排球是正規比賽的硬排球，打在人的手上很疼。看見球落下來我根本不敢去打，於是很快就被換了下來，只在一旁看老隊友打得虎虎生風，好不精彩。

球賽結束之後，連隊招待我們的又是回鍋肉和椰菜。因為連續在途中吃了幾餐，我們新到的知青都有些反胃，而連隊的老隊友們卻像過年一樣吃得津津有味。我們好奇地問過之後，才知道前幾天的那場颱風使大家已吃了幾天的豆醬，這些豬肉和椰菜還是沾了我們新來乍到的光，是團裏特意從海口隨車帶來的。

吃完晚飯，我四處溜達，這才仔細地看清了連隊的模樣。在四周群山環抱的一個盆地之間，有一條小溪呈S狀地流過。溪水旁邊，有兩幢茅草房，一幢是伙房，另一幢是倉庫。中間是一個籃球場般大小的泥巴操場，操場邊又有兩排茅草房，每排草房大約有十間住房。在兩排並列的茅草房之間，順著土坡又有一排縱向的茅草房，這是我們的宿舍。若是從山巔俯瞰，活像一個大大的「幹」字。在離住房稍遠的地方，還有一個簡易的豬舍和牛欄，裏面關著幾頭小豬和水牛。

讓我感到驚奇的是，這茅草房簡陋得十分奇特，完全沿襲了當地黎族山民的風格。它用不著砌磚蓋瓦，只在地上每隔三四米挖出幾個深洞，然後將一根二三十公分粗的上部有椏杈的樹木插入洞內，然後填土夯實。再在木杈上橫架一條圓木，中間的高約四米，兩側卻是兩米多高，與中間大概呈四十五度角，然後順著圓木架上十多公分粗的順條，順條上再綁上五六公分粗的橫條，橫條上再綁上三四公分粗的小木條，上面再蓋上用剖開成細條的竹篾夾住的茅草，每塊茅草一二米長。沿著屋簷一塊一塊地用竹篾綁在橫條上，一直蓋滿整個屋頂。由於海南島的颱風很多，還得在茅草上面壓上竹子綁牢，以防颱風吹起茅草。但是颱風大的時候，茅草房子還是免不了被掀開一個一個的缺口，這時就得割茅草再將它補上。

這茅草住房的牆壁也是別具一格，工序簡單。沿著房屋四周每隔兩米多的地方埋下一根木樁，然後將木樁上端綁在橫木之上。再在木樁與木樁之間，每隔二三十公分綁上一根竹子，再用稻草或茅草和著已經踩得稀爛的黃泥整塊整塊地搭在竹子上，當稻草裹著的黃泥搭到超過人頂時，最後用一些稀泥將空洞和凹凸不平的地方抹平整，牆壁就算搭建完工，然後安上竹門，就是一間間的住房了。這樣的牆壁十分單薄，不足十公分厚，而且四處透風。最為可怕的是，裏面的稻草空隙，很容易成為蜈蚣、蠍子和蜘蛛等毒蟲的藏身之處。這在後來的日子已經成為見多不怪的現象。

我們的床鋪也是十分奇特簡單，在住房的泥地上挖洞埋上四根木杈，上面架上兩根橫木，再鋪上木棉樹床板，就是一架床鋪了。由於木棉樹床板太寬，沒過多久，床板就會左拱右翹起來，我們只好用木屑墊在下面保持不給它晃動，實在不行就再換一塊。這種茅草房，夏天沒有雨的時候還可以對付，可是一到冬天或雨天就很難擋風遮雨，風雨簡直是穿房而過，呼呼作響地讓人真有些擔驚受怕。

開始，我以為只有我們連隊住著這種茅草房，後來才瞭解到，幾乎全團甚至整個海南島西南部山區新建的連隊，都是住的這種大同小異的茅草泥巴房。一九七一年夏天，我到東方縣抱板去看已經調到師部後勤連隊當事務長的同學，本以為他們住的應該比我們好些，沒想到也是一樣茅草泥巴房。由於他們的住地位於西海岸平原，太陽猛烈，暑氣難以揮發，整個晚上都是十分悶熱，根本無法睡覺，儘管老同學招待得不錯，可我還是趕緊離開返回了白沙。

這種茅草房除了容易漏雨透風、潛藏毒蟲之外，還有一個極為致命的弱點，就是怕火，時有火燒茅草房的事故發生。知青**陳興光**在〈**火燒茅草房**〉中有可怕的描述：

一九六九年，又一大批知青來到了海南兵團剛組建不久的新團，人員組成絕大部分是各城市知青及年輕的退伍兵，內部稱「青年團」。

知青們剛到農場一個多星期，團裏組織生產大會戰，幾乎集合了全團所有的勞動力進軍原始森林，任務是：砍伐森林，開發山地，種植橡膠。知青們因環境轉換太快，一切感到突然和新奇，在退伍兵的帶領下，迅速地住進了平生第一次的新居所——茅草房。

當天下午，大家為適應睡眠環境，反覆地整理集體大床鋪，墊平床板，掛好蚊帳。因每個茅草房住上五十多人，故叮叮噹噹地響個不停。走出房外不遠處，是一片原始森林，森林中大樹參天，野藤遍掛，鳥兒在隨意紛飛，松鼠在輕鬆跳躍，這一切，等待我們的將是「舊貌換新顏」。

然而就在下午約三點鐘，知青們因從周圍各連隊徒步十幾里來到會戰場地，早有倦意，正欲休息，突然，南面茅草房傳來一陣雜亂的呼喊聲和腳步聲，聲音越來越大，大家感覺不對勁，知青們紛紛走出茅草房去看個究竟，有不少人還光著膀子、穿著褲衩。但眾人立即被南面茅草房的火光嚇住了，呆在原地一動不動。只見有不少人慌亂地提著鐵桶、臉盆到旁邊河溝提水，欲將火撲滅。但此時有點不自量力，既無濟於事，且十分危險。火勢迅速蔓延，一轉眼整間茅草房已燒了起來。

這時，團領導（現役軍人）立即分頭指揮各間茅草房人員迅速撤離，有經驗的人都立馬回房抓一把衣服逃出房外，呼喊聲、腳步聲、物件的碰撞聲響成一片。不到一支煙的工夫，沖天的火苗伴隨著呼呼風聲，把連成一片的七八棟茅草房燒成了火海，正所謂「火燒連營」。俗語說：「火燒茅寮就矛（沒）了」，根本無法撲救。

此時的呼喊聲漸漸轉變為哭叫聲，在站著的一堆堆的人群中，女人的哭聲特別尖亮而悽慘，喊爹喊娘，捶胸頓足，有不少女同志抱成一團，哭聲一浪高過一浪。火勢固然嚇人，但這哭聲聽來也令人心碎。

團領導們集中在一塊正緊張地清查是否有人未走出茅草房或被燒傷。當聽到那一片特別集中的哭喊聲時，特地走過去詢問情況。原來，這近二百人中，清一色的女知青，她們幾乎都空著手逃離茅草房，所有被鋪都燒光了。她們都來自同一個城市，且剛到十天時間。團領導的到來，她們非但沒有停止哭喊，反而哭得更響，好像找到機會直接向團領導哭訴心中的痛苦。團領導們面對此情此景，顯得有點無奈，默視著知青們抱頭痛哭，也不知道她們會哭到何時才會停止。

團參謀長是位威嚴的軍人，一看就是個剛強漢子。也許是歷來討厭別人哭喊流淚，對於這一片哭喊聲，先是同情，爾後是默許。但後來見哭喊像是無休止似的，開始感到煩躁，轉而有點惱火。突然，他大喊一聲：「不要哭了！哭什麼！」這一帶怒吼的喊聲，頓時壓住了一片哭喊聲，暫時安靜了下來，知青們男男女女都噙著眼淚望著團領導。

團領導趁此機會，端詳起這一群知青們來，彷彿此時才看清她們的真面孔，才真正認識這群知青們。「啊，你們不是一群孩子嗎！？」團政委失聲發問，「怎麼個個都這麼瘦小，像個學生？」政委略帶委婉地邊說邊走近知青們面前，指了指幾個男女知青繼續問：「你們都幾歲了？讀了幾年書？」有個男知青回答：「我十四歲。」怕政委不相信，又加上一句：「五六年出生的。」「我也是十四歲。」另一個女知青接著說。「我十五歲，初二剛讀完。」「我也十五歲。」……知青們有點激動，用手擦著眼淚爭著說著。

政委一聽怔住了，簡直不敢相信自己的耳朵，接著問道：「都是十四五歲的孩子，你們為什麼初中未畢業就來啦？」「現在讀書都是勞動，反正要上山下鄉，遲來不如早來。」膽子大點的男知青搶著回答。政委聽到此話，好像被林中的荊棘刺中了傷口，心中一陣酸楚，眼珠子轉了幾下，在火光的映照下，清楚地看得出噙著眼淚，忍著不讓流出。

政委直起了腰板，抬起頭，後退了兩步，揮起右手，大聲喊道：「你們還只是孩子，是學生，不是知青！你們要回去讀書！立刻就回去讀書！」這聲音，由於激動有點沙啞，帶點顫抖，但很響亮，像晴空中響起一陣驚雷，在第一次碰到人類大刀闊斧砍伐的原始森林中，久久迴響。

沒幾天，該城市知青辦的有關領導因送走這批知青才剛回到家，便接到火災的急救電話，又急匆匆地趕到團部，與團領導商談如何妥善處理有關問題。據說，該市的知青辦領導堅持認為這批知青學業已停了，戶口已遷了，再加上要貫徹最高指示等其他原因，難以再辦手續送回去。此事也就不了了之，孩子們也只好繼續走著她們的「上山下鄉」之路。後來，這些知識青年「上山下鄉」，一直延續到一九七五年。

對於這位政委要求當時還屬孩子們的知青回去讀書的怒吼，自由兄弟在感動之餘，又是幾分感傷。唉！當時國已不國，又到哪裏去讀書？還是不提它了！說到火災，我所在的連隊小溪邊的大伙房也曾發生過。只是因為中間隔了一個操場，大火沒有蔓延到我們所住的茅草房宿舍。而且因為靠近溪流，大火很快就被撲滅，只是燒了一些茅草、桁條，花了幾天的工夫就又修復好了。

如今，我夢中最為懷念的依然是伙房邊的那條清澈見底的小溪，它總是不知疲倦地在嘩啦啦地流動。好像是一個調皮的嬰兒，老是在伊伊呀呀地學著話語。由於還是少年，有事沒事我都喜歡到溪澗去玩耍一會，隱約可見幾條不知名的小魚在水中游弋，我試著抓住牠們，可總是抓牠們不著。

由於這條小溪是我們日常生活的源泉，到連隊的第一天，和藹可親的指導員就給我們嚴肅地宣佈了一條日常用水規則：以橄欖樹為界的上游，是伙房取水的位置，誰都不可到上游洗澡、洗衣。中間是男人洗澡用水的地方，然後隔著一塊岩石溪流拐彎有樹叢隱蔽的地方，是女知青洗澡、洗衣的地方。誰也不能越界。

於是，每當傍晚收工回來的時候，我們就光溜溜地躺在溪水中，任憑溪流沖刷著滿身的污垢和汗水，心裏愜意極了。有時也會有人好奇地望著根本看不到任何身影的下游拐彎處，說些膽大妄為的話語，但誰也不敢亂來。

可惜我二〇〇三年再回連隊的時候，這條小溪已經完全改變了流向，再也看不到它原來清澈寧靜的模樣。一問，原來是上游新修了一個水庫，如今的水流是從溢洪渠道流出來的。

現在想來，我們九連駐地簡直就是一個純淨的氧吧，那裏的空氣清新極了，到處都是茂密的原始森林，沒有汽車，沒有工廠，周圍幾公里都沒有村莊和人煙。除了我們的日常生活，整個盆地沒有一點人為的污染。記得到連隊不久，按照兵團上級的指示，要對墾荒的山地進行勘察繪圖，指導員照顧我跟團部派來的技術員拿標杆搞林地測量，我從五萬分之一的軍用地圖上，才知道連隊周圍山嶺，有四座超過一千米以上；其中有兩座我還記得名字，一座叫「鵝尖峰」，一座叫「對鵝嶺」，另外兩座名字忘了。在鵝尖峰頂處，我還撿到一副漂亮的馬鹿犄角，用它來做了不少的煙嘴。現在想來真感到有些自豪，整個海南島只有八十一座超過一千米的山峰，我們連隊周圍就占了四座。

由於地處高山密林深處，夜晚涼爽，清晨寒冷，幾乎一年四季都要蓋上被子。晚上，躺在床上，望著漆黑深邃裏滿霧氣的屋頂，帶著一股無端地湧上心頭的思鄉情緒，聽著寂靜的山谷傳來一兩聲不知名的夜鳥的啼鳴，你有時簡直就會感覺這是一個與世隔絕的世外桃源。然而，同兵團許多知青一樣，我們並不知道，在這黎母嶺的熱帶雨林腹地，甚至整個海南島的地區，處處都潛伏著未知的危險；有的危險根本出乎意料，甚至猝不及防，要讓我們許多年輕幼稚的知青，付出生命慘痛的代價。這是我們後來幾年在艱苦的墾荒種植的歷程中才深深感觸到的事實⋯⋯

次日，連隊安排所有人員修整駐地旁邊山坡的苗圃，和藹可親的吳指導員看著我僅一米五高的個子，比劃著將鋤頭把連鋸了三次，又好幾次刨小了鋤把，才放心地遞到了我的手中。

這一天，是一九六九年九月八日，恰是我十五歲的生日。一個幾乎走投無路的少年，一個披著「黑五類」罩衣的子弟，一個實際只有高小文化程度的知青，便混進了海南生產建設兵團，成為了當時全團年齡最小的戰士。而我的戶口和畢業證，是幾個月後伯父才託人轉到農場的。

第四章　年輕生命與野性自然的慘烈搏擊

日月如梭，光陰似箭，轉眼四十周年。

從一九七四年九月離開海南島，自由兄弟先後又六次回過海南，但大多數走的都是觀光旅遊路線。記得二〇〇二年秋季，我和單位同事一起前往海南觀光考察，在興隆亞洲風情園參觀小憩，大家在聽導遊介紹剛才園中那些歌舞演員都是農場工人時，有位小伙得知我曾在海南農場待過，好不羨慕地說：「領導，你真幸福，『上山下鄉』來到這麼美的地方，天天有咖啡、椰奶品嚐，還有美女相陪，要是我，打死也不回去……」

「幸福？你不知道，當年我們的工作生活環境，可不是這般輕鬆，要比你們現在的工作艱苦十倍。」

「沒有吧，領導，你太誇張了吧？」

「唉，怎麼才能跟你們這些年輕人說得明白喲！……」我只好陷入沉默之中，獨自抽著香煙不再解釋。

是啊，在現在的外地遊人看來，這海南島四季如春，瓜果飄香，藍天白雲，碧波沙灘，就是天氣熱一點，卻是處處舒適宜人，那有什麼危險恐怖？

然而，人們並不知道，就在觸目遠處高山的熱帶雨林中，當年我們可是在用年輕的生命與野性的自然進行慘烈的抗爭。其英勇頑強程度並不亞於當年的老軍工和老農工。因為比較而言，絕大多數知青從小到大都生活在城鎮，不像老軍工和農工大多數來自農村，有著較為豐富的野外作業和應付突發事件的經驗，所以，我們在複雜的熱帶雨林之中，往往受到的傷害也較多。往事歷歷在目，實在不堪回首。

第一節　瘧疾，流行全島的第一病魔

就目前來說，大陸已少有瘧疾流行。但海南島至今卻依然為瘧疾高發區，一年四季皆有瘧疾發生。瘧疾又名「打擺子」，是地球上發生最頻繁的寄生蟲病。這是一種由生活在熱帶雨林的蚊子傳播的，有潛在致命危險的疾病。曾經是嚴重威脅人類生命安全的流行疾病，即使是現在，每年在全球仍有五億宗的病例發生，導致超過一百萬人死亡，其造成的死亡人數，僅次於愛滋病。

瘧疾是由稱為瘧原蟲的一種單細胞寄生蟲造成的。雌蚊在叮咬獲取育卵所需血液時從受感染者那裏染上這種寄生蟲。在蚊子體內，瘧原蟲進一步發育，經過十至十四天或者更久後即發育成熟。當這隻蚊子再次享用牠的人血大餐時，這些瘧原蟲便又能夠與其唾液混合並進入被叮咬者的血液中，感染其新的宿主。在人類宿主身體裏面，瘧原蟲會經歷一系列的變化。

瘧原蟲繁多的發育階段使得牠能夠躲避免疫系統的防護，感染肝臟、紅細胞。被攜帶有瘧原蟲的蚊子叮咬九至十四天後，瘧疾的症狀便開始出現，儘管因瘧原蟲種類不同，出現的天數及症狀會有所不同。最典型的是，瘧疾使人產生高燒、頭痛、嘔吐及其牠跟流感很相似的症狀。如果不能得到藥物治療，或者是瘧原蟲存在抗藥性的話，感染症狀便會很快發展到威脅病人的生命。瘧疾之所以能夠致人於死地，是由於它會感染並破壞紅細胞（導致貧血），堵塞向大腦或其他重要器官輸送血液的毛細血管。

在海南島的熱帶雨林，有很多瘧蚊和其他蚊子，據說總共有近四十種。無論白天或晚上都會有蚊子叮你，只要你稍坐下來，頭頂就會有一堆蚊子在盤旋嗡叫，有時還會跟你一路同行，好不叫人心煩。而瘧疾的症狀也有七八種之多，主要是因原蟲株、感染程度、免疫狀況和機體反應性等的不同而有差異，臨床的症狀和發作規律也表現不一。

常見的有間日瘧：多急起，復發者尤然。初次感染者常有前驅症狀，如乏力、倦怠、打呵欠；頭痛、四肢痠痛；食慾不振、腹部不適或腹瀉；不規則低熱。一般持續二至三天，長者一週，隨後轉為典型發作。分為三期，先是發冷期：驟感畏寒，四肢末端發涼，迅覺背部、全身發冷。皮膚起雞皮疙瘩，口唇、指甲發紺，顏面蒼白，全身肌肉、關節痠痛。次是發熱期：冷感消失以後，面色轉紅，紫紺消失，體溫迅速上升，通常發冷越顯著，則體溫就越高，可達四十攝氏度以上。再是出汗期：高熱後期，顏面手心微汗，隨後遍及全身，大汗淋漓，衣服濕透，約二至三小時體溫降低，常至三五點五攝氏度。患者感覺舒適，但十分睏倦，常安然入睡。

另外，還有三日瘧、每月瘧、數月瘧等幾種瘧疾。三日瘧發作與間日瘧相似，但為三日發作一次，發作多在早晨，持續幾個小時或一定時間病徵自然消失。當地黎、苗族同胞由於文化知識落後，不瞭解其中緣故，常常以為是「鬼魂附體」，便請來法師、道公殺公雞滴血驅鬼。經過法師、道公的一番折騰，患者症狀減輕了許多，甚至完全消失，於是，眾人都以為是法師、道公的法力驅走了鬼神，個個迷信崇拜得不行。其實，這種病脾大、貧血較輕，但復發率很高，較難治癒。且常有蛋白尿，很容易造成脾大、貧血，引發瘧疾腎病等其他混合感染病徵。

每月瘧、數月瘧等瘧疾，發作與間隔時間較長，且發作時間有週期規律，一天或幾天，經吃藥治療後，其症狀便可很快消失，之後又定期復發，也會引起一些併發症。

惡性瘧疾治療不好隨時會有生命危險，死亡率高達百分之三十以上。一旦發病，就不得不使用奎寧類的西藥。這種藥雖然能有效殺死瘧原蟲，但副作用很大，影響身體健康。凡是到過海南兵團的知青，許多人都受過瘧疾的威脅，尤其是地處五指山、黎母嶺等熱帶雨林地區，生活條件十分簡陋的六師、四師和三師下屬各團更多。

講到這種傳染疾病，一位三師的知青至今還心有餘悸。他深有體會地說：

那年大會戰，白天挖穴或種膠苗，每人都有一定的指標任務的。不過，我身為連隊報導員，還可以偷偷懶，躲到樹下寫寫有關大會戰的好人好事草稿，不用計指標。但晚上卻要整理抄好，第二天上交指揮部，有時只好晚上通宵加班。也許就是這種熬夜，被瘧蚊叮得太多，我得了「間日瘧」這病。當初不知道是瘧疾，第一次發冷發熱時還硬撐著。第二次發病，才得知是瘧疾，就到衛生室要奎寧吃，一吃就好了。

就這樣，如同女人來例假那樣，以後每個月的二十四日和二十六日或二十五日和二十七日，都有發冷發熱的症狀。回廣州探家的二十多天，也只好挑這兩次發病的間隙回家，好回連隊吃藥。有次探家沒這樣做，在廣州看了病，家裏就有醫務人員趕上門來噴藥消毒，還連累了家人、鄰居也要跟著吃預防藥，有關部門還鄭重地將傳染病卡寄到了連隊，要求連隊做好對我的隔離工作，笑得大家前仰後翻。

苦惱的是，直到我回城後，還有一段時間老定期發病，又治不好。最後是在孫逸仙醫院檢查出我的血裏仍有間日瘧原蟲卵，吃了一個療程的藥就完全好了。就是這七年每月吃的藥，使我落得了現在耳鳴不斷，身體欠佳。

但是因為患上了這病，讓我得到了連隊女衛生員那溫柔的關照。有次高燒不退，她用酒精對我通身擦拭降溫，還要脫我的內褲。但，我本能的羞恥心，立即制止了。當時，馬上有一閃念：如果她再次要脫的話，我不會拒絕醫生的治療的。這是當年我青春驛動的心所思所想。可惜她再沒有這樣做。但她當時給我的柔情，我一生都不會忘懷。

瞧，這位兄弟也真是可憐，因為患上了瘧疾，探家還惹出這麼大的麻煩，又冤枉吃了七年的藥。不過能夠享受女衛生員溫柔的關照，也是一種美好幸福的回憶……

前不久，在桂林，與我一同下到九連的張和平也談到這一可怕的疾病，他頗為感慨地說，那真是有種「死了一回」的感覺。那是他才到連隊兩個多月，莫名其妙地就總感覺全身乏力，十分疲倦，老打呵欠；還時常頭痛，四肢痠痛；吃飯也沒有味道，有時還拉肚子，發起低燒。開始他以為是自己感冒，就到衛生所去要了一些感冒藥吃，吃了感覺好一些，但過了二三天又是如此。

當時連隊的衛生員老周認為他的感冒有些不太對勁，就叫他到團部衛生隊抽血化驗一下，看看到底是得了什麼病。於是，他便獨自向團部走去。誰知剛走到八連公路拐彎的大上坡處，就驟然感到寒意襲人。先為四肢末端發涼，迅速感覺背部和全身發冷，連皮膚都冷起了雞皮疙瘩，口唇、指甲發紺，顏面蒼白，全身肌肉、關節痠痛得幾乎邁不開步。此時，他很想就地躺下來休息，但陰森森的山路上空無一人，萬一遇上毒蛇野獸更是不堪設想。

於是，他不停地鼓勵自己，無論如何都要咬緊牙關走到團部，否則就會死在這陰森恐怖的熱帶雨林之中。他撿了根枯枝當作拐杖，咬緊牙關，一步一挪，迷迷糊糊地走了三個多小時，才走完九公里多的山路，終於來到了團衛生隊的門診室裏。此時，他全身又開始發燙，面色轉紅，紫紺消失，體溫迅速上升，頓時再也支撐不住地躺在急診床上。醫生一量體溫，三十九度九，再進行血檢，當即診斷為惡性瘧疾，馬上安排住院治療。緊接著是打針、吃藥……

高熱過後，他只覺得顏面、手心開始出汗，隨後遍及全身，大汗淋漓，衣服濕透，大約二三個小時後體溫稍有降低，又吃了一大堆的中藥、西藥，感覺舒適，但十分睏倦，便安然入睡。誰料，過了一段時間，又是全身發冷，之後又是全身發熱，整整七天七夜，他都是這樣周而復始、騰雲駕霧般地受著瘧疾的折磨。更糟糕的是，由於走來衛生隊時並沒有打算住院，他連換洗的衣服都沒有帶，只好穿著一件背心在病床上躺著。直到第八天，當他終於感到自己戰勝了瘧疾，有些輕鬆地想脫掉身上那件酸臭的背心之時，才發現早已被汗水浸泡得粘在了身上，而且已經黴爛得成了碎布條條。

他說：「當時，為了這件新的背心，我還傷心難過了好久。因為當時新買一件背心，不僅要近兩元錢，還要布票。現在想來覺得真是有些好笑，連命都差點丟了，竟然可惜一條背心。」而我聽了，感覺到又心酸又害怕，我說：「早知惡性瘧疾發作那麼厲害，你那天真不該獨自撐著走到團部衛生隊去。而應該找我作伴或是電話通知團部派車。不然，暈厥在山路上死了都無人知道。」張和平感慨地說：「是呀！這就是年輕不懂事的證明。」

同張和平一樣，我也曾在海南受到過瘧疾的折磨，但卻要比他幸運得多。儘管已經近四十年過去，可我始終難以忘記當時的情景：那是一九七〇年的夏天，我的同學石連成調到團部警通班，張和平也調到武裝連去了，而我則被指導員提名當了一班副班長不久。此時，班長符黨照被抽出到其他連隊搞整黨建黨工作組，我領著班裏的男同志正在連隊對面的山坡上用鋼釺插洞裝炸藥炸穴。

早在前幾天，我就常常覺得全身乏力，十分疲倦，還時常頭痛低燒，四肢痠痛，有時連飯也不想吃。我很想請病假休息休息，可想到班長不在，還是咬著牙堅持走上了工地。正當我吃力地用鋼釺插著炸穴的砲眼時，忽然覺得全身發冷、手足無力，而且頭暈目眩地倒在了地上……

等我醒來時，才發現已經躺在自己茅草房的宿舍床鋪。

「謝天謝地！你總算醒了過來。」在我的床前，連隊衛生員李平君輕輕地舒了一口氣說。

「我這是怎麼啦？」我下意識地想爬起來，可是全身軟綿綿的沒有一點力氣。

「別動，你得的是惡性瘧疾。剛才高燒達到四十度三，已經昏睡了半天，挺嚇人的……」「瘧疾?!」我翻了翻眼睛，想起了這種在當時海南十分流行的疾病。這種病初次發作沒有多少徵兆，常常誤以為感冒，可一旦發作起來便十分可怕。它時冷時熱，熱時高燒久久不退並且大汗淋漓，冷時蓋上三床棉被依然牙齒打戰。它主要是破壞人的免疫系統，曾經聽說本團裏有的知青因此丟掉了性命，還有的因此落下了後遺症。

果然，沒過多久，我就感到全身發冷，趕緊扯起床上的被子蓋在身上，可是還是冷得不行。

「你別緊張，我來給你再加一點東西。」李平君姐姐一邊安慰我，一邊從我的破木箱裏翻出了一床棉毯蓋上，然後又轉到到衛生室裏抱來一床軍棉被蓋在上面。

「這樣暖和多了吧？」

「唔。」雖然冷得牙齒直打戰，可我看到她那忙碌的樣子，仍然感激地眨了眨眼。「這就對了。我們一定要有堅強的革命意志，才能戰勝瘧疾！來，姐姐餵你喝藥。」她說著拿起一個茶缸，用手托起我的腦袋。

「呀！真苦。」因為當時治療瘧疾的西藥奎寧緊缺，我喝的是團衛生隊配製的草藥，不免下意識地喊了一聲。

「不怕，等下姐姐給你吃塊冰糖。」

在她柔情似水的哄勸中，我堅持將半茶缸的草藥喝了下去。果然，她從原先用來裝餅乾的鐵皮盒裏，掏出了一小塊冰糖放到了我的口中。我知道，那是她家裏給她寄來的，在當時確實珍貴……

望著這個比自己年紀大四五歲，可能二十出頭，長得白淨秀麗、身材勻稱的衛生員姐姐，我的心裏忽然湧出一股溫暖親切的情感。是的，作為一個當時只有十五歲多的少年來說，重病時，能有這麼一個和藹可親的姐姐守在床邊照料，自然是十分感動。唉，我真希望能有這麼一個心地善良的姐姐……胡思亂想之際我又發燒起來……

「你可一定挺住，我去打個電話給團衛生隊，看能不能送你住院。」她叮嚀了一句，便走了出去。過了好一會兒，她才轉了回來，低聲地對我說：「真不走運，團衛生隊的病號很多，沒有床位。通往連隊的公路又被颱風暴雨沖垮了好幾處路基，現正在用推土機搶修。看來還得等上二天。這樣，我現在給你擦些酒精降溫。要不再繼續燒下去，會將人身體燒壞。」說著，她便用酒精開始給我擦拭著身子。之後，又從木箱裏找出乾淨的短褲背心，叫我自己躲在被子裏換上。然後，她又幫我把被汗水浸濕和沾染泥土的內衣外衣，拿到小溪邊去洗得乾乾淨淨。

就這樣，她在處理完其他事務之後，只要有空，就會守護在我的身旁，給我餵藥餵飯，用酒精時常給我擦拭身子降溫。直到第三天的下午，儘管進連隊的小橋也被洪水沖毀，一時無法修好，但汽車總算可以通到了連隊的路口了。於是，連隊的戰友們用擔架將我抬上了汽車，她也跟隨著汽車將我送到了團衛生隊裏，直到辦妥了住院事宜後方才離開。

許多年過去，當時少年的我，在經歷了五年的海南艱苦歲月的磨練之後，已經變成了一個堅強的小伙子又回到了鐵路，並通過自學成才，逐步成長為一個企業的宣傳幹部和領導幹部。但在這之後的日子，每當我高興和孤獨的時候，就會不經意地想起那個好心的衛生員姐姐。如果沒有她的細心照料，我即使不命赴黃泉，也可能會因為高燒燒壞了腦子，留下不堪設想的後遺症。

後來，我在熱心戰友和網友的幫助下，終於找到了李平君大姐。她已經退休，曾是汕頭一家醫療機構的副主任醫師，如今依然在發揮餘熱，為百姓看病。她還是市政協委員，兒子在廈門一家高薪企業工作，丈夫也已退休。總之，她的一切都很好。哦，對了，幾十年過去，她的聲音依然是那麼好聽，讓我不由得想起了我在海南生病的日子……

說起這種流行的病魔，許多海南兵團的知青都心有餘悸。知青**成堅**回憶說：

我在海南得了胃腸型惡性瘧疾，調回城後，反覆住院兩年才斷根。回廣州途中，在海口突然發病，醫生不給我上船，要我住院。我不聽勸阻，悄悄地逃走了，在船上不停地發冷發熱，堅持到家後實在挺不住了，當即被家人送到了醫院住院。同病房的人抗議說我得的是傳染病，嚷著要醫院送我到別的病房。由於疾病未斷根，讀書時常常發作，同學們都好害怕，都遠遠地躲避我，讓我感到很孤獨。這個病簡直讓我受盡折磨，就差沒死了！

與成堅同胞孿生的妹妹**成真**證實道：

我們團是瘧疾高發區，每個月開工前，衛生員都要給我們發奎寧預防藥吃。我雖有幸沒得瘧疾，卻多次目睹姐姐成堅發瘧疾，看一次，心裏害怕一次。經常是，本來姐姐好好的，突然就看著她發起冷來，幾張被子壓在身上也沒用。一會兒又發燒起來，一燒就是四十度以上，嘴巴都燒得滿是泡。而且姐姐這病的發作，一月一次，就像月經週期一樣準。

知青婭仔說：

我在海南不幸患了兩次瘧疾。第二次還被誤診當傷寒治療，折騰得夠嗆。這病忽冷忽熱，冷時是從心裏往外冷，誇張點說就是給你抱著火爐也還是感到冷。而熱時，即使把皮扒了也還是熱。那個滋味現想起來還害怕。

最要命的是，這種病傳染性較強。一個連隊裏的人，常常是這個好了，那個又倒了，有時甚至是五六個人同時發病，忙得衛生員團團轉。自由兄弟現在回想起來，之所以當時海南兵團人員患瘧疾較多，除了連隊住宿條件差之外，還有就是「大會戰」太多。

每當大會戰，集中起來的各連隊人員都是駐紮在熱帶雨林之中。大家吃在山上，睡在山上，晚上還要挑燈夜戰，睡的只是十分簡陋的工棚，有的甚至只是隨便派人在山上砍來一些樹枝，鋪在地下，就和衣而睡了。再加上根本沒有防暑降溫、防蚊防蟲的藥品，勞動保護條件極差，日常工作生活環境極其艱苦惡劣。因此，患上瘧疾等各種疾病就在所難免了。

第二節　熱帶雨林上空的毒蜂「圍剿」

在海南的熱帶雨林，除了瘧蚊能帶來致人死亡的疾病外，還有一種可怕的蟲子就是毒蜂。海南島的毒蜂到底有多少種？筆者也說不上來。但記憶中，最常見是兩種：黃蜂和排蜂。這兩種蜂攻擊性都很強，而知青在熱帶雨林中墾荒，尤其是砍岜時極容易遇上。這兩種蜂我都挨螫過，對牠們的習性有所瞭解，兩種蜂攻擊人的方式也有差異。

先說黃蜂。此蜂又稱胡蜂，多以牛糞或其他動物新鮮糞便築巢。其巢常築於小樹枝葉茂密之處，輕巧而又隱蔽。有時形同蟻巢，人不容易察覺。當你將小樹砍倒或劇烈驚動牠們時，雌蜂便會直撲而下螫你，螫人時通過尾端的螫針將毒液射入皮膚內，螫針並不留在皮內。但不知什麼緣故，這種蜂的雄峰從不螫人，可能是為了保持繁殖後代的功能吧！

我剛到連隊不久，有天下午，正與幾個知青砍伐一片長有茅草的次生林時，一不留神，就被兩隻黑影劈頭照臉「親吻」了一下。我下意識地摸了摸被蜂螫的額頭和腮幫處，這才看到砍倒的小樹上有一個黃蜂蜂巢。好在黃蜂數量不多，所以同班的知青看時，只是額頭和腮幫處有兩個很小的紅點。於是，我抹了點口水在被螫之處，再索性扯上一把茅草將那蜂巢燒了。然後又若無其事地繼續砍岜。

誰知才過片刻，臉上被螫處的皮膚立刻紅腫、疼痛，之後是難忍的劇烈疼痛，我趕緊拖著砍刀跑回連隊衛生室裏。當時的衛生員還是湖南來的老軍工周維富。他見後，立即用類似食醋的弱酸性液體替我塗洗被螫處，又給我打了一針什麼藥水，再撕開一塊火柴盒大小的膠布貼在螫處，然後走到衛生室後面的藥圃扯來一把草藥，用刀把搗爛，放在黃泥巴上，用紗布、膠布敷在額頭和腮幫處粘牢。他一邊敷藥一邊嘮叨地說我膽子太大不懂事，挨了蜂螫還不趕緊回來救治……

當時我還嫌他有些小題大做，過於囉嗦，以為過上片刻，就會沒事。因為我從小都是在城鎮生活，在這之前，從未領教過這種黃蜂的厲害。果然，到了傍晚，我的整個臉就腫得不成人樣。額頭上腫得右眼只睜得開一條縫，還常常劇痛地直流眼淚；左邊的下巴則腫得像個豬八戒，張開嘴巴吃飯都十分困難，被螫處也隱約感到腫得起了硬塊。到了晚上更是難受，只覺得頭暈、頭痛，伴隨著嘔吐還有腹痛、腹瀉和煩躁不安、血壓升高等感覺。同房的軍工又幫我叫來了衛生員老周，我彷彿記得他又忙著給我打了一針葡萄糖之後，才感覺心裏舒服一些。之後兩天，老周又給我換了幾次草藥，並吃了一些解毒藥片，整個臉才漸漸地消腫恢復正常。

事後，我才從老周口中得知，這黃蜂毒液的主要成分為組胺、五羥色胺、緩激肽、透明質酸酶等，毒液呈鹼性，易被酸性溶液中和。毒液有致溶血、出血和神經毒作用，能損害心肌、腎小管和腎小球，尤易損害近曲腎小管，也可引起過敏反應。嚴重者會嗜睡、全身水腫、少尿、昏迷、溶血、心肌炎、肝炎、急性腎功能衰竭和休克。部分對蜂毒過敏者可表現為蕁麻疹、過敏性休克等。因此，被螫後要立即用食醋等弱酸性液體洗敷被螫處，傷口近心端結紮止血帶，每隔十五分鐘放鬆一次。

由於我被螫處是臉部，為了有時間製作敷在面部的解毒涼血草藥，老周在用醋酸洗後，就臨時粘了塊膠布延緩毒性擴散。看得出老周不愧為部隊轉業的衛生員，臨床經驗比較豐富。不然，我還會經受更多一些痛苦。唉，只可惜後來老周在「一打三反」運動時，因為曾說了幾句「彭德懷、賀龍都是開國功臣」的話語受到嚴厲批鬥，並被免去了衛生員的職務。說來慚愧，為了表現自己，當時我也上臺發了言。至今我心裏還內疚不已，我不知道這老軍工是否還健在？但願他能寬恕一個無知少年在特定歷史時代「恩將仇報」的人性扭曲言行！

而說到排蜂，則更是當時兵團知青經常提到的一個刺激話題。因為海南島西南部山嶺連綿，怪石嶙峋，一年四季，漫山遍野都盛開著金銀花、木棉花、山芒果、烏黑子、山橄欖、石榴花、蛇舌花、雞爪花、山茶花等數百種樹花、草花。在這熱帶雨林的爛漫山花之間，生活著神蜂、葫蘆蜂和排蜂等許多野生蜂群，牠們穿行林木花草之間採花釀蜜，其中又以排蜂釀審最為出色。據說，一群野生的排蜂每年平均產蜜量三十五至六十五公斤，僅一個花期就可取蜜十五至二十公斤。而且蠟質優良，含蜂膠較少。這一說法在我後來跟隨黎族漢子劉文光取蜜過程中得到證實，大的巢脾一次取蜜竟可達一鐵桶之多。

據查，所謂排蜂，實際上就是大蜜蜂，又名馬蚉蜂，分佈於中國雲南、海南和廣西南部等地區，國外分佈於南亞和東南亞。這些地區氣候溫潤，植物茂盛，花卉眾多，很適宜排蜂繁殖生存。排蜂的工蜂體軀大小與西方蜜蜂的蜂王接近，平均體長十五毫米，吻長六毫米左右，頭胸部黑色，第一至二腹節背板為橘紅色。雄蜂體色全黑，蜂王平均體長二十毫米左右；體色與工蜂相同。排蜂多棲息於懸巖或高大的喬木上，營造單一縱向裸露的巢脾，巢脾長約半米至二米，寬〇點四米至一點五米，脾的上部和兩側為蜜、粉圈，中間和下緣是產卵圈，工蜂房與雄蜂房大小相同。流蜜期的群勢數量可達七萬隻蜂，冬季可保持三至五萬隻蜂。

排蜂具有很強的抗逆性、飛翔能力和防禦敵害能力，喜歡幾群甚至幾十群、上百群聚居在一處；群體有隨季節遷移的習性。排蜂用刺針螫人是為了保護蜂群不被侵犯，其螫人之後與黃蜂不同，刺針是留在受害者的體內。由於失去刺針，排蜂身體的內部受到了嚴重的傷害，不久就會死去。一般情況下，單隻排蜂不會主動攻擊人類，但是一旦觸犯牠的巢脾或誤惹了蜂群，便會前仆後繼、奮不顧身、異常兇暴地對周圍的任何動物展開群體追殺，其恐怖情景簡直難以想像。如果有人誤惹了蜂群，而招致攻擊，唯一的辦法是用衣物保護好自己的頭頸，反向逃跑或原地趴下。千萬不要試圖反擊，否則只會招致更多排蜂的攻擊。

有位叫**映明**的海南兵團知青曾講述他與「排蜂」的一次恐怖遭遇：

> 那時候，每逢颱風過後，我們十八連的膠林裏，時不時都可以見到在斷、倒的膠樹枝幹上掛著一大坨黑乎乎的東西，小的有如水桶般尺寸，大的能填滿半個浴缸。這就是排蜂的蜂巢，附在一個蜂巢上的排蜂何止成千上萬，遠遠的就能聽到一陣陣轟鳴之聲，甚是驚人。人們經過時，都要躲開幾十米的距離繞過去，不敢出半點聲響，其情景可用「恐怖」二字來形容。據老工人們說，排蜂群一旦受到驚擾，就會群起而攻之，將襲擾者追出幾里地仍不放過，傳說還曾發生過黃狗、水牛被排蜂螫死的事件。當然也有些技高膽大的當地人敢於用準備好的柴草，火攻煙熏的辦法驅趕走蜂群，獲得成桶成桶醇香清甜的蜂蜜。
>
> 我的第一次與排蜂群近距離遭遇，卻沒有破巢取蜜、喜獲豐收這種愜意經驗，而是抱頭鼠竄的狼狽和出生入死的驚險。記得那是一九七三年「十四號」颱風將瓊海縣城加積鎮夷為平地過後不久，正是秋末冬初，早晚氣溫下降，膠樹已經「停割」。一天下午，我所在的割膠班十幾個人帶著砍刀、鋤頭、畚箕等工具，準備到連隊最偏遠的割膠林段——「南十四」去給膠樹「壓青」、施肥。路過連隊牛欄時，每人挑上

一擔牛糞，踏上了近二十分鐘遠的林間小路。

來到「南十四」林段後，大家分散開來，把帶來的牛糞倒在環山行上兩棵膠樹之間預先挖好的施肥坑中。接著就用砍刀去砍膠林中的雜草、灌木，把砍倒的雜草也埋到施肥坑裏——名曰「壓青」。「南十四」林段在一面朝東北方向的山坡上，面積有近二十畝，四面由密不透風的原生雜木雨林作為防風林環繞包圍著，只是在靠近坡頂處有一個路口與另一個割膠林段「南十三」相通。

我和班裏的一位名叫鄧業芳的老工人，在最靠近坡頂防風林的兩道環山行上一邊幹活一邊聊天。他在上，我在下，相隔六七米遠。此位老兄年近四旬，是五十年代的印尼歸僑，經多見廣，能說會道，口若懸河，在十八連也算是一號人物。原來曾是割膠班長，兵團組建初期還被抽去搞工作組。後來在清理階級隊伍時，被連隊人揭發說是有散佈類似「外國的月亮比中國的圓」之類的「反動言論」而被揪回隊裏批鬥，之後就被貶到生產班監督勞動。林彪事件及尼克森訪華以後，連隊裏階級鬥爭的弦繃得沒那麼緊了，工作組也宣佈了老鄧的審查結論——「沒事」，不過各班長的職位已被占滿，暫時不能「官復原職」，我們這些知青這才敢和他接觸、來往。老鄧還是一位乒乓球高手，十八連的知青們幾乎都是他的手下敗將。他那張燮林式的直板削球常讓對手「吃鴨蛋」、「剃光頭」，只有我的左手橫板大力提拉還能與他相持幾十個回合。

話扯遠了，言歸正傳。正當我和老鄧天南地北、古今中外地侃得興起，老鄧突然「哎呀」一聲，原來熱烈的話題嘎然而止。只見他撇下手中的砍刀，朝我做了個「別出聲」的手勢，然後就用一隻手按住另一隻手的手背，靜悄悄、流星快步地朝我這邊走了下來。走過我身邊時，悄聲說了句「排蜂，別出聲！」就繼續向山下跑去。一邊跑，一邊打手勢，招呼班裏其他農友趕緊從山下防風林的稀疏之處撤離。

事發突然，我一下子還沒反應過來，一面傻乎乎地高聲問老鄧「怎麼回事兒？」一面朝老鄧原先站立的位置放眼望去，只見一棵斷倒的枯樹被一窩一米多高的草叢掩藏著，草叢裏正升起一團像烽火臺狼煙一般的霧狀體，黑壓壓、密麻麻，伴隨「嗡嗡」的轟鳴聲，朝我這邊捲了過來。

看到這陣勢，還能有什麼好想？跑吧！可是沒跑幾步，就感覺到身後上空的轟鳴聲越來越近，地上跑的哪有空中飛的速度快？得想辦法！小時候在東湖邊因捅黃蜂窩被螫的那種記憶讓我全身直起雞皮疙瘩。就在那瞬間，腦海裏不知怎的出現了電影《鋼鐵運輸線》中志願軍汽車兵在公路上用急剎車的辦法躲避美軍飛機掃射的鏡頭。我下意識地脫下身上的工作服，用雙手撐開，高高舉過頭頂，沿著環山行快跑幾步，然後一個急停、下蹲，同時用力將工作服沿著奔跑的方向拋出五六米遠，緊接著轉身朝反方向連滾帶爬地躲進了一窩灌木叢中。此時，只聽得頭頂上方一尺多高處，轟鳴聲呼嘯而過，直撲那件工作服落地的位置。我心中感歎：真是好險！

我躲在草叢裏靜靜地觀察著，大氣也不敢喘一下。那團蜂群在對那件工作服集中進行了一輪瘋狂攻擊之後，可能是發現被攻擊的目標毫無反應，也就逐漸地散了開去。我趕緊躡手躡腳地靠了上去，重新把衣服拾了起來。心想，要安全地離開這個開闊的林段，恐怕還要再重演幾次這樣的「金蟬脫殼」、「瞞天過海」才能脫離危險，這件「寶貝」衣服可千萬不能丟掉。

危急之中這一絕招的成功，讓我膽子壯了不少，不再像開始時那麼慌亂了。開始鎮定地環顧四周，想找到一條能夠迅速脫離險境的捷徑。當我的目光移到那條通往「南十三」林段的路口時，一個更駭人的場面出現在我的眼前。只見一群排蜂將班裏一位名叫黃植華的汕頭女知青團團圍住，黃植華已經跪倒在那裏，彎著腰、低著頭，雙手不停地拍打，哭嚎著直喊「救命」。

此時，林段裏只剩下我們兩人了。我要是再不伸出援手，恐怕真的要出人命了。想起幾個月前，我剛在黨旗下宣了誓，成為十八連第一位知青黨員，若是此刻見死不救，無論如何也是說不過去。可怎麼個救法？衝上去吧，面對這麼大的一群毒蜂，無疑是飛蛾撲火，無濟於事。用煙火熏吧（此刻才忽然想到），可一摸褲兜，只有一包壓得皺皺巴巴的「銀球」香煙。剛剛學會吸煙不久的我，那天出門時又偏偏忘記了帶火柴。情急之中，想到了我手上的這件剛剛讓我躲過一劫的救命衣服。還考慮什麼呢？立刻把衣服團成一球，扔將過去，先把一條性命救下再說。

衣服不偏不倚正好落在黃植華的腳下，我隨即高聲喊道：「用衣服蒙上頭，趕快跑啊！」黃植華這才止住哭喊聲，迅速撿起那件厚實衣服，把頭臉包住，踉踉蹌蹌爬起身來，順著通往「南十三」的那條小路，一溜煙跑出了林段，沒了蹤影。

由於我的一聲高喊，林段裏的蜂群又找到了目標，又朝我鋪天蓋地捲了過來。這下糟了！沒了護身「寶衣」，該用什麼抵擋？何況此時還光著膀子，不由得又是一身「雞皮」。也是天無絕人之路，慌亂之中腳下踢到一隻來時用來挑牛糞的畚箕，也不管畚箕上面是否還粘著沒倒乾淨的牛糞，抄起來就舉過頭頂，像先前使用衣服一樣，故伎重施，再次逃過一劫。

此時我才發現，我們班十幾個人挑來的近三十隻畚箕都扔在林段裏，遍佈在各個角落。心中暗喜，這回扔出「替身目標」之後不用等到蜂群散去再撿回來啦；而且畚箕可以比衣服拋得更遠，轉移蜂群視線的效果更好。於是看準路線，在扔出手中畚箕的同時，迅速靠近並撿起另一隻畚箕。如此這般，換了五六個畚箕，幾經曲折，終於接近了一段稍微稀疏的防風林，鑽了出去。這才逃離險境，徹底擺脫蜂群的圍剿。這一系列的驚險場面，都只發生在短短的兩三分鐘之內。然而由於精神上高度緊張，覺得時間過得好長好長，就像電影裏的慢鏡頭一樣。三十多年過去了，至今每個細節還都記得那麼清晰。

當我穿過近三十米寬的防風林帶，跨過一片開闊的花生地，來到我們連與十九連（南山隊）的「界河」邊的小路旁，見到了正等在那裏的我們班的其他十幾位農友。他們見到我光著膀子，提著一隻畚箕，好生奇怪。問道：「剛才大家都顧著逃命，什麼都扔下了。怎麼你還不慌不忙，去撿一隻畚箕帶出來？」我心裏一陣苦笑，「什麼不慌不忙？今天要不是這些畚箕，恐怕再也見不到面了」。他們又問：「剛才我們清點人數，見少了兩人，擔心出事，就在這裏等著。你們的情況怎樣？」我答道，「我是毫髮無損，黃植華可能被螫得夠嗆，不過有我那件工作服保護頭部，應該不會有性命之虞。」知道了二人的下落，老班長黃添財鬆了一口氣。林段是回不去了，於是乎下令「收工回家」。

回到宿舍剛坐下歇息，只見黃植華捂著那腫得像個「豬頭」一樣的臉，拿著那件衣服來還給我。由於怕人看到她的狼狽相，把衣服從窗口扔進來後扭頭就跑了。我把衣服展開，只見黑色的布面上遍佈著密密麻麻的小白點，再仔細一看，原來都是些帶倒鉤的蜂刺。一個個揪下來，細數一下，竟有二百五十多根。心想，如果這些刺都扎在人身上，會是什麼結果？據說蜂類螫人時，放出毒刺，帶出內臟，自己也會身亡。這些毒蜂為了保護自己的家園，奮不顧身，前仆後繼，也真夠讓人欽佩的了。

由於蜂群把我們班十幾個人的「搵食架撐」全都「繳械」和「扣留」在「南十四」林段裏，只帶出了一隻畚箕，第二天我們班都沒法出工幹活了。班長只好讓我帶上兩名汕頭男知青，穿上厚厚的雨衣，悄悄鑽進了林段，把那些工具一件一件偷偷地傳了出來。在靠近那個蜂巢時，還能聽到那令人毛骨悚然的轟鳴聲。在那以後的半個多月裏，直到蜂群飛走，都沒有人再敢進入那個「南十四」林段……

然而，並不是每個遇上排蜂的知青，都有這位「映明」的機智和勇氣。在吊羅山熱帶雨林中有個營造膠林幼苗的連隊，其連隊人員大部分都是知青。一九七一年為了開發新的林地，知青們每日必須步行幾公里爬到山嶺上才開始勞動。人們只知道吊羅山鬱鬱蔥蔥、滿眼林木，可不知道在那莽莽的熱帶雨林中遍佈著蚊蟲、毒蛇、螞蟥等會圍攻人類的天敵，尤為可怕的正是那種叫「排蜂」的野蜂，其進攻性無人可擋。知青們也曾多次親眼目擊過這種蜂遷移時的場景，天空中黑壓壓的一片，帶著嗡嗡的聲音，像一塊塊的烏雲從頭頂飄過。

這一天上午，當上山的隊伍沿著公路稀稀拉拉往前移動之時，突然發生了可怕的事情。不知道是誰往路邊長滿茅草的樹林中扔出了一塊石頭，只聽著「嗡」的一聲，從草叢中先是飛出了幾十隻、幾百隻排蜂，隨之嗡嗡的聲音越來越大，成千上萬隻、不計其數的野蜂爭先恐後地飛了出來……霎時，公路上所有行走的人都成了牠們攻擊的對象。大家被眼前這種恐怖的情景嚇得全部懵了！每個人都朝著自己認為可以逃生的地方四處亂奔，並不時地呼叫後來的人趕快逃離。

混亂的人群以最快的速度往連部「撤退」，驚慌中，一些女知青嚇得根本跑不動了，蹲在公路旁邊的溝裏任由野蜂「攻擊」，許多排蜂扎進姑娘們長長的頭髮裏竟然不再飛出。可憐啊！有的人被排蜂螫得疼痛難忍，叫起了「爹娘」。在無數排蜂的瘋狂追擊下，個個都像「泥菩薩過河，自身難保」，不敢停留半步，更不敢英雄救美！好在此時，連隊的許多老工人聞訊趕來，他們抽著煙，點著茅草火把迎蜂而上，衝進了「蜂區」，終於解救了來接受他們再教育的知青姑娘們。

而許多男知青卻是腳下生風地一口氣跑回了連部，大家趕緊進了宿舍，關上房門、撩下蚊帳，坐在蚊帳裏氣喘吁吁地看著外面，仍有幾隻排蜂在百折不撓地衝擊著窗上的玻璃——天啊！已經跑了幾公里牠們還在後面緊追不捨！這一情景，不由得讓人想起曾看過的一本反映越南人民抗擊美帝國主義侵略者用野蜂螫咬敵軍的「小人書」，其中的一個情節讓人記憶猶新：就是美軍訓練有素的軍犬被這種野蜂螫得跳進河裏後，只露出鼻尖喘氣，這些野蜂也沒放過牠，直至被螫死為止。

災難過後，連隊清點了遭遇排蜂「圍剿」的傷亡情況：輕傷數十人，重傷五人。次日，知青們去醫院看望了幾位重傷的「姐妹」，她們普遍的症狀是，持續的高燒，頭部外觀腫得像是一個豬頭，雙眼全都眯成了一條直線，視覺功能暫時喪失正常，因為看一切都是「扁」的。後來，因為影響了生產，連隊領導想要追查到底是誰往路邊的樹林投擲的石頭惹出大禍？有無「惡作劇」或「階級敵人破壞」的動機？但卻沒有任何人敢站出來承認，也沒有人願意檢舉揭發。於是，此事也就不了了之，留下一個永遠可笑的謎底……

類似遭遇排蜂追殺的恐怖情景，我在湛江一次與瓊中六師的同學相聚，席中一個綽號「電棒」的同學也曾講起過。他說：那天上午，他們正在四周都是山林的新墾荒坡地挖橡膠穴，工間休息的時候，一個好動的知青無意中向山坳的樹林中扔起了石塊，開始誰也沒有在意，只聽到石頭打得樹葉在「撲撲」作響。就在他站起來正準備要找地方小便時，忽然發現山坳處黑壓壓地撲來了一團烏雲，而且還嗡嗡作響。「不好，是排蜂！大家趕快躲開……」他大喊一聲，趕緊向山路跑去，可是越跑得快，排蜂越追得厲害，一個勁地向他撲來，好像是裝有雷達遙感器似地牢牢鎖定了目標。

看著漫天飛舞的蜂群，「電棒」急中生智，趕緊跳進一個剛挖好的膠穴之中，全身龜縮在頭上的草帽之下才躲過一場劫難。如果不是有經驗的軍工及時燒起周圍的茅草，用煙火驅散了後續成群結隊、前仆後繼瘋狂撲來的排蜂，那次非得螫死幾個人不可。

待到蜂群飛過之後，「電棒」探出腦袋瓜仔細一看，同隊的戰友個個都被螫得鼻青臉腫，那個扔石塊惹禍的知青被螫得最慘，臉上身上盡是一個個的大包小包，已經處於昏迷狀態。於是，大家顧不上自己煙熏火燎般地疼痛，趕緊將那傢伙背回了連隊。在衛生所裏做了簡單的應急處理之後，就急忙送到團部衛生隊救治。還好搶救及時，撿回了一條性命。而我的這位叫「電棒」的同學，除了面部被排蜂螫腫起一個包之外，就是大腿根部的褲子全濕了，連他自己也不知幾時嚇得將尿都撒到了褲襠裏……

聽了六師同學講的故事，我不禁想起在農場時，曾傳達的一個傷亡通報，說是我團三連知青在砍岜時，因為砍倒樹木無意中驚動了一個排蜂蜂巢，成千上萬隻排蜂傾巢而出，蜂擁而來，黑壓壓地見人就螫，逢跑就追，嚇得砍岜的知青四處奔竄。其中有個年輕膽小的女知青從沒見過如此場景，嚇得慌作一團，只是原地不停用雙手拚命地揮趕著圍攏的排蜂。誰知前來「圍剿」的排蜂越趕越多，幾乎是成團紮堆似地衝著那女知青狂螫。只聽到那姑娘先是「媽啊！痛啊！快救救我啊」淒厲地喊叫，隨之就漸漸地沒有了聲息……

等到有經驗的老軍工和農工得知後，燃起火把冒著危險衝上去，將烏雲繚繞般的蜂群驅散時，那女知青已經處於昏迷狀態。人們趕緊背起她向連隊衛生所跑去。到了衛生所後，這才發現她的臉上、手上、腳上，全身上下凡是裸露的地方都密密麻麻佈滿了蜂針。儘管連隊領導趕緊組織人員將她送到團衛生隊裏搶救，可惜為時已晚，這位年僅十六歲的花季少女，因為被排蜂「圍剿」叮螫而中毒過深，再也無法甦醒過來……

事後，聽說憤怒的知青在有經驗的老軍工帶領下，幾個人穿上雨衣，摸到了蜂巢下面，點燃熊熊大火，硬是將整個蜂群燒個精光。

但是，對於如此兇暴的排蜂，有些人卻一點也不感到害怕，反而顯得十分興奮。有位網名叫**臨江葫蘆**的知青感歎道：

記憶中上山勞動時，最令我高興的就是發現野山蜂巢了，不敢說是千載難逢，但我在海南六年，也僅僅遇到過兩三次：首先是派能跑得快的人奔回家取桶來盛蜂蜜，然後自告奮勇者便舉著燃燒片刻就弄滅了的冒著濃煙的乾草團，冒著給群蜂螫的危險，最大限度地靠近蜂巢，將那些伏在巢裏巢外的成百上千的毒蜂趕走後，大家便歡叫著一擁而上分享之，那場面真是又刺激又興奮。還記得曾有兩位男知青太焦急，還沒看清蜂巢的主人搬遷了沒有，便將那塊滴著蜂蜜又甜又酥的蜂脾，迫不期待地塞入嘴中猛嚼，不幸被還沒撤離的大毒蜂自我反擊狠螫一記，頓時半邊臉都腫歪了，可他們居然無怨無悔，嘟著又麻又痛的嘴巴，依然嚼得挺樂……

這位知青的話語，讓自由兄弟又想起了在海南第一次跟隨同班的黎族漢子劉文光採摘排蜂蜂蜜的情景，而那次，我在被排蜂螫後，竟用了一個奇特的消腫方法而沒有大礙。關於其中細節，我將在後面仔細講述……

第三節　蟄伏茂密草叢中的毒蛇毒蟲襲擊

海南島的蛇類極多，尤其是有毒蛇類多。據瞭解，我國長江以南、西南各省，已知現有蛇類一百七十四種，有毒的占四十八種，其中陸地常見的主要毒蛇有十種，海生毒蛇十餘種；除了腹蛇、五步蛇之外，其他的在海南均有分佈。幾乎每個兵團知青在日常生產生活中都受過蛇類的驚嚇。自由兄弟自認為膽子是比較大的，可如今想起在海南兵團見到幾次蛇的情景，還是頭皮有些發麻。

我第一次見到的是一條大蟒蛇。那天中午，我扛著洞鍬、鋤頭沿著九連溪邊的小路，走到上游旁的山地挖出了一株好大的山薯。因為累得滿頭大汗，便來到一連有六級梯狀瀑布的溪邊休息。這裏古樹參天，微風習習，好不涼爽愜意。其中有級瀑布落差最大，約有二三十米，巨大的水流將下面沖出一個很陡的深潭，深潤四周懸崖峭壁，潭水深不可測。我坐在石壁之上，悠然自得地望著深潭抽著香煙，突然發現有一團黑影在水中蠕動。我眨了眨雙眼定睛一看，媽呀！那團黑影竟是一條巨大的蟒蛇，只見牠不停地在水中翻動，攪動著水花嘩啦啦地作響⋯⋯

我趕緊扛起鋤頭、洞鍬一口氣跑回連隊，悄悄地告訴黎族班長符黨照。班長聽後扛起獵槍就領著我又往深潤走去。可是，當我們氣喘吁吁趕到瀑布邊上時，那團黑影竟然杳無蹤跡，只有瀑布依然在嘩啦啦地流動作響。班長四處觀察了懸崖峭壁的的樹枝草叢，然後對我說：「看來這蟒蛇已沉入潭中，槍是打不著牠了，得告訴行家來另想辦法。」當晚，班長趕到了附近的黎族村落，將消息告訴了捕蛇能手。

次日下午，我見幾個黎族漢子用魚網、木棒抬著一條巨大的蟒蛇經過連隊，那蟒蛇的腹部凸得好大。班長告訴我：「那裏面是一隻幾十斤的黃猄，蟒蛇吞了黃猄，一時消化不了，行動困難，便躲到深潤泡水來減輕身軀的負擔。晚上我們就會有黃猄肉吃了。」果然，晚上捕蛇的山民真的送來了四分之一的黃猄肉。

說來現在的人都不會相信：有一次，我放牛時看見黎族兄弟圍獵一頭山豬，於是拖著砍刀也跟著吆喝了一陣。結果，黎族兄弟打到了一頭山豬，那些圍獵的漢子商議了幾句，其中一人竟然用刀在豬腿處割下一塊肉遞給了我。之後，幾人才將山豬抬走，搞得我當時有些莫名其妙。後來聽黎族班長解釋說，這是黎族的風俗，圍獵時凡是參與者都可以分享獵物。

剛到連隊之時，因為自由兄弟的個子很小，領導常常照顧我去放牛。那天下午，天氣十分悶熱，我將牛趕到一個山坡上，就獨自下到一條沒有水流的溝裏，去捋水捉一種很喜歡鑽在污泥中，長得有些像斑魚形狀，全身黑黑的「烏魚」，直到現在我也不懂得這魚的學名。當我剛捋乾一截水溝，準備翻泥找魚時，天空中忽然劈劈啪啪地下起了驟雨。只聽到水溝兩邊的土埂和草叢中傳來一陣劇烈的響動，隨之是幾十條形態各異的蛇類在水溝邊四處亂竄，嚇得我趕緊爬上岸來，快步跑上較為光禿的土坡。

當我轉身再回頭看時，水溝邊的那些蛇們全都鑽進兩邊山嶺的叢林雜草之中不見了蹤影。之後，天空中竟傾盆般下起了滂沱大雨。隨著急驟的暴雨，一股巨大的山洪滾滾轟鳴而來，剛才還十分平靜的水溝轉眼就成了一股湍急的洪流。原來，那些驚恐竄動的蛇是預感山洪的到來，都在急忙趕著逃命。幸虧牠們的提醒，使我逃過一劫。否則，極有可能喪生於這股傾流而下的山洪之中。經過這次驚嚇，我在衛生員李平君姐姐的指教下，也學會了一些防蛇、防毒的草藥知識，並且時時隨身帶著「七葉一枝花」、「雙目靈」等防蛇草藥，還用鬆緊帶做了一個膠圈，以防不測，可以自救。

但最為恐怖的是，有天下午，我接到了十三連養牛場的好友何新輝（他與我同一個站區，比我晚兩個月到的海南）的電話，說是他們那裏摔死了一頭小黃牛，叫我去吃牛肉。於是，我挎上一把砍刀，又帶上一把班長給我的匕首，穿上一雙長筒水鞋，便抄近路從九連來到十三連的養牛場。這養牛場在一個很深的大峽谷底部，還要跨過架在湍急河流上的木橋，才能到達只有兩棟草房的養牛場。等我飽餐了一頓牛肉，又喝了一斤多的「包穀燒酒」之後，看看天色已近傍晚，我不敢再走那條人跡罕至的山林小路回去，便只好捨近走遠，順著土公路從十連繞回九連。

誰知走著走著，醉意朦朧中看到前方的路面上有十幾條蛇在蠕動，我驚出一身冷汗止住了腳步，酒也頓時醒了一半。可是等了好久，那些蛇依然在路面上蠕動，好像在商量著什麼重大問題。我左思右想，只好用刀砍下路邊的兩根小樹，削去枝葉，不停地打著路面和草叢，好一會兒，受到驚嚇的蛇群，才從公路上很不情願地鑽入了草叢。我飛也似地趕快跑過剛才蛇群盤踞的地段，這才明白，原來是天氣炎熱，而那段路面位於山崖轉彎處，背陽清涼，又有稍許山泉浸潤路面，因而蛇群都集聚在此乘涼閒憩來了……

儘管受此驚嚇，每次接到好友何新輝呼喚前去吃死牛崽的電話，我還是照去不誤。因為連隊很難遇到有肉吃的機會，有時冬天太冷，養牛場凍死的牛崽太多，好友還會給我帶上一大包已經烘乾的牛肉回來。許多年後，我們在柳州相遇，自由兄弟特意點上一大盤牛肉，想重溫那時美好的時光，可是，吃來吃去，怎麼也找不回當年那種鮮美誘人的口感來了。

自由兄弟第一次抓蛇、吃蛇是在連隊對面山嶺的一片茅草地。當時，我們的班長為了狩獵，特意養了一隻黃狗，這狗在班長的訓導調教下，十分機敏靈活。這天上午，我們正在砍著茅草、荊棘，只聽到黃狗「汪汪」地叫個不停。「有獵物！」我和班長撥開草叢望去，只見黃狗正對著一條刀把粗的「烙鐵頭」在不停地咆哮。那蛇大半個身子縮在洞裏，約三十多公分的頭部高昂著不停搖來晃去地吐著信子，顯然牠想退回洞中，但黃狗不停地左右前後地靈巧跳動逗引著不讓牠退卻。雙方互相拉鋸似地僵持，很是有趣。

「走，我們去砍兩條竹子。」班長領我在山林中很快砍倒了一大一小的兩根竹子。其中那根胳膊粗的竹子，班長兩刀下去，就將頂端兩面削成一個尖叉。他將小的那根竹子遞給我，交代道：「萬一我叉不著，蛇要是躍起咬人時，你就要用竹子橫掃。」說罷，他悄悄繞過蛇的背後，將竹叉在蛇洞五六公分的泥土上狠狠地插了下去。真是準確神奇，那蛇在狗的逗引下，猝不及防就被竹叉卡死在洞中停止了伸縮，只是無奈地搖著洞口外的一截頭部。

「你過來壓住竹子，千萬不要鬆手。」班長吩咐我，接過我手中的小竹子，從隨身的竹簍裏抓出一隻山蛙（班長砍岜時經常都在腰間繫個竹簍，隨時可將拾到的一些山珍丟在簍裏回去煮來吃），用前端的竹尖挑起送到蛇口。那烙鐵頭兇猛地一口咬住山蛙，山蛙頓時一命嗚呼，變成紫醬色。班長順勢一挑，小竹子又叉住了蛇頭，之後，他將竹子插進地裏，伸手將蛇從洞裏扯了出來，然後在蛇身上捋了一把，整條一米多長的毒蛇就像一條繩子失去了兇猛的野性，只是無奈地在緩緩蠕動。

「來，趁牠還是活的，你來喝上幾口蛇血，再將蛇膽吃了。這樣對你的風濕關節炎有好處。」班長說著，將竹子倒插在地上，用水洗了一下蛇身，然後用刀在蛇尾處劃了一下，蛇血便汩汩地流了出來。我這時才明白，班長為什麼要活捉這條毒蛇，於是張開嘴巴接了幾口蛇血。哇！好腥，簡直有些讓人想嘔。班長見我不願再喝，也不勉強，只是自己抓起蛇尾喝了起來。之後，他又用刀取出蛇膽，叫我一口吞了下去，然後，遞過了他的水壺，叫我趕快喝上幾口。原來裏面竟是燒酒。

當天中午，連隊許多膽大的知青都吃了幾塊蛇肉，那味道，比雞肉還要鮮美許多。第二天早晨出工點名之際，連隊領導還表揚了我和班長。說是為今後的清岜、挖穴掃除了一個嚴重威脅。

類似這樣遇蛇、打蛇、捉蛇的故事在知青日常生產生活中屢見不鮮，有的甚至更為驚心動魄。六師四團的知青**田亞東**在**〈人蛇大戰〉**中講得更是繪聲繪色：

……初到海南農場隊裏的第一個星期天，在去南昆鎮的路上，就見到了蛇。一個「老百姓」挑著一根樹棍，後邊用藤綁了塊石頭做配重，前面一頭竟然是一盤大蟒蛇。更奇的是，這蛇彎曲地盤成一捲，只一根青藤，竟似一副豬腸一樣，老老實實給吊在樹棍上，還活著呢。不知給施了什麼法術，真服了這些海南黎人。

山中無日月，知青的主要業餘活動就是聊天，海闊天空、不著邊際、驢腿扯到羊胯骨上的神聊。幾個能人提起抓蛇來更是唾沫橫飛，至今還記得幾個口授的「要訣」：或曰人比蛇毒，某君見一洞外有條蛇尾，還只是墊著手絹輕咬了一口，蛇就軟癱，輕易就抓了一條大蛇；或曰蟒蛇最怕汗臭味，只須將汗濕的衣服將牠兜頭一罩，牠就暈了。這些話也就是乘涼時說說罷了，我們這些「非土著」居民，也沒見過誰抓蛇有這麼輕巧。

先說我第一次與蛇的遭遇吧！也許大家都看過所謂「畫中畫」，就是將一幅畫盯一會，就能發現畫中的事物還能組成其他的東西，或飛禽走獸、或魚蟲花鳥什麼，可我見到的卻是一條毒蛇。一次在隊南面山頭的灌木叢裏砍岜，在一片低矮的竹林前，我眼前的竹葉突然動了起來。先是以為自己目眩，湊前一看，竟是翠綠色一段蛇身！只覺頭皮一陣發麻，連忙往後一躲，這才看全了——是一條三尺來長的青竹蛇，正在竹叢的梢上遊走。

依我的本性，本該放生一條性命。可是這片山林今天就得砍完，眼前的竹叢是牠最後的家園，任牠走掉，定是鑽進砍倒的樹木雜草之下，不定等會兒咬到誰呢，於是只好將牠滅了。經過一段時間的砍芭，我對用刀的竅門也有了些經驗。比如說，想一刀砍斷一棵小樹，得以小於四十五度的角度用力斜劈下去，而且內心的著力點必須是這條斜線與地面的夾角處。換句話說，你想一揮而斷的這棵樹，只能作為你揮刀中途的一個點，不要去想它才行。若以樹為目標，反而砍它不斷了。這是我個人經驗之談，在新點整日開荒的農友面前班門弄斧了。

再說這條蛇吧，我雖是緊張，卻也知道務必一刀將其了斷。於是扎了個馬步，斜斜地作勢輕揮了兩下長把的砍刀，算好了力度的延伸線，用眼睛虛瞄了一下這條蛇，轉而盯著力道盡處的方向，使足了勁，嘿地一聲斜削了出去，砍刀在空中劃了個半圓。回眼一看，這蛇已應聲斷為兩截，各自為政地在地上蹦蹦跳跳。這個時候我才真正覺得害怕，也顧不得愛惜刀刃了，像使鋤頭一樣地用刀剁著地上的蛇身。看著地上紅紅綠綠、爛溶溶的蛇身，噁心得不禁打了個冷顫。打條蛇要這麼大陣仗？給大排檔宰蛇的打工妹仔看了，不定笑成什麼樣呢。但也沒有辦法了，俗話說：「人蠢沒藥醫。」我的故事是拿不上臺的，講出來不過是做個引子，以襯托人家捉蛇的威猛。

鄰村的海南人就不同了，他們從小生活在山野裏，對付這些東西，很有一套。比如，水稻播種時，不時有小鳥啄食穀種。就見黎族的小孩們用根長竹片彎成弓狀，頂端繫條小繩做個活套，插在秧田裏，四周再插幾根小樹棍把活套撐開。小鳥一跳進去，就觸動了機關。長竹片彈起，輕輕鬆鬆就把牠套住了。孩子們在秧田旁生了一堆火，抓一隻就到火上燒一隻來吃，嘰嘰喳喳地玩著。他們自幼寓遊戲於生存，練的都是真實的生存本領，在荒山野嶺中討生活的能力比半路出家的退伍兵或是大陸的農民要強得多。海南人抓蛇我沒見過，想是肯定有一套章法。

回憶農場的見聞，似海南人這般用巧的生活場景不多。農場工人用的均是剛猛的外家路數，強攻硬上。我曾聽九連的老鄭講過他捉蛇的故事：一次他在林段發現一條四十多斤重的蟒蛇進洞，衝上去就拽，互相拉扯中把褲子都給扯破了，最後硬是拿一隻籮筐把牠給扣住了——全憑一般狠勁。好，下面我就說個震驚全隊的「人蛇大戰」吧。

要說這事得先介紹一個人：此人姓鍾，三十來歲，胸口滿是長毛，性格豪爽，那總體的形象就似我們歷史課本上畫的那位肩扛野獸、手執長棍的先祖，威猛的形象先聲奪人，我們都尊敬地叫他鍾叔。鍾叔有枝粉槍（就是放一槍熏得滿臉漆黑的那種），一把自製的匕首，雖無當地人的精明，但有時也能打到東西。據說我們沒來之前，他曾捉過一條蟒蛇，也是全憑一般狠勁，扯著蛇的尾巴就往隊裏發足狂奔。那蟒蛇雖有盤、咬、滾、跌諸般本領，但老鍾本著「你有千條計，我有老主意」的主旨，只一味地猛跑，倒把大蛇搞得沒啥辦法。最後一進生產隊，已是人類的天下，一頓鋤頭、棍棒下去，真正是亂棍打死「大蟒蛇」囉。

那大概是七〇年的夏天吧，中午收完膠的人們都在河邊洗膠桶，到處是一派放工後懶散祥和的氣氛。驀地裏，河對岸的陡坡上竄下一條漆黑的大蛇（客家人有一個實用主義的叫法，把凡是有毒的蛇統稱為「惡蛇」，發音是「哦撒」），眾人一片「哦撒」地驚呼，就把老鍾給引來了。打獵的人需要機警果斷，老鍾這條確是不差。他趕到河邊，順著眾人的目光掃去，見河邊峭壁半腰一棵枯樹的樹洞外，有一條黑黑粗粗的尾巴正迅速縮短。

好個老鍾，如飛將軍從天而降，一個燕子抄水之勢就從對岸掠了過去。藉著下衝的慣性，兩步就竄上了峭壁的半腰，抬手撈住了蛇尾。此時他一張臉已湊到樹洞前面，正待故伎重施，拽著蛇尾往回跑時，赫然見碗口大的蛇頭已轉了回來，陰毒的兩隻小眼正與自己面面相覷。牠一見尾部被拿，便倏然轉身，欲給對手致命一擊。也是老鍾命大，試想這樹洞若是再大一些，這種大蛇是何等靈性，早就回頭一口了。只是囿於空間狹窄，這蛇雖轉過頭來，卻未能即時反擊。這當口老鍾上衝的勁道已失，一足凌空，一足踏壁，已不能從容回身後撤。電光石火間，只見他單足一蹬，仰身便往向河中摔去。百忙中，抓蛇的右手卻仍猛地向外一帶，隨即一縮，恰恰避過這毒牙利齒的致命一擊。

「撲通、撲通」兩聲大響，水花四濺，一人一蛇均已落水。小河水淺，老鍾一個鯉魚打挺就蹦了起來，急衝上岸。卻說那大蛇落水後即順水向下逃竄，下游的人敲著膠桶大聲恐嚇；大蛇又轉回溯水而上，上游的人又作勢恐嚇。逃命的機會稍縱即逝，只一耽擱，老鍾已手執鋤頭返回再戰了。水面上毫無遮攔，幾鋤下去，雖因有水阻隔，不致鋤斷蛇身，但也使其受了重創，待得鉤上岸後又用鋤背敲了數下，這條兩米多長的黑蛇就已斃命。老鍾將大蛇切作數段，分贈了幫手的老賀等人，美美地飽餐了一頓蛇肉。

原本故事到這就可結局了，誰知生活竟如此戲劇化：要麼靜如止水，淡得出鳥，要麼高潮迭起，驚心動魄。第二天上午，吃過蛇肉的老賀一進小伙房，忽聽得頭頂有低沉的喘息聲。一抬頭，猛然見到一隻碩大的蛇頭正在自己的頭頂，扁平的脛部顯著白色骷髏頭狀的花紋，兩眼碧瑩瑩的，吞吐著火紅的蛇信，如鬼魅般地作勢就要撲將下來。江蘇人原本大部分都不吃蛇，還流傳著一些有關蛇的可怕傳說，如煮過蛇的水倒在地上會發綠光啦，吃了蛇肉會生怪胎啦等等。現下吃完蛇肉不夠六個時辰，伙房裏就鑽進來一條更大的黑蛇，不是尋仇更待怎地?!老賀當時嚇得嗓音都變了，驚叫著從伙房倒縱而出。

知青趙汝成就住在對面，手上正在修一柄刀把，聞聲趕來到門口探頭一望，也不禁毛髮悚然——小伙房泥牆和瓦頂之間的透亮處，有一半給這蛇身遮住了。蛇頭懸空伸出一尺多長，呈S形左右擺動，天啊，這蛇到底有多大呀?!偏這趙汝成也是個狼年出生的狠角色，不知「死」字怎麼寫，不退反進。竟以伙房中間的柱頭做掩護，拎著白茶木的刀把，貓著腰，躡手躡腳地摸了上去。

正所謂初生牛犢不怕虎，他剛躲到柱子近前，也不待試探，揚手就是一棍，狠狠敲了過去！真是湊巧，蛇頭下方的牆上倒扣著一隻簸箕，這一棍居然正中蛇頭。等於把蛇頭枕在簸箕上砸了一棍似的，雖不如砧板實惠，畢竟是加重了衝擊力。身受重創的大蛇鬥志已消，翻滾著退了出去，沉重地跌在伙房外的水溝裏，又順著後面菜地的田隴，向河邊的草叢蜿蜒而去。

這邊的人一招得手，士氣大振，發一聲喊，追了過去。在附近菜地鋤草的工人老陳聞信，提著鋤頭迎面跑來。此時大蛇雖仍揚頭作勢，但受創後已不靈便，老陳的鋤頭加上隨後趕到的棍棒，一通猛打，終於把牠料理了。這傢伙真叫人大開眼界，最少也有四米多長。圍著巨大的獵物，眾人不禁一陣陣脊樑骨發冷，叫人害怕呀。知青們後來爬上籃球架，把掐頭去尾後的蛇皮釘上去曬，居然從柱子的最頂一直拖到了地下！

為恐毒牙傷人，知青們把蛇頭剁下，挖個坑埋了。剝了蛇皮後，斬了一截送給老陳。餘下的肉，借李志明的伙房，滿滿地煮了一大鍋，敢吃蛇的男知青差不多都去了。也許是真材實料吧，虞皓說從來沒飲過這麼「甜」的湯。這鍋肉煮了很久，才「折」得下骨，虞皓又把折下的肉炒了。油燈下，捧著一大缽白嫩嫩的蛇肉，對於十六七歲瘋長的身體和那副總也填不飽的腸胃來說，還有比這更美的事嗎?!

少年人不知天高地厚，愣頭愣腦地不聽邪。寫這篇文章時，我又與虞皓同學核實了一下，確認了大黑蛇的身份——「眼鏡王蛇」。網上對牠的介紹是這樣的：眼鏡王蛇是身體最大的毒蛇，最長達六米。背部棕褐色，背鱗邊緣綴成黑色的橫紋，身體後段黑色網紋顯著。發怒時身體前段也會豎直，頸部膨扁，這時頭部呈平直狀，如戴頭罩，所以又叫毒帽蛇。眼鏡王蛇性情兇猛，會主動攻擊人，咬住人後緊緊不放。毒液不僅毒性強烈，而且排毒量大，一次可排出毒液四百毫克（乾重一百毫克），相當於致死劑量的幾倍。被它咬中後，不到一小時就會斷氣。當然，搶救及時的話，也不至於就喪生。如果你遇到眼鏡王蛇，假如牠不向你主動進攻，千萬不要驚擾牠，尤其不要使地面受到振動，最好等牠逃遁，或者等人來救援……看罷網上介紹，想想真替趙汝成害怕而又慶幸！

我所管的林段裏也有一條這樣大的眼鏡王蛇，一天上午收膠水時，聽到草地裏似有大纜繩拖行的聲音。跳到環山行之間的大石上往下一望，只見到石間草叢的稀少處，現出了手臂粗細的一段黑黝黝的蛇身，不見頭也不見尾，只一味地帶著唰唰的聲音在眼底下穿行。收膠時，身邊只有一隻桶，一把小膠刷，一時間找不到一件稱手的東西。待等工人們拿著扁擔趕來時，蛇已經走了。如果有海南人在，一定有本事找到蛇洞，但我們都不懂行，加上生產任務又重，打不到也就算了。飽受了日精月華，這樣的大蛇都是有靈性的，這麼久了，我也只見過牠一次。我調去武裝連後，潮汕青年莊海接手打理這片林段，也還見過牠一回。希望牠們和人類相安無事，和平共處下去吧……

但並不是所有知青都有亞東這般幸運，二師二團（現海南東泰農場）的知青**林麗容**就有一段被毒蛇咬傷幾乎喪命的經歷。她在**《青竹蛇口逃生記》**中回憶道：

……一九七〇年夏天，十六歲的我已在廣州軍區生產建設兵團二師二團（海南東泰農場）九連當了一年多割膠工——每天早晨三點鐘就起床，去膠林割膠。我們農場位於山區，山螞蟥和毒蛇特別多，幾乎每天割完膠回來，雙腳和衣服上都有螞蟥吸過的血跡。

那天我正在膠林割膠，突然一陣鑽心刺痛，我慘叫一聲，當時大概是五點多鐘，天已經有點亮了，依稀看見一條約五十釐米長的蛇跳起來，我想一定是被這條蛇咬了。是眼鏡蛇？還是其他蛇呢？如果是眼鏡蛇那就必死無疑了！我穿的是一雙塑膠涼鞋，蛇透過鞋縫把我的腳指頭咬傷了。由於不知是什麼蛇咬，我站在那裏一動也不敢動。因為聽人說過，如果被七步蛇或五步蛇咬傷，走完七步或五步就死了。

正在旁邊樹位割膠的工人馮素英聽到我的慘叫，立刻跑過來。

我說：「我被蛇咬了，不知是什麼蛇。」

馮素英說：「你趕快用膠帶將腳紮起來，以防毒液上流，我先把蛇打死，牠應該還在附近，蛇咬了人之後不會爬很遠的。」

馮素英撿了條樹枝四處搜索。

我慌忙從膠籮中拿出一條膠絲（膠水流乾後凝固在割面上的橡膠條）從小腿中紮起來。很快，馮素英就把一條青竹蛇打死了。由於當時的工作任務繁重，馮素英要繼續割膠。她說：「你趕緊回去吧！」

回連部大概是一公里多的路程。毒液慢慢發作，我的整條腿開始腫脹，傷口疼痛異常，行走越來越困難，真是叫天不應，叫地不靈！

我想：「不會就這樣去見馬克思吧，我才十六歲，來海南一年多了，還沒有回過家呢？」痛和恐懼伴隨著我慢慢地走出了膠林。

再翻一個坡就到連隊了。我反覆默唸著《毛主席語錄》：「下定決心，不怕犧牲，排除萬難，去爭取勝利！」

不知過了多長時間，我終於走到了醫務室——當時所謂的醫務室，只有一名赤腳醫生、一個護士以及一些簡單的藥，而且要管整個分場的四個連隊。

赤腳醫生陳啟通見到我這個樣，大吃一驚。問明是什麼蛇咬傷後，馬上取出針灸用的銀針，在我的傷口附近一針一針地刺下去，痛得我哇哇哭叫。

我的慘叫聲驚動了正在病休的海南女知青劉淑珍，她跟我同住一間茅草房，身高只有一百四十八釐米，體重八十斤左右。因為個子小，大家都叫她「劉仔」，她趕緊過來扶住我。

陳醫生一邊刺一邊把毒液擠出來，擠出來的血是黑色的，他說擠出來的血一定要是紅色的才行。

他每刺一下，我就鑽心般痛，一痛就用力抓住劉仔。劉仔被我抓得大叫，因為我當時差不多一百二十斤，一痛起來就用死勁，所以在醫務室有兩種慘叫聲！

事後才知道，劉仔消瘦的手臂被我抓得一片瘀黑——沒有骨折已是萬幸……（上天很快就給了我向劉淑珍「賠禮道歉」的機會：此事過後不久，劉淑珍患了痢疾，上吐下瀉，我服侍了她幾個日夜，甚至連她吃剩的半碗藕粉，我也不怕傳染照吞下去。）

陳醫生終於停手，不知是緊張還是熱，陳醫生全身都是汗水，劉仔也讓我抓得癱在那裏直喘粗氣。這時，我感到傷口好像沒有那麼緊了，痛楚也減輕了一些。

陳醫生轉身就去採治蛇咬傷的草藥了。

這時已有一些工人回來了，大家對我說，快喝一些酒，能喝多少儘量喝，這樣毒性才沒有那麼容易發作（當時我們連隊凡是被蛇咬傷之後都要喝酒）。

劉仔馬上拿了一個大碗去打酒（不記得是甘蔗酒還是地瓜酒了），這碗酒沒有一斤起碼也有八兩。喝了一口，極其難喝，但心想如果不喝的話，可能沒命，全部喝完說不定就會好了。於是硬將一大碗酒喝完了（後來我請教過一些醫務人員，被蛇咬傷後，飲酒是否會有幫助？他們都說沒有根據。應該是不能飲酒的，因為會加速毒液循環）。

很快陳醫生回來了，他將採到的草藥洗淨搗爛，然後敷在傷口上。我問他有些什麼草藥，現在只記得有半邊蓮、田基黃兩種。將傷口包紮完畢，他說我晚上可能會發燒，如果情況有變化，就要送場部醫院了。

到了晚上，連隊領導和一些工人過來看望我，他們關心地問：「蛇咬你之後，跳得有多高？有沒有將蛇打死？」

我說：「大概跳一米吧，蛇被馮素英打死了。」

老工人說：「那就不怕了。如果跳得高過你，和讓牠跑掉，你就死定了！」還告訴我們知青以後被蛇咬傷，一定要將蛇打死。

我想：「以後如果再被毒蛇咬到，一定要拚命跳得高過牠！」

當晚，我的腳脹痛，下地都有困難。可能酒喝得多，頭昏沉沉的，但慶幸沒有發燒。

第二天凌晨三點，起床的鐘聲響起。我想割膠工作那麼繁忙，我不應該躺在床上，「一不怕苦，二不怕死」，我硬撐著起床，拿一根扁擔當拐棍，在連隊附近的膠林幫忙，直到天亮。

此後天天如是。敷了十多天的藥，我的傷才好。連隊為了表揚我「重傷不下火線」，評選我為「活學活用毛主席著作積極分子」並出席場部表彰大會。

三十七年過去了，每當我翻閱發黃的老照片，當年救過我、幫過我的所有好人：陳啟通赤腳醫生、馮素英工人、劉淑珍知青等就一一浮現在眼前。歲月可以將照片侵蝕得面目全非，但患難之中的友情卻難以磨滅。我想，沒有他們這些好人的幫助，就算我跳得比蛇高得多、飲再多酒亦不可能逃過毒蛇口之劫！衷心祝福好人一生平安。

看了林麗容的回憶，真為她的意志所折服，也為遇上這麼多好心工友感到慶幸。咬傷林麗容的竹葉青蛇俗稱青竹蛇、刁竹青、青竹標，頭呈三角形，頸細，眼紅色，體背呈草綠色，自頸部以後形成左右各一條白色縱線，或為紅白色側線，或為黃色側線，尾焦黃色，體長一般為六十至九十公分。常棲息於山區樹叢或竹林或溪澗邊灌木雜草之中。這種蛇在海南島很多，而且又不容易發現，所以傷人之事在兵團知青中時有所聞。然而，最為幽默有趣的是**馮國森**寫的一篇〈**竹葉青**〉的故事：

袁廣是我的隊友，廣州知青。

袁廣被竹葉青咬了，住院半個多月，還沒有出來。怎麼回事？難道這小子趁機偷懶？那時候，勞動特別艱苦，有的人頂不住了，藉口這裏病、那裏疼，趁機休息兩天喘口氣也是人之常情。但是袁廣確確實實被竹葉青咬了，在場部醫院治療。他這個人平時老實厚道，工作搶著幹，是不計較名利得失的人，絕不會耍奸賣猾。排裏派了幾個同志到場部醫院看望他。

我們農場地處丘陵和山區交界處，毒蛇很多。十八隊的一位老兄晚上出去打山豬，被蛇咬了，不清楚被什麼蛇咬了，但是非常清楚的是，被蛇咬之後，落下一條瘸腿。他拖著那條瘸腿走山路，左搖右擺伴著上下伸脖子點頭的姿勢，是再清楚不過的。毒蛇咬瘸了他一條腿，卻咬不掉他打山豬的嗜好。他仍然拖著一條瘸腿和一條槍托被白螞蟻啃過的火藥槍，出沒在土龍河、黎龍河兩岸的山林，時不時將瘸腿搭在石頭上，好讓兩腿一樣長，還不時瞄兩下自己那桿破火藥槍，活脫脫一幅瘸腿瞎眼國王打獵圖。

與十八隊那位老兄不同，那位老兄蛇傷是被動的，袁廣是主動捉蛇，才被咬。一天，一排的兄弟在鹿雲村方向的林段砍萌。砍萌就是將林段裏兩個環山行之間沒有開挖地帶（叫萌生帶）新長出來的雜草灌木砍乾淨。我在〈我的青春傷疤〉裏說了，我們的長把砍刀非常鋒利，幾乎是毛吹立斷的水平。我們揮舞著長一米四到一米六左右的長把砍山刀，如城市的清潔工掃地。可是我們揮起刀來比城市清潔工兇猛得多、乾脆得多，有橫掃千軍如捲席之勢，有長纓在手立即可以縛住蒼龍的豪氣！萌生帶的雜草灌木在我們的刀光之下，一掃而光！一會兒就砍出一大片的成就感，增強了我們對艱苦勞動的樂趣。

我們那時候年輕氣盛，好奇心強。什麼東西都按照毛主席的教導：「要知道梨子的滋味，就得親口嚐一嚐。」上午十點，工間休息十分鐘。我們雖然是野外的農業勞動，也按部隊、工廠那一套制度，有工間休息時間，讓大家喝水、撒尿。在休息時間裏，大家七嘴八舌議論起關於毒蛇的話題，有人介紹民間捉毒蛇的方法，見到毒蛇，可以赤手空拳抓活的。方法是右手迅速抓住蛇的尾巴，左手從蛇尾處輕握，拇指與食指中指成環狀，在右手往後拉的同時左手迅速往前捋，到了蛇脖子處用力一箍，蛇就被活捉了。袁廣聽到耳朵裏，記在心頭。

休息過後，繼續砍萌。真是無巧不成書，袁廣發現了一條青竹蛇！那條蛇真漂亮，翠綠的背，帶一點鵝黃，調色板是絕對調不出這種明度的顏色的。青竹蛇兩隻金黃的小眼睛炯炯有神，褐紅色的尾巴在輕輕地撥動，像在為某首樂曲打著節拍。最絕的，是這條蛇盤在灌木中的整體形象，竟然是中國草書的「龍」

字！如果不是牠吐出的血紅色的信子，絕對是一隻十分可愛的寵物。這麼漂亮的玩意怎麼能放過？袁廣想抓活的，給我們一個驚喜。他悄悄接近竹葉青，左手握蛇尾，右手護蛇身，然後一捋，一氣呵成。成是成了，竹葉青是抓住了，可是袁廣被牠咬了一口。

袁廣抓住蛇的脖子，看自己的傷口，有兩個血點，出血不多，但疼痛劇烈，像將自己的手放到伙房的灶裏燒的感覺。大家圍住袁廣，說：「弄死牠！」袁廣猶豫了一下，叫大家站開一點。他的左手放開蛇脖子，右手將蛇轉風車那樣甩起來。我明白了，袁廣在做第二個實驗。有人說過，捉住蛇的尾巴，提起來轉風車那樣輪幾下，蛇的關節全斷，跑不動了，也回不過頭來咬人了。袁廣將掄的速度放慢，讓蛇倒掛著，看看牠的腰是否斷了。可是，蛇本來垂著的頭突然向上彎，差一點又給袁廣一口！袁廣憤怒了，說：「你還敢咬我！你還敢咬我！」將蛇摔在地下，用刀背將蛇頭敲爛。

大家勸袁廣回場部醫院看看，要及時治療。袁廣不走。他的理由是還沒有到下班時間。按規定，中午下班是十一點半才能往家走，他必須嚴格遵守勞動紀律。再說了，他研究過竹葉青的毒性，排毒量不多，中毒死亡極少。他在傷口處擠出不少血，然後繼續砍萌。

袁廣的蛇傷，由於治療不及時，已出現經噁心、嘔吐、頭昏、腹脹痛的症狀，必須住醫院治療。在場部住了幾天醫院，傷口雖然潰爛，但已經明顯好轉，全身性的症狀已經消失。一天，當時是主治醫生，後來當了院長的小宋（我們應該稱老宋才對）查病房，給袁廣開了些內服、外用的藥，還有一種用來浸洗的中草藥湯。藥湯是每天由護士煮好送到病房的。然而，袁廣的蛇傷傷口並沒有進一步好轉的跡象，出不了院。

一個多星期後，宋醫生再次查病房，發現袁廣還在住院。宋醫生不解地問：「怎麼啦？你那點傷還在住院？」「傷口還沒有好啊。」袁廣說。

宋醫生拆開紗布看傷口，說：「糟糕！你是怎麼弄的？」

「按你的處方堅持用藥，一天都沒有拉下。」袁廣答。宋醫生看了一會病歷，說：「我開給你的中藥湯你怎麼用？」「泡手啊。」「錯了錯了！給你開的中草藥湯是洗腦袋的，你怎麼拿來泡傷口！」

一個星期前，宋醫生查病房時，袁廣除了說蛇傷傷口的問題以外，還說自己的腦袋特別癢，怎麼辦？宋醫生就開了洗頭的中草藥湯，想不到他卻拿來浸泡傷口！而且為了充分利用藥效，一泡就是幾個小時！這事肯定出錯了，到底是袁廣沒有聽清楚而將藥用錯了地方？還是護士沒有認真看醫囑提醒病號？現在是不可能搞清楚的了……

看完這個故事，真是讓人啼笑皆非。這，就是年輕的證明，也是年輕的代價。還好袁廣遇著的是竹葉青一種較為輕毒的蛇，被咬之後沒有性命危險。相比之下，有的兵團人員就因為毒蛇傷害致死。知青黎服兵前幾年回場，得知六八年和他同在一個班的戰友孫玉海就是因為被毒蛇咬傷致死。心裏好不唏噓，那可是條山東好漢，武功十分了得，卻經不住蛇毒，真是令人痛心。

除了毒蛇，在海南還有一種多棘蜈蚣和蠍子螫人之事也經常發生。海南的多棘蜈蚣成蟲體長一般十五公分左右，有的甚至長達二十至三十公分，較少棘蜈蚣寬大，共有二十一個體節，形態與少棘蜈蚣大體相似，其主要區別是顎肢齒板的齒數為六加六，第二十對步足沒有跗棘，尾足的前股節背面內側有二棘，腹面外側有二至三棘，腹面內側二棘。

這種野生的蜈蚣大都棲息在山坡、田野、雜草叢生的地方，或棲息在柴堆及屋瓦隙間，也常在廚房牆角邊等陰暗角落裏棲息，在豬舍、雞舍周圍的磚瓦下面，甚至連隊人員住的茅草房牆壁也常見到蜈蚣的足跡。這種蜈蚣一般白天在窩內棲息，夜間爬出來活動，覓食及交配。晚上八點至十二點鐘是蜈蚣活動的高峰，一旦到凌晨四點前就陸續回窩休息，天亮以後就難以見到蜈蚣了。由於我們當時住的多是泥巴稻草糊成牆壁的茅草房，每到晚上，常常可以觸目驚心地看見銅頭鐵身般的蜈蚣在茅草房中的牆壁裂縫中爬行。此時，有的人往往會毛髮聳立，比老鼠在房頂上來回奔竄搗亂的聲音要怕人得多。

汕頭知青**小草**記得：

剛到連隊住進了一間茅草房。第二天睡醒剛睜開眼睛，就看到一條足足有半尺多長的大蜈蚣躺在我那嶄新的蚊帳上面。天啊，從來沒見過這麼大的蜈蚣，於是趕緊去找班長求救來打死了牠。開工時聽老工人說，大蜈蚣通常是成對的。果然過了一天，早晨一爬起來，在我床頭那張架了二塊床板後，多餘出來的長條凳子一頭，又是一條同樣大的蜈蚣優優閒閒地爬在那裏，可能是來找牠的另一半吧。謝天謝地，好在蚊帳是捲壓在草席下面，不然爬進來可就糟糕了。後來割膠在林段裏碰到的蜈蚣多了，膽大了，不怕了，也敢打了……

這種多棘蜈蚣的視力很差，牠只依靠一對細長的觸角探路、覓食、尋找配偶等，但性情兇狠，牠不僅捕食弱小的動物，還敢向比牠大幾倍的動物進攻。喜食各種昆蟲如蟋蟀、蝗蟲、金龜子、螞蚱、蜘蛛、螻蛄以及蠅類、蜂類、蛾類等，也捕食蝸牛、蜥蠍、壁虎、青蛙等。因此，知青們在勞作時，裸露在外的腳趾、手指常常被多棘蜈蚣誤以為是蜥蠍、青蛙的美食，有理無理先咬上一口，當牠發現所咬之物無法拖動吞食之時，便會迅速逃遁。此時，被咬之人便會遭受劇痛之災。在兵團，許多知青都有過被大蜈蚣咬過的體會，好在是這種毒蟲毒性不是致命，只是咬的時候那疼痛感簡直如同利刃鑽心。但傷口處理敷藥後，過了幾個小時就緩解了。

一天，某連隊安排蓋房編茅草，有位廣州知青抱著一捆茅草正準備編，不料從草裏鑽出一條約二十公分的大蜈蚣，在他的手臂上咬了一口，當時就十分疼痛，走到衛生室裏，衛生員也沒有更好的辦法，只好給他吃了一顆蛇藥解毒。誰知到了晚上，那知青更是痛得不行，咬緊牙關才沒有哭出聲來。一晚上痛得根本沒法入睡，眼巴巴地等到天亮——因為聽老工人說，被蜈蚣咬後，公雞一叫就不痛了。不過也是真的，天一亮，疼痛就緩解很多了。那知青第二天又參加了編茅草勞動，只是手臂上還留著一個小傷疤！

知青藍藍回憶道：

有一次，我隨師部的活學活用毛澤東思想講用團在某武裝連進行宣講，武裝連的戰士席地而坐，次序井然。開會前連隊間的拉歌聲此起彼伏，熱火朝天，開會時會場卻安靜得鴉雀無聲。顯然這個連隊訓練有素是支紀律嚴明的隊伍。

快到中午時，該輪到我發言了，我剛走上臺拿起稿子準備照本宣科，忽然臺下一陣騷動。只見一位男知青突然昏倒在地上，臉色煞白。旁邊的人連忙七手八腳地把他抱起來。這時，只見一條四十公分左右的紅頭金邊的大蜈蚣從他的褲腿裏慢慢爬出來。原來他是被蜈蚣咬傷了私處。

會場頓時熱鬧起來了，大家一邊慌忙抄傢伙把大蜈蚣砸死了，一邊衛生員又是掐人中，又是扒褲子對他的陽具進行檢查。七手八腳地把他給救醒了後，連長責問他為何大蜈蚣鑽褲襠裏還不跳起來趕走牠，乾挺著被牠咬昏了。那知青說：「大家在聽宣講，我不能破壞紀律，我想起了邱少雲……」

顯然，這位知青對於紀律的理解有些近乎愚蠢，白白被蜈蚣所傷。但是，如果一不小心，你在海南讓蠍子螫傷，那麼你不哭都不行。海南蠍子又稱東亞鉗蠍，當地人俗稱「山蝦」，常常出沒林間石縫，是在我國蠍群中分佈最為廣泛的一種。體型不大，只有成人拇指般大小。屬變溫動物，也就是我們常說的冷血動物，但尾鉤螫人極痛。蠍子自古被樹為五毒之首。是因為牠天性兇殘狠毒，傳說母蠍會把剛出生不久的幼蠍吃掉，人們也常用蠍子比喻惡毒的婦人。加上醜陋的外表，可以說蠍子現在幾乎到了人見人打的地步。

蠍子之所以名冠群毒，是因為蠍子的毒是一種神經毒素，人被蠍子螫傷之後，蠍毒進入人體血液內，刺激神經產生強烈的疼痛，那種疼痛是持續性的，疼得讓你呼吸的機會都沒有，有些令人窒息的感覺。一般人被蠍子螫傷之後，大都會哭天喊地。以至於在排列名次的時候，人們居然忘記了對蜈蚣和毒蛇的強烈恐懼，所以對這種毒蟲，常人往往避之唯恐不及。

我在十連時，親眼見到知青好友黃三秀的腳拇趾，在夜晚睡覺時不小心靠近牆邊被蠍子螫傷，頓成紫黑色，痛得不停地拍打著床板，哇哇地大叫大哭了一個晚上，令人看了不寒而慄。還有一次，某團的政委到連隊檢查墾荒情況，在聽取彙報時，順勢坐到了剛修出的環山行邊的草地上，不慎被蠍子尾鉤螫了一下，這個曾經參加過抗美援朝的老軍人，即使在受槍傷時都不輕易掉眼淚，可當時蠍子進入體內的劇毒，使他忍受不了疼痛而喊爹罵娘般地哭叫起來。事後，他有些自嘲似地對部下解釋說：這蠍螫比在朝鮮戰場挨美國人的槍子還痛……可見其一滴晶瑩剔透的毒液，給多少知青留下過無法磨滅的回憶。

這裏也多說幾句，今後，如果我們被蠍子螫了，有條件的趕快去醫院就診，沒條件的可以採用一些鹼性的溶液，如肥皂水或者濃度為百分之三的胺水，以及像高錳酸鉀這類的溶液，將牠螫處好好沖洗一下，這樣可以減少疼痛。而被蜈蚣咬傷後也可用肥皂水清洗傷口，局部應用冰塊、冷濕毛巾敷住傷口，或切開傷處皮膚，用抽吸器或拔火罐等吸出毒液，亦可用魚腥草、蒲公英搗爛外敷。不過，話又說回來，如今這兩種毒蟲都是治風濕、防癌症的珍貴藥材。當年，由於自由兄弟小時候風濕關節炎比較嚴重，在海南還喝了不少用多棘蜈蚣泡的藥酒。

此外，海南還有一種黃螞蟻和大黑螞蟻咬人也是挺可怕駭人的，但相對上面幾種毒蛇毒蟲來說，只是一時的疼癢難耐，而且在我們砍伐雨林時常常遇到樹枝上的蟻巢落得滿身滿臉，簡直就是家常便飯，所以就不值得一提了。每當下雨漲水之際，我們經常可以看到許多黑色或黃色的蟻球在水面滾動，那是螞蟻在結團向別處搬家。每當這時，自由兄弟常常似頑童般地用長竹子將蟻團打散，再看著無數的螞蟻在洪水中掙扎漂浮，很是好玩有趣……

第四節　煩人的「吸血流氓」和「難言之隱」

在海南，還有一種最為煩人、被知青們戲稱為「吸血流氓」的螞蟥。海南的螞蟥種類很多，有生長在陰濕低凹的林中草地的旱螞蟥，也有生長在沼澤、池塘中的水螞蟥，還有生長在山溪、泉水中的寄生螞蟥（幼蟲呈白色，肉眼不易發現）。可以說這一「吸血流氓」幾乎無處不在，無所不為，令人討厭卻又每天需要面對。這種動物雖不傳染疾病也不立即使人斃命，但牠吸血量很大，可吸取相當於牠體重二至十倍的血液，往往能使人的體力衰弱，同時，由於螞蟥的唾液有麻醉和抗凝作用，在其吸血時，人往往無感覺，當其飽食離去時，傷口仍流血不止，常會造成其他感染，受叮處容易發炎和潰爛。

說起海南的水螞蟥，那可是大得怕人。自由兄弟在放牛時，曾經見到牠們叮在水牛的背上，吸漲血後足有二三兩重。我扯下來後，淘氣地將牠們置於石頭上面，然後用鞋子猛地一踩，牛血頓時從螞蟥兩端飛濺出來，活像小時候玩的竹筒水槍射水一樣，竟會在遠處地面留下一灘牛血。之後，我又用刀背砸爛了牠們的身子，然後放入水中，只見牠殘存碎屑還會蠕動。聽人說，過上一段時辰，這些碎屑又會變成一條條的小螞蟥，但我沒耐心去看過牠們的演化。

這種水螞蟥對於知青的騷擾確實令人望而生畏。兵團二師有位女知青回憶道：

> 我們剛到海南，在下到一片水田裏插秧苗時，只見水汪汪的田裏游動著許多大螞蝗，平時，這些螞蟥都是吸水牛身上的血維生，由於這段時間，隊裏的牛都忙於耕田，田裏的螞蝗久沒聞到血腥，早就饑渴不已。新來乍到的女知青們都是在城鎮長大，先前誰也沒見過這些吸血怪物，誰也不知道牠的厲害。大家如

今滿懷豪情地上山下鄉來到農場，個個都爭先恐後地下到田裏。

一位團支部委員的女知青更是嚴格要求自己，只見她一馬當先站在水裏忙碌著插秧，很快兩條腿上就爬滿十多條的螞蝗，開始她還試著用手去拔下這些可惡的傢伙，可是，由於螞蝗是一條兩頭帶吸盆的軟體動物，你拔了這頭的吸盆牠那頭依然連著，拔了那頭的這邊的又吸住了。這位女知青很難把牠們弄掉，只好不再去管這些螞蟥，任憑牠們貪婪地吸著自己的鮮血，一直堅持到將稻田秧苗插完。收工之時，由於被螞蟥吸血過多，她才感受到有些頭暈目眩，需要同伴攙扶著走回宿舍。打那以後，她看到水田裏的螞蟥游動，渾身就會起雞皮疙瘩。

歸僑知青**陳經緯**在**〈接受「再教育」中的插曲〉**中也有趣地提及了「吸血流氓」的騷擾：

……綿綿春雨給海南島帶來了種花生和番薯的好時節，然後不知不覺，又是種水稻的時節了。班長牽了頭大水牛，套上了犁鏵，在前一天灌滿水的田裏來回翻土；我們則去了鏟秧苗，並把鏟好了的綠油油的秧苗挑到田埂上。我們是六六年回國的歸僑學生，只有在夏季裏參加過一次農忙收割勞動，插秧還是頭一回。於是，班長犁好田後便招呼我們下田去跟在老工人身後學插秧。怎料我剛插了幾把秧，便發現有「流氓」正在緊緊依附著我的小腿，於是伸手朝牠們狠拍了一掌，將牠們打落下來。

此時，田裏又聽見了菊秋和偉芳先後發出驚駭的尖叫聲，原來她們都被「吸血流氓」看中並「非禮」了（注：這是借用中坤知青作家古國柱對水螞蟥的厭惡稱謂）。聽著此起彼落的尖叫，我啞然失笑起來。原來，「流氓」已經鑽進了兩位少女因愛美而穿著的緊窄的長褲褲管裏，並已快要攀上大腿了，幸好最終有兩位婦女用竹笠遮掩著她們的下身，才使她們可以脫下長褲來掙脫「流氓」的糾纏。事後，我從一位懂得用草藥治病的老工人處，學到了用田邊的旱蓮草來揉搽腿部，可以防止水螞蟥吮咬的方法。我悄然試了一下，果然有效，於是也將這個辦法告訴了其他知青，以後大家下田就少了許多尖叫……

與水螞蟥相比，山螞蟥更為可惡和厲害。在熱帶雨林中潮濕的環境中，牠們看上去很細，像一根根棕褐色的火柴棒，卻有著相當靈敏的觸覺。牠是通過熱感應系統來搜尋食物，人或動物還在數十米外，牠就已經感覺到了。然後精心地做好準備，將身子彎成弓形，只要你從牠旁邊經過，牠就從樹葉上、草叢裏、地面上，彈射到人和動物的身上，從嘴裏噴出一種能夠溶解血清的物質，將血液源源不斷地吸到牠肚子裏去。

吸飽了血的山螞蟥體積是原來的十幾倍。人被山螞蟥叮咬後，常常會引起癢、痛症狀，極易引起心理恐慌。在海南的雨季時山螞蟥更多，特別是剛下完雨後的山林，樹上、草叢、地面的腐葉，甚至岩石上，到處都可以見到牠們蠕動的身影，只要我們一踩響山路，牠們就彷彿聞到了人的氣息和肉香，興高采烈地紛紛躬身曲背向山路爬來，然後伺機彈射到你的身上。如果你進行砍岜等林間草叢作業，牠們則會像雨絲一樣地飛濺而下，可怕至極。

知青**古國柱**曾在他**《歲月留痕》**中回憶說：

我之遭遇的螞蝗雨，也是在臨江砍木棍時發生的事。南渡江的對岸，已屬澄邁縣，那些茂密的叢林，本身就說明了是人跡罕至的地方，自然是各種生物的天堂。沿著江邊的「木棍樹」很快被我們砍光了，必須向縱深挺進。

一天，當我仍是那副「行頭」：提著砍刀，光著膀子，只穿一條運動褲向縱深處前進，希望找到新的一片「木棍樹」時，不知碰到了哪棵樹，忽然覺得身上好像有什麼東西灑落下來，癢癢的。低頭一看，不禁目瞪口呆：胸前背後盡是不到一公分長的山螞蝗，不下幾十條！我頓時緊張得渾身都起了雞皮疙瘩，連忙用雙手拚命地撲打。這些綠林好漢們紛紛趁勢逃脫，只剩下幾條不顧「行規」，企圖死纏爛打，硬是叮在我的皮膚上。我只好使出最後一招：吐些口沫在手掌上，擦過去。這才使牠們落荒而逃。

當然，我不忘立即扯下運動褲，看還有沒有暗藏的——據老工人說，如果讓山螞蝗鑽進小便的那個地方，拽出來都難！這多可怕啊！幸虧沒有。牠們來不及。我這才長長地舒了一口氣，心想幸虧遇上的是綠林好漢，如果是幾十條流氓，那我和牠們真是纏繞不清了……以我經歷的這番遭遇，我想「海南十八怪」應改寫為「螞蝗成雨天上來」，才更貼近實際。

還有一位知青在回憶武裝值班連墾荒時也有過這樣的描述：

經過短暫的集結操練後，我們就被派去幹一些與其名稱毫不沾邊的工作——開闢新墾區。新墾區位於農場的最邊緣，有一個響亮的名字，叫「紅岩隊」，位於海南瓊海縣與萬寧縣接壤的一片三不管的地段。我們三排作為尖兵，先行開進了這片人跡罕至的山溝溝。

第一天，就在山谷小溪旁砍倒一片權木林子，清理平整出一塊空地安營紮寨。一夜的風餐露宿，第二天早起，發現自己的鋪蓋上到處都是血跡斑斑，細看之下，發現偷襲者正是令人討厭的山螞蝗。最氣人的是，扛槍當「兵」的，還未打仗，這第一滴血就流得如此冤枉！後來，還是帶兵的海南籍排長教會我們用野山薑苗子，搗碎後鋪在被褥子底下驅趕哪些無處不在的山螞蝗，我們才減輕了睡覺的後顧之憂。

而自由兄弟記憶猶新遇到山螞蟥最多的場景，是在一九七〇年秋天，一場颱風暴雨將連隊的幾排茅草房掀走了許多茅草，而連隊周圍山嶺的茅草長得太稀疏，難以就地取材。當時我已榮任一班副，於是連隊領導叫我帶著五名男知青，到松濤水庫邊的一個有苗寨的山嶺去割茅草，那個地方叫什麼名字我已記不起來，只記得汽車繞過十連後，七拐八拐，在一個很陡的山路前停了下來，然後，我們揹著鐮刀、砍刀和炊具等裝備，順著小溪旁邊的山路爬了上去。

上到半山腰處一看，那裏的風景真是優美迷人。從森林茂密的高山上奔流而下著一條小溪，溪水在山坳處蓄成了一個清澈的小湖後，又順著層層疊疊、參差不齊的岩石形成了一道十多米寬、七八米高的瀑布。之後，又在下面的水池裏小憩片刻，又順著陡峭的山勢向山腳流去。若是站在山腳下看，宛如一條銀河從天而降，垂掛在蒼翠的山峰之上，很是壯美。

更為難得的是，在小溪兩旁的肥沃泥土的山嶺上，盡是長得十分茂盛，比水稻還厚的茅草。我們砍來竹子，只兩三個鐘頭，就在山溪邊的茅草地上搭起了一個簡易的竹棚，然後忙著割起了茅草，我們邊割邊將一捆捆茅草順著陡峭的山路滾下了山腳。累了一天之後，眾人草草吃完煮的米飯，然後在水池裏痛痛快快地洗完澡，就打開席子鋪在墊有厚厚一層的茅草上面，便在涼爽的山風中睡著了。

不知幾時，已近清晨，我感覺到大腿根部有什麼東西叮咬得發疼發癢，便睡意朦朧地伸手抓去，只覺得扯得「小雞雞」生疼。睜開眼睛一看，原來扯下的這團軟綿綿的東西，竟是一條幾乎吸飽鮮血的山螞蟥。我趕緊起身細看，霎時頭皮一陣發麻。只見腿上、手上、身上，到處都叮咬著大大小小的山螞蟥，估計全身有五六十條之多。

我一邊吐著口水不停地拍打著牠們，一邊趕緊叫醒其他的夥伴，大家也和自由兄弟一樣，全身上下到處都是密密麻麻黑色的疙瘩——也叮著不少的山螞蟥。這些傢伙被手拍下來後，就是一顆顆滾圓透紅的肉團，還在草席上滾來滾去。有的山螞蟥吸得太緊，用手還拍不下來，只好用香煙先去燒燙牠一下，此時才肯戀戀不捨地鬆開吸盤掉了下來……

好一陣工夫，我們總算將全身上下的「吸血流氓」清理乾淨，然後將牠們抖出了席子，放入灶中用火燒死。這才七嘴八舌地分析起挨山螞蟥叮咬的原因。本來，昨天下午太陽猛烈，這山嶺並沒看到有山螞蟥，可是到了晚上，寒風裹著晨霧，帶來很重的濕氣，連茅草上都沾滿了水珠，這些潛伏的「吸血流氓」就異常活躍起來。牠們順著地上墊著的茅草爬到了我們的身上……

正當我們不停地抓著滿身叮咬的傷痕，用煙絲忙著給有的還在不斷流血的傷口止疼，商議著是否搬遷竹棚之際，一位好心的苗族老爹告訴我們，可用昨晚燒飯的炭灰研成粉末敷於傷口上止血，之後再用嫩竹葉搗爛後敷在傷口去痛。這位苗胞還指點我們砍來了許多野生薑和飛機草圍住竹棚，又給了我們一些大蒜和一些自製的藥水，叫我們臨睡覺前搗碎擦滿全身，以防備山螞蟥的叮咬。

當晚，我們認真地按照苗族老爹吩咐，採取了這些預防措施之後，果然管用，別說山螞蟥不敢叮咬，就是竹棚的蚊蟲也少了許多。只是那大蒜和野生薑的味道有些難聞。幾天後，當我們割滿了三車上好的茅草離開苗寨山嶺之時，我將一個完好的軍用水壺送給了那位善良的苗胞老爹做紀念，他也回贈了我幾斤包穀燒酒，然後我依依不捨地告別了那個風景優美、民風淳樸的地方。

在海南山林中，還有一種長相與蜘蛛相似，專門附在動物皮膚上吸食血液的小蟲子，學名叫蜱，這小東西經常爬在人的皮膚上吸食人血，有些蜱還帶有病毒，能將疾病傳播於人，當地群眾俗稱為「竹蝨子」。這種蜱常常從衣袖、褲管鑽入人的衣褲之內。而我們在雨林中經常是只穿一條長褲，光著上身幹活，休息時也常常隨便地坐在樹幹或落葉上，自然免不了蜱的叮咬。

開始我們不懂，感覺被蜱咬疼之時，只是迅速抓住蜱的腹部就往外猛拉，結果通常只是將蜱拔掉。但因蜱已在皮膚上叮了較長時間，頭部已經進入皮膚，其前部的螯肢便緊緊地鉤在皮膚裏，用力猛拉的結果便是把螯肢拉斷留在裏面。螯肢細小，不易察覺，常常在皮膚裏引起發炎，被叮咬的腳上、手上不是化膿，就是紅腫，這裏傷處剛剛痊癒，那裏又已潰瘍開花。後來，我們有了經驗，對於在皮膚上叮咬的蜱，先拉一下，再放一下，反反覆覆輕輕地往外拉，直到把蜱完整地拉出來為止。

不過與那種煩人的恙蟲病相比，這種「竹蝨子」叮咬所帶來的炎症就不算什麼痛苦了。當時在海南兵團知青中，尤其是男知青，可以說是很多人都領教過這種專門傷害私處，尖痛奇癢，而又無可奈何的「難言之隱」。

恙蟲病又名叢林斑疹傷寒，人行經草叢、林地很容易被一種紅色微小沙虱叮咬，即發生紅疹，特徵為突然起病、發熱，叮咬處有焦痂或潰瘍、淋巴結腫大及皮疹。這種病分佈很廣，橫跨太平洋，印度洋的熱帶及亞熱帶地區，但以東南亞、澳大利亞及遠東地區常見，我國尤以海南島為多發地區。其傳染源主要是家鼠、田鼠和野兔及某些鳥類也能感染本病。

這種病在北方多在夏秋發生，但在臺灣、海南、雲南因氣候溫暖，全年均可發病。由於恙蟎多生活在溫暖、潮濕、灌木草叢邊緣，人在山林或草地上工作、休息時，很容易受到幼蟲的叮咬感染，在農忙和洪水期間更容易發生流行，而且患者往往男多於女，其中大多數患者都容易出現皮疹。

我記得第一次感染此病是在一九七〇年春天，當時我們連隊山路兩邊的草叢全是露水，穿著的長褲下半截都要被露水打得濕淋淋地粘在身上，十分難受。為此，每當我們走到即將砍岜的山林之時，都要先把長褲脫掉，扭乾褲腳後，再穿上去才開始工作。但由於樹木草叢上盡是露珠，不一會兒，褲子很快又被打濕。

如此反覆半個月之後，我便感到大腿根部有被毒蟲叮咬而出現的紅疹，而且奇癢難忍，將手伸進褲襠後猛抓一陣，稍微感到輕鬆，但竟又長出一個個水泡，水泡破裂後，大腿股溝壞死的地方竟結起褐色或黑色的焦痂。焦痂一般呈圓形或橢圓形，圍有紅暈，痂皮脫落後即成小潰瘍；大小不一，邊緣略聳起，底部為淡紅色肉芽組織，偶然也有的繼而化膿。

最為煩人的是，這種斑疹或斑丘疹生發得真是有些邪惡，放著能見陽光的頭頸、胸腹、背和手腳不長，偏偏多發於腋窩、腹股溝、會陰、外生殖器、肛門等處。所發的丘疹都呈暗紅色，加壓即退，少數呈出血性，水泡破裂成焦痂後附近的局部淋巴結還輕度腫大如核桃或蠶豆大小，壓痛而可移動。伴隨著還有寒戰、頭痛發熱、四肢痠痛、噁心、便秘、結膜充血、咳嗽、胸痛等感覺。

由於這些皮疹所發的部位都難以啟齒，自由兄弟只好編些挨毒蟲叮咬的藉口，常常去找衛生員老周要些碘酒自己晚上躲在房裏悄悄擦拭。碘酒剛塗上去，簡直是火燒火燎的尖痛難忍，不過隨之而來的是一陣舒坦。無奈，只好讓它痛上一陣，又舒服一陣。說來有些羞愧難當，有時塗著塗著，胯下的那根東西竟不要臉地硬了起來，讓人有些驚慌失措。煩惱的是，沒過二天，那些部位又復如故。白天勞作時，由於班裏有幾個女知青，很不方便當著她們伸手到褲襠抓癢。無奈，癢得實在受不了時，只好裝著要小解，躲到無人處狠狠地猛抓上一陣，方才能夠輕鬆一些回來幹活。

開始，自由兄弟以為是自己不注意衛生，才惹上了這個麻煩，後來發現同班的男知青竟個個都是如此。再後來一打聽，連隊幾乎男人都患有這個毛病。每到晚上，大家就各顯其能地關起房門，忙著打掃私處的衛生。唉！至今想來仍是好笑不已。好在這種病吃上一些消炎解毒的藥後，過上個把星期就會漸次隱退。不然，那種奇癢難耐的感覺真是會將人逼瘋。

自由兄弟當年還看到有的男知青由於癢得難受，乾脆用生鹽、石灰搽塗著腋窩，甚至陰囊等患處，真是活生生地在「醃鹹魚」！可見當年海南兵團知青患上的那種「難言之隱」厲害之極！痛苦之極！遠遠不是現在的廣告所說的：「難言之隱，一洗了之。」

後來，聽衛生員老周介紹，之所以這種病容易發於男性隱秘之處，是因為幼蟲好侵襲人體潮濕、氣味較濃的部位。據說這種病有時還會引起支氣管肺炎、腦炎、胸膜炎、心血管功能不全等併發症，如果處理不當，還會死人。

對於老周的話語，自由兄弟半信半疑，但我確實看到有的知青患上此病嚴重者，高燒不退，全身無力，要拖上近個月才會痊癒的。不過，這種病我曾在海南先後患過三次，但每次都能自然痊癒。因為它得病後對同株病原體有持久免疫力，而對不同株的免疫僅能維持數月，所以感染不同株的病原體復發時，我的心裏也不再恐慌，反而暗暗慶幸又獲得了一種免疫抗體。

第五節　傷人奪命的水中鬼蜮

在一般人看來，海南島除了熱帶雨林，就是瓊北草原，或者是四周濱海臺地。其實，海南島還擁有全國數量排名第二濕地保護區。所謂濕地，是指長久或暫時性沼澤地、泥炭地或水域地帶，包括低潮時水深不超過六米的水域。濕地水體或靜或動，或淡或鹹。

海南島全島除人工稻田濕地外，共有二十種濕地類型，總面積為三十一點一八萬公頃。其中國家級濕地保護區兩個，全國重點濕地六個。其中不僅有紅樹林濕地和珊瑚礁濕地保護區，還有淡水濕地和熱帶雨林濕地保護區。松濤水庫周邊就是海南島最大的的淡水濕地，保護區域橫貫白沙、儋州、瓊中等縣市。而熱帶雨林濕地則遍佈五指山、黎母嶺、吊羅山和尖峰嶺等山脈河谷之中。

走進海南島的熱帶雨林，那種遮天蔽日、光線幽暗彷彿使人進入混沌初開的遠古時代。由於熱帶地區終年高溫高濕，熱帶雨林長得高大茂密，從林冠到林下各種樹木大小皆俱，高矮搭配，分為多個層次，彼此套疊，幾乎沒有直射光線能到達地面，林下十分幽暗，陰森潮濕。一些樹木能從莖幹或枝節上長出不定根或氣生根，從空氣中吸收水汽。隨著樹木的生長，這些不定根也逐漸長大，下垂，當觸及土壤時，它們繼續增粗增大，變成為支柱根，兼有吸收和支撐樹木軀體的雙重功能。所謂獨樹成林就是樹木的大量支柱根所構成的這種景觀。

在這種熱帶潮濕林地，特別是支柱根很發達的沼澤雨林中，常常可見一個個溝河縱橫，落滿枯葉、長滿苔蘚藻類的污水泥潭或湖泊，白天不時地翻著氣泡的濕地。這些氣泡有的則是沼氣，自由兄弟曾在晚上隨黎族班長打獵時看著一團團藍色的火焰從沼澤中升起，在幽靜的雨林中飄渺游蕩，像傳說的鬼火一般，可怕極了。

這些淡水濕地和雨林濕地，為眾多的動物、植物提供了生長的自然條件，濕地上生長許多草本植物，如芭蕉、海芋、箭根薯等，遠遠看去十分美麗迷人，但潛伏著許多傷人奪命的魑魅魍魎，其中最為可怕的就是鉤端螺旋體病。

所謂鉤端螺旋體病，又簡稱鉤體病。這種病多在夏秋割稻季節或在大雨洪水之後，人在接觸污染的水源時，通過皮膚、粘膜而感染各種不同型別的致病性鉤端螺旋體（簡稱鉤體）引起的急性傳染病。因個體免疫水平的差別以及受染菌株的不同，臨床表現輕重不一。典型者起病急驟，早期有高熱、倦怠無力、全身痠痛、結膜充血、腓肌壓痛、表淺淋巴結腫大；中期可伴有肺瀰漫性出血，明顯的肝、腎、中樞神經系統損害；晚期多數病人恢復，少數病人可出現後發熱、眼葡萄膜炎以及腦動脈閉塞性炎症等。肺瀰漫性出血、肝、腎功能衰竭而致死。潛伏期多在一至三週。臨床表現分為敗血症期和免疫反應期。

敗血症期有四種類型：

一是普通型：突然畏寒、寒戰、發熱，呈稽留或弛張熱型。全身痠痛，腓腸肌疼痛尤為顯著。患者衰弱無力，眼結膜充血，但不癢亦無分泌物。表淺淋巴結腫大，以腹股溝淋巴結腫大為多見。少數重症患者毒血症顯著，於發病二至五日出現面色蒼白，四肢冰冷，脈搏細弱，血壓下降，少尿或無尿，進入休克。常伴有吐瀉，而發熱、充血等症狀不明顯。

二是肺出血型：敗血症出現三至五日，開始咳嗽，痰帶血絲。患者面色蒼白，心慌煩躁，呼吸、心率加快，肺濕囉音進行性增多，此為肺大出血先兆。數小時內可發展至面色極度蒼白、唇發紺、肺滿布濕囉音。咯血頻作，若未能控制，可發生口鼻大量湧血，呼吸困難或因呼吸道為血塊梗阻而窒息死亡。

三是黃疸出血型：發病三至六病日，開始出現黃疸，肝腫大伴壓痛。黃疸於十病日左右達高峰，重者可發生肝壞死。重症常有鼻衄、皮膚粘膜出血、嘔血、便血、尿血、陰道出血等。尿中常見細胞、蛋白、管型。重者尿少、尿閉，發生尿毒症、酸中毒、急性腎功能衰竭。

四是腦膜腦炎型：發病四至七日，出現劇烈頭痛、嘔吐、頸項強直、克氏徵陽性。腦脊液細胞數稍增多，蛋白輕度增加，可分離出鉤體。少數重症患者呈現腦炎症狀，發生昏迷、驚厥，甚至循環、呼吸衰竭。即便在發病一週左右渡過敗血症期，在免疫反應期內也會再度出現短期發熱，部分病人出現眼葡萄膜炎、視神經炎，有些患者發病數月後還會出現腦動脈炎，引起頭痛、癱瘓、失語等神經症狀。

這種病當時在海南兵團的各師團中都有出現，尤其是以靠近濕地區域師團為多，患者的症狀十分痛苦可怕。中坤農場知青**映明**回憶道：

> 在農場六年，我們連隊沒有人得過瘧疾，但鉤端螺旋體就見過好多起，我一九七二年時也親身體驗過一回。患病時正值水稻插完秧、膠林沒開割的二、三月份，發燒時體溫之高，在我這輩子裏是空前絕後的，燒得我在床上覺得天旋地轉，身不由己地直打滾。
>
> 不過，那次我沒住院留醫，由於我們連的衛生員，同是廣州知青的夏雷農友診斷準確，用藥及時，所以病來得急，去得也快。發燒時迷迷糊糊，打什麼針、吃什麼藥並不清楚；第二天燒退了只覺得身體虛弱，人輕飄飄的。好在夏雷對我特別關照，一日三餐稀粥、掛麵，幾天之後就完全復原了，沒啥後遺症。

同是中坤農場知青**亞東**也有體會說：「我在海南也領教過鉤端螺旋體病的厲害，高燒不退，燒得昏天黑地，全身疼痛。多得衛生員蕭漪等農友們關照，總算挺過來了，為此我還賦詩一首紀念：『惹得天火五內焚，燒得褥中亂乾坤，道是玉帝金鞭笞，原來蕭漪送銀針。』後來聚會的時候，蕭漪農友還問罪呢：『我打針就那麼痛嗎？』我說是為了押韻，大家猛笑。總之，唔死算大運！」

網名**豬如此累**的知青回憶道：

我在農場當衛生員的時候也治癒過一例鉤端螺旋體患者。那是一個年輕的廣西婦女，發病時高燒不退，各種症狀都顯示她得的是鉤端螺旋體病。我勸她馬上去場部醫院，但她昏睡在床上不願起來，家裏人也表示信任我，讓我先給她治治看。因為知道這個病的厲害，當時我也很緊張，生怕會有什麼不測，所以除了給她打針熬藥外，每隔幾個小時我都會上她家去看看，替她量量體溫，一回到宿舍就使勁翻查醫書，看會不會有什麼疏漏。

幸好這個患者用藥後就開始好轉。等她精神好些起得來床後，我就陪她去場部醫院診查，檢驗結果證實她患的確是鉤端螺旋體病。醫院的醫生鼓勵我說，處理得不錯，回去後接著繼續治療即可。這個患者痊癒後把我稱為她的救命恩人，她的家人也一直都對我很好。

而自由兄弟在連隊時，就曾親自看見一個汕頭剛來不久的知青，突然畏寒、寒戰、發熱，呈稽留或弛張熱型。全身痠痛，腓腸肌疼痛尤為顯著。患者衰弱無力，眼結膜充血，開始還以為是感冒或是腹瀉等症，也沒有十分在意。誰知過了二三天的深夜，這位知青突然鼻衄、皮膚粘膜出血、嘔血和便血，肝部也明顯腫大並伴有壓痛，只見他不停地叫喊著在床上打滾，情景十分嚇人。

衛生員見狀急忙向連隊領導報告，連隊領導立即組織我們用簡易單架擔往團衛生隊，由於搶救及時，這位知青後來脫離了危險。在回來快到連隊山口的途中，我們意外地在公路上看見有一團黑黑的東西，拿電筒一照，竟是一隻好大的穿山甲，大概有十多斤重。第二天，我們許多知青都吃到了這味道鮮美的山珍。

現在想來，瘧疾、鉤體病和恙蟲病這三大流行病幾乎是從空中、地面和水中形成了「立體」疾病包圍網，對兵團人員特別是「水土不服」的城鎮知青實行騷擾絞殺，讓人防不勝防。只不過是沿海平原鉤體病多些，丘陵草原地帶恙蟲病多一些。而在中南部山區叢林則瘧疾偏多。這些疾病在今天看來並非難以治癒，但由於許多連隊都處於山高路遠、缺醫少藥的惡劣環境，有的知青因為無法及時得到救治而獻出了年輕的生命。

如某師某團十六連就有二名潮安知青先後被病魔奪去生命，其中一位知青黃鋒標就是因染上鉤端螺旋體而病逝，當時年僅十七歲。還有陳鴻榮，卻是因乘解放牌大卡車途中由於山路崎嶇不幸碰傷前額，最後因感染去世，時也未滿二十歲。每當想起他們真是感慨良多，他們都是正當青春少年時而不幸身亡，將生命獻給了海南的橡膠事業。正是因為黃鋒標的病逝，而喚起當時團衛生隊對防治鉤端螺旋體病的注意與重視，隨後我們連隊雖然連續多人也相繼染上這種病而得到及時醫治……

據知青**gzlfb**回憶：

> 當時我們屯昌縣五個農場最可怕、最流行的是鉤端螺旋體，大都是下水田河溝作業時感染的，症狀是發高燒。每個農場都有因此病死亡的知青。當時真是談「鉤」色變！

知青**成真**回憶說：

> 我們團有鉤端螺旋體病死亡的知青。那一夜醫院傳來的哭聲，現在想起還揪心！客觀來說，由於兵團各級後來加強了防治工作，患這些病的死亡率並不算高，但它們給遠離親人、初到海南的知青帶來的身體傷害和心理恐慌卻是巨大的，也證明了他們的勇氣和意志是非凡的。

在與這些流行疾病抗爭的同時，海南兵團還有一個奇特的現象，就是知青溺水身亡較多。網名**Hzhj**的知青在**〈一次永生難忘的搶救經歷〉**中回憶：

……那年我們下連隊巡迴放電影，與連隊派來接應的壯漢一起挑著放映設備翻山越嶺，到達這個連隊時已經過了中午時間。我們吃過午飯，連隊領導安排我們先到知青的宿舍去午休，這時已經是下午上工時候了。

我在一位潮陽姑娘的床上躺下，她提著鋤頭離開時對我嫣然一笑，丟下一句「你好好睡吧！」就與同伴們一起上山去了。

海南的夏天天氣說變就變，本來是豔陽天，轉眼就是一場暴風雨。我們正在做放映前的準備工作，忽然聽到大雨中收工回來的人群一陣驚呼，好像是說有人落水了，一群人呼拉拉跑了出去。

大概二十分鐘左右，他們抱回來一位濕淋淋的姑娘，正是我午休睡的那床鋪的主人。連隊衛生員也是位廣州知青，為她摸脈，說好像還沒死，趕快做人工呼吸吧！這是個人數不多的新連隊，圍觀的人站了一圈，大都是姑娘的同鄉，男的在前，女的遠遠在後，卻沒有一個人上前，看來是沒有一個人會做人工呼吸，可能是男同鄉還有男女授受不親的顧慮？

於是，我們兩個女放映員和連隊一位三十歲左右的老工人上去，老工人向她鼻孔吹氣，我倆一左一右拉著她的胳膊做擴胸運動，衛生員則不斷向團部醫院打電話求援。

聽說那天這位潮陽姑娘正是月經期，大雨即將到來時，好心的班長叫她先收工回去。不料半路大雨已下起來，經過連隊旁邊小水電站土壩時，水急加心慌，她不小心滑入水塘裏。後來因為雨太大，全班收工回來，發現先回的她竟然還沒到家，幾位男青年趕忙下水救人，摸了一陣終於把她撈出來了，救上來時她肚子裏基本沒多少水。

那天的暴雨把通往團部的路都沖壞了，我們不停地做著笨拙的人工呼吸，衛生員則不時探探鼻息摸摸脈搏，不敢斷定她的生死。兩個多小時後，團部的醫生終於趕到了，一看瞳孔就說沒希望了，但還是打了一針強心針，過了一陣才宣佈死亡。

那天的電影放映自然是取消了。晚上我與衛生員孖鋪，她叫我先睡，她還要為死者更衣，忙後事處理。我腦子裏老想著這位潮陽姑娘最後的笑容，恨自己不懂做人工呼吸，擔心是我們貽誤了最後的搶救機會，同時奇怪她的同伴老鄉為什麼始終不肯上前相幫替換我們，是害怕還是迷信？直到衛生員回到宿舍，告訴我們姑娘的肢體已經開始僵硬了。

唉，一個青春美麗的姑娘就這樣去了，再也無法復生。

原海南省農墾總局局長**陳新**在〈**我曾和廣州知青在一起**〉中，也回憶了他於一九七一年三月在開發四師十五團邦溪新場，擔任生產處處長並負責前線開荒指揮時一件最令他傷心的往事。他說：

有一天，三隊一名女知青，在珠碧江河邊洗衣服的時候，不慎滑落水中溺亡。這消息傳到她在廣州的父母，二老立刻趕來，悲痛欲絕。團長因我會廣州話，叫我負責接待安撫。人已去，淚未乾，一抔黃土，又添一處新墳。我除了安慰她的父母，還能說些什麼呢！

一位當年**中坤農場的知青**回憶說：

七〇年那會兒，我們連隊大多數知青也才十八九歲。一個星期天的午飯後，同我住在一個房間的潮陽女孩為到南渡江摸蚌，不幸滑入深水區去了。正在山上「躍進」的我們得知後，立即扔下鋤頭狂奔至江邊，跳到江中去奮力撈她，可是將她撈上來時，已經給淹了足足二十多分鐘了。我們可都從來沒遇見過這樣的事情，也完全不懂搶救溺水者的醫學常識，其實當時這位女孩應該是已經死亡的了，但我們不知道，仍想盡全力救她。

湊巧調到石灰連的老古這天回來了，他是老高三的大哥，平時又愛看看醫書，所以懂得救人的第一步是先要將遇溺者肚子裏的水倒出來，於是在第一時間裏，老古就毫不猶豫地俯下身，嘴對嘴地將那女孩堵在喉嚨裏的中午吃下去的飯菜都給吸了出來了，然後他便教我們邊往她嘴裏吹氣邊給她做人工呼吸。我們輪流地上，起勁地做著這一切。我們還不斷地撫摩著這位女孩子的臉和手，希望她能突然睜開眼睛，就像平時那樣衝著我們笑一笑……

飛毛腿的男知青從隔壁黃嶺六隊取來的「強心」針打下去了，人工呼吸也連續做了快兩小時了，女孩子仍「沉睡」著，一點甦醒的跡象也沒有，只是臉蛋給我們撫摩得紅紅的（其實那種紅是不正常的紅）。我們三十九連那時沒有電話，忘了又是哪位男同學飛奔到三十七連往場部打的救命電話的，只記得當醫生趕到時，天已近傍晚了。我們都期盼著醫生的到來能創造奇蹟，可醫生卻告訴我們：不必再搶救了，因為她早就死了。

她的同鄉小姐妹們都哭起來了，我們卻還不相信。只聽見醫生讓我們給她穿上她平日最喜歡的衣裳……於是我便糊糊塗塗地走回宿舍，打開她的小木箱。她與我們那個年代的所有人都一樣，並沒有什麼好衣服，唯一算是好一點的，只有那件印著黑白虎皮花紋的冬天裏才穿的外套。

當我和另一位女知青給她梳好辮子，穿好衣服時，她的身體已經開始發硬了。晚上，場部的汽車又來了一趟，拉來了一副用床板臨時釘就的棺材及一套嶄新的藍工作服……

這天晚上我們全連誰都沒睡，給她畫遺像的，紮花圈的，挖墳墓的，大家忙了一宿。第二天一早，我們便把她安葬在我們連的一座小山包那裏了。記得每人都往她的墳墓裏撒了一把土。至於墓碑，那是後來到場部磚場挑回磚頭補豎的。

不知道為什麼，過了很久很久，我還總覺得她並沒有死，每當我經過她那長滿了野草的墳包時，我還總覺得躺在裏面的那位並不是她……

這是發生在三十多年前的事了，如果她能活到今天該多好啊！

知青**陳興光**在**〈夥伴之死〉**一文中，也詳細回憶了連隊戰友鄭其宏溺水身亡的經過：

從墟鎮回到連隊已是下午三點多鐘。雖然奔波了大半天，但年輕人並未覺得太勞累，而是對天氣的悶熱和粘糊的汗水感到渾身不舒服。此時，不知誰提出，乾脆到水塘游水涼快涼快。此話一出，即刻得到大夥的贊同，劉克剛和鄭其宏毫不猶豫地一同前往。

約是下午四點多鐘，大夥一起來到水塘。他們之中大多數人都經常到此游水，已很熟悉水塘情況。劉克剛自知水性酣熟，先行「撲通」一聲跳往水中，悠然自得地游了起來。鄭其宏與另一位知青則動手把水塘邊的幾根木頭推往水中，然後準備下水。當木頭離岸邊只一段距離的時候，鄭與另一位知青自認為可滿有把握地抱住木頭，便同時雙雙跳進水中。另一位知青雙手在水中「劈劈啪啪」地亂划了幾下後，總算抱住了一根木頭，但表情有點驚慌，口中不斷咳嗽，可能是嗆了幾口水的緣故。而鄭其宏跳下水之後，雙手摸了幾下木頭卻沒抱住，在水中掙扎了幾下便沉了下去。

此時，岸邊還有幾個人未下水，當他們看見鄭及另一位知青下水的情形後，頓時被嚇懵了。他們誰也不知道鄭其宏及另一位知青不諳水性，也沒見他們在水塘游過水，一時不知如何是好。其中一位姓胡的知青即時清醒過來，大聲喊道：「劉克剛，快過來，他們兩人不會游水！」邊喊邊用手指著抱木頭的人。劉克剛聽到喊聲後，趕緊游了過來，急忙抓住木頭，將死抱住木頭的人迅速推上岸，由岸邊幾人拽了上來。

「鄭其宏沉下去啦！一直沒有浮上來！」胡又是一聲大喊。此話再次驚醒了劉克剛，劉在水面上左顧右望卻未見到鄭其宏，已感事態不妙，隨即下潛水中，反覆搜索，卻未能潛至水底。劉意識到自己潛水能力有限，力不從心，為能爭取時間救人，迅速游上岸，旋即跑到連隊掛鐘的地方，抓起木棍，猛然敲響大鐘……

這大鐘其實是一塊廢鐵，掛在一棵樹枝上，平日是連隊為開工或開大會敲用的。此時，一陣急促而無節奏的鐘聲響起，驚動了連隊的所有人。劉克剛同時反覆大喊：「快救人啊！水塘淹人啦！」在家人員聞聲紛紛湧出，一位女知青飛跑過來，直往水塘奔去，連聲急問淹人位置，來不及脫下外衣，便飛身一個魚躍，瞬間潛入水中。片刻，水面不斷冒出水泡，隨即見女知青雙手托起鄭的身體，兩腿蹬水，慢慢游近岸邊，大夥急忙抬起鄭的身體，往連隊空地跑去。這位水中救人的是位廣州女知青，當年是廣州市少年游泳隊員，曾獲某年廣州市少年女子游泳比賽某項目的冠軍。

隨之，在連隊空地上，一陣緊急而忙亂的搶救開始了。

有人提出，牽頭水牛，把鄭抬到牛背上壓水。連隊的水牛被連趕帶拉地牽了過來，迅速把鄭抬上俯臥在牛背上，輕輕壓動鄭的身體，良久，卻未見鄭口中有水吐出。可能是人多手腳亂，另加嘈雜聲不停，水牛不耐煩了，未等把鄭抬下，水牛卻拔腿便跑。

又有人說，抬口大鐵鍋倒放，把鄭抬到鍋上壓水。正好，在附近牆角發現幾口早已廢棄的大鐵鍋，大夥又急忙把鄭抬過去，仍然俯臥放在鐵鍋上，輕輕搖動鄭的身體。但，仍未見鄭口中有水吐出。這時，眾人明白了，鄭是未吸入水而窒息水中。

連隊衛生員拿出最後一道王牌，從鄭的足底打一支強心針，再做人工呼吸，然而，鄭的脈搏早已停止了跳動。團部醫生雖已趕來，但無起死回生的能力，最後鑑定，鄭已死亡。此時，已是深夜凌晨一點多鐘了。

當晚，整個連隊悲慟了，知青們悲慟了，鄭的知己好友劉克剛更是悲慟不已，整晚淚流滿臉。連隊領導最後決定，當晚把鄭下葬。葬往何處？意見不一。劉大膽提議：「葬在馬撈山。」此提議得到連隊領導們的同意。在一陣忙碌的準備中，劉找出鄭剛從家中寄來的幾套新衣服，親自為鄭殮屍換衣。深夜四點，在漆黑如墨的夜幕下，全連職工，尤其是各地知青含淚相送，把鄭安葬在馬撈山上，墓地背靠大樹，面向大路，其位置正好是前晚劉與鄭坐地閒聊的背後。

鄭的簡易墳墓正在做一個紅磚砌成的碑。當碑面的水泥漿還未乾透時，連隊小學一位姓翁的老師毛遂自薦寫碑文，只見他臉龐繃緊，神情沮喪，用鐵釘在碑面上用力刻畫著。片刻，碑文寫出來了，左邊豎行小字是：「海南島生產建設兵團四師十一團四連戰士」；中間豎行較大字是：「鄭其宏之墓」，緊接左邊一行生死年月：「一九五五年X月至一九七一年六月」。在上邊幾行豎寫文字的下邊，寫了兩行較大的橫字：「為有犧牲多壯志，敢教日月換新天。」很顯然，是摘錄偉人的詩句。

連隊的職工陸續看了碑文，人人大吃一驚，竊竊私語及惋惜之聲不斷：「鄭才十六歲！」「多年輕的小青年啊！」「多可惜啊……」

更為不可思議的是知青**heiyi**的回憶：

……我們十二連有一次去十三連大會戰，一次收工，廣雅中學的彥平兄戲說了一句：「這會戰實在是太累了！」

一個綽號叫「靚仔」的清遠知青也跟著戲說一句：「嫌累，就死了算了，死了就不累了。」

誰知，一言成讖！那晚準備吃飯前，彥平兄先去水庫邊洗頭，可能是真的太累了，他低著頭，洗著洗著，就「咕嚕」一聲滑到水裏了。很多人都急忙下水去救他，但都撈不到。等到後來撈到了，卻救不回來了。

唉！平時很樂觀的一個小青年，才十七歲，多麼令人惋惜……

知青**tianyadong**在**〈為逝者更衣，一位小姑娘的勇氣〉**中回憶：

……在武裝連的某日晚，接到團裏的通知，某連有一年輕女工情緒不穩後失蹤，要我們立即組織力量去找。我們排被集合起來，睡眼朦朧地乘車趕赴該連。

不記得多久了，黑乎乎地終於到了地頭。該連幹部向我們排長介紹了失蹤者的情況：一位二十出頭的女工，情緒消沉，總說要死，有個一歲的小孩。當日晚間到魚塘邊洗衣後失蹤。魚塘邊只剩下拖鞋和水桶。組織人下去撈過，未果，大概是跑到山裏去了。於是，凌晨兩點多，我們排拉成了散兵線，藉著有限的幾支手電筒，向大山裏摸去。人們不時被低矮的樹技碰頭或帶刺的藤條刮住，行動極緩。漆黑的山裏，每個人面前都是未知的事物，不知下一步是溝是坎、是樹是藤，或者是……

摸索中，二班有個傻蛋小子還帶著顫聲喊了一句：「小心碰到腳啊！」我們這群初出茅廬的後生對屍體都有一種天然的恐懼，給他這麼一喊心裏更發毛了，好似那女工真的披頭散髮地吊在自己的面前。一陣臭罵從四面響起，既是譴責搗蛋的，也是給自己壯膽。走到後來，散兵線成了一字長蛇陣，儘管排長不斷地喊著隊伍拉開。

終於天亮了，十點多鐘，隱約聽到了召回的號聲。翻上返回的最後一個山頭，遠處的連隊歷歷在目。

只見魚塘附近站著幾個人，指手劃腳的。等我們再次從林裏鑽出，已到了山下，魚塘邊，躺著我們找了一夜的女工。仰面朝天，雙手握拳豎於胸前，頭髮把臉遮住了。旁邊站著他們連長、家屬和衛生員。原來她是浸得久了，自己浮上來的，也不知頭晚的人是怎麼撈的。不過我試過在魚塘游水，潛下去如進入墨汁裏，很可怕的，更不待說撈屍體。也許這連的幾個漢子只是在水面游了幾個回合蛙泳或自由泳。

連長把女工的新衣服拿來，就和家屬走了。衛生員是個很小的女知青，我不認識。我們王排長四十多歲了，家屬小孩都在安徽農村，全排就是他一個長者了，見過世面。他不停地鼓勵衛生員，給死人換衣服沒什麼的，不要怕。隨後又叫人找了一碗白酒，含在嘴裏噴到屍體上，跟著轉過身，讓衛生員動手。在海南烈日下，遠遠地我們彷佛都聞到異味。當然，全排人都跑到遠離現場的樹蔭下休息去了。

棺材及時運到，輪到我們收殮了。全排不遠不近地圍著，見女工的雙手已經掰下去了，只是略微向上，大夏天穿著厚厚的紅燈芯絨，八成新，頭髮梳過了，但表情古怪。排長提起了女工的雙腳，喊一聲「來呀！」我的內心嚇得發抖，見大家都愣著，只得把心一橫，也跟著喊一聲：「共產黨員上啊！」蹲下去托起了頭。我很想扯一條胳膊就算了，但我是班長，還剛入黨。

陸續地又上來兩人，屍身雖硬，但仍有彎度，為了防止滑脫，我只得下腰，把頭托到胸口，臉對著臉地用勁。曬了這麼久，她肚子已經微脹。隨著排長「一、二、三」的號子，四人發力一提，屍身隨之一折，她嘴裏「噗」地擠出一股氣，正噴在我臉上。這是我第一次聞到的屍臭，濃烈得終生不忘。

不想這女子竟這麼重，四個人發力，她下墜的臀部仍沒提到棺材口的高度。於是更加用力，再一次「一、二、三」，她嘴裏又噴出一口氣，終於入了。後來我們一行人又抬著沒有釘蓋的棺材（找不到那麼長的釘子），帶上炸藥、鋼釺、鐵錘什麼的，爬上了陡峭的山坡（陂度略緩的要留著開荒種膠）。我個子高，自然是走在下面，心裏好怕把她掉出來，以後的細節就不說了。

回來後，喝了不少五加皮，又用酒洗手，但屍體滲出物是親水的，總洗不掉那股味。那一段，每晚睡覺，都想著和她面對面，「噗」地一聲……其實，幹這種活，連裏應該有點表示才好。

再後來，我做仵作多了，也有了經驗。特別是換衣服，很不好搞的。於是又想起了那個小不點的知青衛生員。您在街上見過那些三個一群、五個一夥，打打鬧鬧的初中女孩嗎？她那時就是那麼大。那時她的臉上沒有驚恐，像是一個懂事的大孩子，老排長勸她不要怕，她就乖乖地不住點頭。

我在想像那時的情形：排長轉過身後，她就蹲下，一個人吃力地拗直死者那雙向天的雙手，然後翻向一邊，褪下一邊的袖子。一次不行，還得先褪一半，又褪另一邊，再回過來褪完。隨著翻動，屍臭不停地逸出……還有闔眼睛、梳頭，也許排長能幫一點，但大部分事情，就是這麼一個大孩子辦完的。現在的孩子像她那麼大，還在家長面前撒嬌呢，天可憐見。比起她來，我差得遠了。從那時起，我就在心裏暗暗和這個不知名的衛生員較勁，不停義務地做仵作了。

網名**Zhuoming**的知青在跟帖中感慨道：

那年頭，農場沒有專業人員，仵作這活幾乎就是我們包了。有一次，是洪水後的一個遇溺斃者，我們足足在下游守了一週才浮起，撈起後那臉都被魚吃了，眼珠子都沒了。那臭簡直說起來就想吐……

知青**下里巴人**在**〈撈屍記〉**中也有嚇人的回憶：

……一九七二年，場裏來了一批湛江信宜退伍兵，拖家帶口的，開口閉口都講「冇有」，由於同是白話，所以與廣州知青們頗混得來。成光榮，可說這批退伍兵中的老兵油子，留著一撮令人發笑的八字鬍，為此沒少挨指導員的罵：「像啥樣子，整個國民黨土匪兵！」要知指導員可是正宗四野老兵，打過遼瀋戰役。對此，成光榮總是嘻皮笑臉：「冇有計咯！鬼叫老嘢生成我咁樣。」但這傢伙卻有一手絕活，無論天上飛的、地下走的、河中游的、洞裏鑽的，都能手到擒來。為此我們知青對他簡直有點崇拜了。

記得那年的「五・四」青年節，下午放假半天，我們幾個正在互相理髮，正理了半個頭，突然見到指導員才十三歲的大崽子臉色發青，氣急敗壞跑過來：「救命呀，救命！」我沒好氣：「小兔崽子，咋咋呼呼的幹啥，沒見你大叔正在剃頭嗎！」「成光榮掉南渡江裏了，快去救人！」媽呀，這兩天南渡江發大水，快去救人！我們把圍巾一扯，以百米衝刺的速度直撲江邊，連長也「噹噹噹」地敲起大鐘。

在小兔崽子的引領下，十五分鐘的路程，我們五分鐘就趕到了。但一切都遲了，只見浩浩蕩蕩的江水，哪有半個人影？大群人也趕到了，水性好的撲通撲通往水裏跳，我們在附近渡口找了一條小船，用長長的竹竿，配合水裏的人拚命打撈，四個鐘頭過去，一無所獲！天已漸黑，大家都不抱什麼希望了。可憐成光榮的老婆在岸邊哭得呼天搶地，甚是淒涼。

我不死心，仔細詢問小崽子經過是如何的。原來小崽子在岸邊釣魚，見到成光榮在對岸大叫：「有個穿山甲洞，裏面藏著個很大的穿山甲，我要回家拿鋤頭。」跟著就跳進江裏涉水過來，誰知離岸還有二十米，不知怎的一下他就被水沖倒，只幾秒鐘就不見人影。我心想，成光榮啊成光榮，為了一個穿山甲真的「光榮」了，不值呀！

於是，我招呼上另一個知青：「不如我們撐船往下游看看，有幾個亂石灘，不知會不會掛住？」我們兩人沿江往下游進發。昨天下了一場暴雨，江水湍急，好不容易掌穩舵，艱難地划了約五六里，突然，遠遠地對岸傳來一陣尖利的嚎叫，不禁一愣，渾身起了雞皮疙瘩，細聽是海南話，好像是「死屍」！跟著一個瘦小的老頭從對岸密林跳出來，衝著我們大喊大叫：「死屍、死屍！」一切都明白了。

在老頭的指引下，來到一片亂石灘，赫然一個黑白的物體掛在江中的亂石上！那時天已全黑，慘白的月光照在那物體上，白的是背脊、黑的是頭髮！分明是一個人，一個死人，趴在石上，大半個身子還淹在水中，看不清面目，但我們都幾乎同時驚呼：「成光榮！」

媽呀！這等恐怖事居然給我倆碰上了，雖然事前已有心理準備，但畢竟太突然了。亂石灘水流湍急，怎麼辦？船靠不上去，又沒有繩索，即使能靠上去，兩個人也沒辦法把一百三十多斤的屍體弄上船，最主要的還是不敢！周圍的環境太恐怖了。「老頭，老頭哪裏去了？」本想叫老頭回去連隊報訊，他卻早跑得無影無蹤了。沒辦法，好在還有條三四米長的竹竿，看能不能把屍體撥到水中，藉水的浮力與沖力，把屍體沖上前面十米遠的沙灘。

於是同伴穩住船，我哆哆嗦嗦拿起竹竿，橫下心就去撥屍體，怎麼撥也撥不動。無奈，兩人急急忙忙回連隊搬救兵，好在路程不遠。快到岸了，幾個女知青還在月光下的江邊洗衣服。我大叫：「找到了，找到了！快通知隊長。」嘩！隨著幾聲尖叫，那幾個女知青連衣服也不要了，抱頭鼠竄。真是見鬼了，還以為我們船上裝載死屍。沒辦法，只好匆匆跳上岸，一溜小跑，一頭撞進隊長家門：「隊長，找到了，快派人跟我去撈屍！」

整個連隊騷動了，但不到一分鐘，又沉寂下去。原來這幫傢伙聽見連長和指導員動員大家去撈屍，馬上噤若寒蟬，都他媽裝孫子了。氣得指導員火冒三丈，大叫：「共產黨員站出來！」這句話起了點作用，一班長、三班長出來了（都是黨員），還有七八個知青，心想，還算這幾個知青夠意思，畢竟經過「文革」的武鬥洗禮，死人也見不少了。唉，要真是打仗的話，怕不當漢奸才怪了。不過回頭想想，自己當時還不是心裏發毛？

匆匆分成兩撥人，兩條船，備齊繩索、竹竿、鐵鉤，很快就到達現場。可能人多亦膽壯了，怎樣撈，各人意見紛紛，但達成共識的是：既然人已死了，絕不能撈上船，弄不好這破船可能翻掉（因為當時的船都是很破舊古老的獨木船）。而且天又黑，水又急，再掉個人下去可不是玩的。於是指導員就用長竹竿挑著結了活索的麻繩，就像草原的套馬竿，伸過去套在屍體的脖子上，也難為了這東北佬，一點也不諳水性，十足的旱鴨子，真怕他也「撲通」。套著了，奮力划啊，划啊！不知怎的，居然想起了〈黃河大合唱〉。這場景，不知是搞笑還是悲哀，我已累得划不動了，只好坐在船尾雙手緊緊拉住繩索……

離連隊的渡口還有三四百米，這該死的破船經不起一下午的折騰，居然漏水了，而且越來越厲害。他娘的！快用力划啊，不然全部都變水鬼了。這時我才真真的害怕了，一個星期前我才在這南渡江邊剛剛學會游泳，風平浪靜時才能游個五十米，如今天又黑，浪又急，再看拖著的屍體，媽呀，天亡我也！離岸三十米時，船沉了！好在掉到水裏一站起來只有齊腰深。還好，拖屍的繩索仍然牢牢套在手上。

隊長發話了：「如今夜深了，天氣又熱，屍體拉回連隊過一晚肯定會臭，而且也會嚇壞不少人，場部媽拉個巴子要明天才能運棺材來，怎麼辦？」指導員說：「還不如泡在水裏，繩索在岸邊找個大樹繫好，保證不會臭。」畢竟在林彪的部下當過兵打過仗，見識非同一般，所有人都舉手贊成。終於完成了這艱巨的仵作任務，我已說不清是累，是餓，還是後怕，差點也成水鬼了。餘下的收尾功夫明天場部也會派人來處理，我只想趕快睡覺，再過兩個鐘頭，又要去割膠了……

看了上述有關兵團知青和其他人員溺水身亡的描述，可能有人會問：為何當年會有這麼多的溺水身亡事故發生？我想，這主要是與海南獨特的氣候水性有關。記得當年我剛從九連調到十連時，有天傍晚，因為耐不住天氣炎熱，就獨自到松濤水庫游泳，誰知被巡視的連長張國太發現，他發了好大的脾氣將我一頓臭罵，還要寫檢查，那是自由兄弟在十連唯一一次受到連長的訓斥。

事後，當我交檢查時，他告訴我，在海南什麼都可以惹得，唯獨這水是萬萬惹不得的。別看這水庫的水很清很緩，但其中水流湍急，水草刺竹很多，水下盡是怪石漩渦，再加上都是山泉，水溫很低，而炎熱天氣時，人的體溫很高，稍不注意，就會抽筋無法自救。況且你是一個人，死了都無人曉得。他告訴我，就在這之前，這水庫已奪去了連隊兩個知青的性命。一個是曾在十連當過衛生員的曾步榮，另一個則是本連隊在颱風中翻船的黃奕。所以連裏下了禁令，誰人都不許到水庫游泳……

水性尚好的男知青都難免溺水身亡，那些不諳水性的女知青自然更是失足無回了。難怪我在九連時的黎族班長符黨照，這位敢於夜行山林狩獵的漢子，看見沼澤雨林的鬼火就念念有詞地叩拜，然後告誡我說：「海南的水比海南的山更為可怕，那裏面有許多妖魔鬼怪，稍有不慎，就會有去無回。千萬要敬而遠之……」此話一點不假。

知青**王焰**在**〈她是穿著那件新衣上路的〉**一文中講述了一個令人傷感的故事：

……那年春汛，一連幾天大雨，使團部醫院前的那條平時乾枯得滿是石頭，幾乎沒有多少水的小河，突然咆哮張狂起來，從山上沖下來的泥漿變成洪水填滿了河溝！黃昏前，我們正在團政治部學習，突然聽到急促敲打鐵板的聲音，伴隨著喊叫聲音：「有人被水沖走啦！救人啊……」

大家不顧一切跑出去，有人告訴我們，被水沖走的是上山開荒的一位女知青，下山時才知道原來上山的路被洪水沖壞了，需要改走另一條遠一些的道回連隊。可這位女同學堅持要走原來那條近路下山，說是希望早點回宿舍寫家信，因為她昨天剛收到媽媽寄給她的一個包裹，裏面是一件新衣服……

我們冒雨沿河岸狂跑，呼喚那知青的名字。老工人帶頭跳下急流，大家先後跳下去，水性好的站在中間，手拉手組成一道人牆，希望能在洪水中攔截起自己的戰友！一個通宵過去了，沒有她的蹤影。中午，水退去了，她安靜地躺在河床上，全身幾乎沒有掙扎過的傷痕。其實，她遇難的地方就在那道人牆前方的不遠處……

她是穿著媽媽寄來的那件新衣上路的，就安葬在她所屬連隊的橡膠林段裏，用她永遠的十八歲生命守衛那片為之付出生命的土地，把一切思念留給了熱愛她的人們……

據查，海南兵團僅一九六九年就發生淹亡事故六十五起，死亡六十八人。一九七〇年大批知青到來後淹亡事故更有上升趨勢……

第六節　颱風暴雨連袂製造的恐怖洪水

除了那些零散失足落水的淹亡，海南每年幾次的颱風暴雨都會給兵團人員和知青造成的一定的傷亡。自由兄弟在知青網上讀到一則網名**wuys**〈**清明時節，緬懷英烈**〉的帖子：

……胡志紅、程明蓉、謝紅軍三烈士生前是廣州市第六中學學生，一九六八年十一月「上山下鄉」到海南萬寧縣東嶺農場紅園隊（原廣州軍區生產建設兵團二師四團六連）。

東嶺農場位於萬寧縣的六連嶺山脈。一九七〇年六月二八日，平日水位不高、潺潺而流的河水，由於連日暴雨，水位不斷上漲，沖擊著正在建設中的水電站攔河大壩，對大壩的安全造成嚴重的威脅。四團六連的戰士們已經在攔河大壩的壩頂上，用沙包築起了一條攔截和抵禦河水的沙包堤。下午兩點鐘左右，連隊的鐘聲緊急響起，並傳來廣播的呼叫：「河水上漲，大壩危險。」

胡志紅、程明蓉、謝紅軍等十幾名戰士跑在最前面，迅速衝上攔河大壩。這時山洪已經暴發，河水滾滾而下，沖擊著壩頂的沙包堤。戰士們用肩膀死死頂住沙包堤，然而，卻難以抵擋山洪的巨大壓力。不一會，只見沙包堤搖晃了幾下，剎那間十幾名戰士和沙包一起，被洪水從壩頂沖下了十幾米下的河底。洪水漫堤而過，河兩岸頓時成了汪洋一片，滾滾洪水像箭一般向下游湧去……

十幾位勇士憑藉他們不死的信念，戰勝了死神逃出生路。但三位年方二八的少女卻再也沒有起來。第二天，在水電站下游很遠的岸邊，找到了程明蓉的遺體。第三天，洪水基本退去，人們在一座小木橋的橋底，找到了被沙包堵在橋底下的胡志紅和謝紅軍。

「六・二八」事件後，兵團、二師、四團迅速掀起對英雄三姐妹事蹟的宣傳和學習英雄三姐妹的熱潮，當時的《兵團戰士報》和《海南日報》專門做了長篇報導。胡志紅、程明蓉、謝紅軍三姐妹長眠於六連嶺下。後來，經審查批准，廣東省人民政府追認胡志紅、程明蓉、謝紅軍為革命烈士。目前，坐落在海南省萬寧市東嶺農場紅園隊的「革命烈士紀念碑」和三烈士墓，是東嶺農場愛國主義和革命傳統教育基地……

在《海南農墾誌》上，自由兄弟還翻到這樣一則記載：「一九七〇年十月二十日，因颱風暴雨，山洪暴發，在六師二團（晨星農場）養豬場工作的二十二名知識青年，全部遇難殉職。」關於這起颱風暴雨連袂製造的恐怖山洪造成的慘劇，其中的倖存者**何啟珍**在〈**十·一七絕唱**〉是這樣回憶的：

……一九七〇年盛夏，團領導為改善生活，解決全團的吃肉問題，決定成立畜牧連。誰也不曾料到，此舉便拉開了「十·一七悲劇」的序幕。

畜牧連建在什麼地方？這是團領導決定的事，他們是如何考察、討論和決定的，此過程我不得而知。畜牧連建在一個依山傍水、風景秀麗的地方。對山區來說，這是一塊不可多得的平坦地，並且此處離團部不遠，步行二十分鐘左右便可到達。然而，這樣一塊難得的平坦地，是沙質土，很明顯是河水經長年累月沖積而成的。這些，在今天看來很一般的常識問題，在當年卻不可能引起任何理性的思考。「十·一七悲劇」發生後，便有人議論，說選點之初，當地老百姓就指出這裏會發大水，但卻沒有引起任何人的重視。可見，沒有科學與民主，讓我們付出了何等沉重的代價！

成立畜牧連——充滿臆想的浪漫。團領導從各連隊抽調了二十六名能文能武的優秀女青年及兩名男老工人組成了畜牧連。所謂「老工人」其實也只有三十多歲，正值青壯年。他們告別了年輕的妻子和幼小的兒女，到畜牧連分別擔任了連長和指導員的職務。在畜牧連房子未蓋好前，全連人員暫時居住在團部。

畜牧連成立的動員大會在團部召開了。團部後勤處姜處長做了一個長篇充滿革命激情的動員報告，向我們描述了一幅海市蜃樓般美好的景象——畜牧連的任務是養豬，解決全團的吃肉問題，意義重大。這將是一個現代化的豬場：潔淨的豬欄，流水線式的餵食槽，自動化的清潔系統，姑娘們穿著白大褂，在樹蔭下輕快地推著飼料……還有什麼能比這更充滿詩意的呢？

當時我雖然還不是畜牧連的人，但在團部食堂當炊事員，因而得以有幸聽取了姜處長的動員報告。這使我激動不已，感到熱血沸騰，恨不能成為該連的一員。當畜牧連的姑娘們頂著酷暑建好了第一棟茅草房，搭起了簡易廚房，從團部搬到新建點居住時，我被調去當炊事員，如願地成為了該連的一員。後來又調來了一名女衛生員，全連一共三十人；除連長、指導員是男同胞外，其餘全是來自廣州、潮汕、海南的十六至二十三歲的女青年。

姐妹們——一個能文能武的集體。畜牧連的姐妹們個個都很能幹，又肯吃苦。成立畜牧連時正是大熱天，海南島的太陽更是火辣辣的讓人難當。要蓋茅草房，就要先割茅草。割茅草會弄得全身發癢難以忍受，再加上大熱天，汗如雨下，可想而知，這是何等艱苦的工作。然而沒有一個姐妹退縮，也不見一個姐妹因例假而休息。在別的連隊，上架蓋房頂往往是男同胞的工作，可畜牧連清一色的女同胞，還能推嗎？姐妹們哪會推，她們還爭著上呢。她們在房頂上一邊綁紮著茅草簾，一邊高聲歌唱。我在廚房這邊望著這一幕，不禁讓我想起了電影《柳堡的故事》裏解放軍戰士給老百姓修建房子的鏡頭。

姐妹們不僅能幹，還能編會寫。國慶快到了，團部組織文藝匯演，畜牧連自編自演的節目可精彩了，又是快板，又是說唱，節目編得好，表演更出色，因而給大家留下了深刻的印象。「十・一七事件」後，當人們知道就是這些姑娘們出事了，無人不為她們惋惜、難過。

記得文藝匯演那天，老天下了一場不大不小的雨，河水一下子漲了很多，傍晚我們去團部參加演出時，要把褲腳挽到大腿處才能淌過河。當時覺得這樣很好玩，嘻嘻哈哈地過了河，全然沒有想到這就是悲劇的徵兆，真是沒經驗啊！然而，對於這樣的「幼稚」，今天我們又應做何評價呢？難道這是那些剛剛走上社會的姑娘們理應承受的嗎？

遭遇颱風——悲劇的降臨。一九七〇年十月十六日正好是星期天休息日，畜牧連不少人都回老連隊探望朋友。受「十三號」颱風影響，下午已開始颱風下雨。老連隊好些人都勸她們留下來不要回畜牧連，可是她們想到的是紀律和責任，全都在下午趕回了畜牧連，並投入到抗風工作中。大家頂風冒雨抬來長長的圓木頭，壓在房頂上，以防颱風把房頂的茅草掀翻。晚上姜處長前來查看抗風工作，並指示晚上要安排人員值班，要注意安全，小心房屋倒塌。從上到下的注意力都在防風上，根本沒意識到水患。姜處長例行公事完畢，在畜牧連衛生員陪同下返回了團部。

風越颳越猛，雨越下越大，除了兩名值班的姑娘外，其餘的人伴著風聲雨聲疲勞地入睡了。十七日凌晨三點左右，我被一陣陣嘈雜聲驚醒了。原來，我所住的第三棟茅屋的土牆塌了一塊，成一大洞，風雨從洞口呼呼地灌進來，睡在洞口附近的人在嚷嚷著應如何處理。「報告連長、指導員吧。」於是有姑娘走出來欲往住在第一棟茅屋的領導報告，這時才發現平時不起眼的小河溝，現在已變成了波濤洶湧的大河，眼看河水就要漫上來了。當連長、指導員知道這一情況後，決定馬上轉移。

姑娘們簡單地收拾著行裝，這時不知誰說了一句：「糟了，牛還綁在廚房那邊的木樁上呢。」「沒關係，牛懂水性。」有人應道。我是炊事員，自然關心糧油的安全。我和司務長廖以玲齊心合力，把大米、生油儘量往高處堆。畜牧連三十人，除了衛生員去了團部，一名隊員探家外，其餘二十八人很快集中到了第一棟茅屋前。

向哪裏轉移？現在想起來，當時很盲目。首先是沒有意識到問題的嚴重性與危險性，其次是沒有很好地分析當時的情況與地形。從上面畜牧連示意圖可看到，去團部要蹚過河，平日可愛的小河現已變成了面目猙獰的可怕的大河，還能過得去嗎？往西是山，但到山還有一片開闊地，此地還沒開墾，雜草叢生，地形不熟，加上當時是晚上，更是難以穿越。往北同樣是一片未開墾的開闊地。因此，當時其實已是無路可走，最好的辦法是上茅屋頂，也許可以逃過一劫。這些都是事後諸葛亮，不提也罷。

可能是習慣使然，大家自然地向著團部方向走去。從示意圖知道，從茅屋到團部要經過小河，此前還要經過一段窪地，平常窪地沒有一點兒水，但此時河水上漲，窪地已灌滿了河水，且沿著窪地急速地向北流去。能淌過窪地嗎？高個的張惠自告奮勇當先鋒探路，接著張思慧、黃珊健等也爭著要當探險隊員。於是由她們組成先鋒隊摸索著首先蹚水過了窪地，其餘的人手牽手緊跟著也蹚過去了。大家來到了一片地勢稍高暫時還未被水淹的地方，但再往前已是一片汪洋。往南走已不可能，往西上山行嗎？但往西又要淌過窪地，此時窪地的水更深，水流更急。連長從窪地的a點處試探著下水，結果一下子就被沖走了，大家驚叫著連長的名字，連長奮力拚搏，好不容易從b點處爬了上來，大家懸著的心才放了下來。返回去上屋頂吧，同樣已是不可能了，我們二十八人就這樣被四周的洪水圍困在圖中所示的位置上。

風挾著雨瘋狂地肆虐著，無情地抽打在我們的身上。河水沒過了我們的腳跟、沒過了膝蓋、沒過了大腿，還在不斷地上漲、上漲、上漲。我們二十八人在黑暗中手挽著手緊緊地靠在一起，連長、指導員和廣州知青都自覺地站到最外層，守護著這個集體。有個年齡較小的潮汕姑娘哭了，旁邊的姑娘便摟著她，安慰她，給她以溫暖。大家互相鼓勵著，共持一個信念：「堅持、堅持，再堅持，只要堅持到天亮就是勝利。」並高聲朗讀《毛主席語錄》：「下定決心，不怕犧牲，排除萬難，去爭取勝利！」

在黃珊健的帶頭下，大家唱起了〈國際歌〉，悲壯的〈國際歌〉歌聲隨著風聲雨聲在夜空中迴盪，歌聲表達了我們不畏懼、不退縮，誓與洪水做鬥爭的決心。然而大自然的規律是不可違抗的，正因為決策者選址的失誤，這一悲劇不可避免地發生了，縱使畜牧連全體指戰員有天大的決心和無畏的勇氣，也沒能逃脫洪水的滅頂之災。一九七〇年十月十七日凌晨，悲壯的〈國際歌〉聲成為了廣州生產建設兵團六師二團畜牧連最後的絕唱。

一根鐵絲——我的救命之物。水位越漲越高，已漲到腹部，人在急流中很難站穩。忽然我感到沙土在腳下迅速流失，整個人一下子沉到了水底。我在水中拚命掙扎，努力把頭浮出了水面，洪水一下子又將我沖得老遠，第一棟茅屋在眼前一晃而過。「要儘量靠近房子！」我清醒地命令自己，心裏沒有半點恐懼。然而沒容我多想，第二棟、第三棟茅屋緊接著飛馳而過。無意中我的手觸到一根細細的東西，抓住它！原來這是第三棟茅屋後邊，曬衣場上的一根鐵絲。鐵絲的兩端原綁在兩根木樁上，北端的木樁已被沖走了，鐵絲在洪水中飄來飄去，我有幸抓住了這根救命的鐵絲，奮力地游到另一端靠近茅屋的木樁上，並死死地抱住它。

此刻，木樁已經傾斜，隨時有被沖走的危險，應儘快游到茅屋去。木樁離第三棟茅屋大約三米遠，茅屋的泥土牆大部分還沒被沖掉，水流在此相對緩慢些。「一定要趕在泥牆大面積倒塌前游過去！」我又一次命令自己。一米，二米，三米，到了！我一把抓住為防颱風壓在屋頂上的圓木，用力一拉，不好！原來圓木並未被固定，一用力便拉了下來，水流又把我送回到原來的木樁上。不能洩氣，繼續努力！歇口氣，我又向著茅屋衝去，這下放聰明了，抓住了茅屋的金字架，並從泥牆與茅屋頂之間約三十釐米的空隙鑽進屋裏，爬上了金字架。

當時是那樣地勇敢沉著，居然沒有半點害怕，現在想起來都覺得不可思議。可事後，卻感到很害怕。這三十年來，每逢颱風天氣颳風下雨，我常會做著一個類似的夢：洪水氾濫，我向著山上猛跑，洪水緊追我的腳跟，我跑得很累很累，眼看要被洪水追上，我就驚醒了。有次驚醒後，我安慰自己：我的家在華南理工大學，地勢高著呢，並且還是八樓，全廣州都淹了，也淹不到我這兒，放心睡吧。看，多自私，只想到自己，全不顧別人安危，難道這是「物極必反」嗎？

我全身濕漉漉，一個人孤單單地坐在橫樑上，望著腳下的一片汪洋，感到又冷又餓。我的夥伴呢？他們都在哪兒？只有我一人被沖走了嗎？這時天快亮了，大概六點了吧，我聽到了嘈雜的喇叭聲、人們高亢的呼喊聲。由於屋頂擋著視線，無論我怎樣努力都看不到遠處的情況。原來是畜牧連河岸東邊磚瓦班的人發現畜牧連情況不妙，連夜趕到團部報告，團領導和附近連隊的人都趕來了。熟悉水性、年輕力壯的男子漢，自告奮勇下水營救我們，但是他們一下水，即刻就被洪水沖到下游，無法靠近我們。一直到十點多鐘，水位開始回落，一位男青年才找到我，把我帶了出來。這時，我才知道，我們二十八人全被沖散了。

黃珊建（原華附六八屆初一）被捲入水後，隱約看到六七米遠的宣傳欄，便奮力游過去，抓住宣傳欄的欄杆。她一爬上宣傳欄便看到一個個頭影飛快地漂流過來，她趕緊把腿伸出去，拚命喊：「抓住我！抓住我！」可惜沒有一個人能抓住她。

張思慧（原華附六八屆初一）被水沖走後，在極短的時間內脫掉了軍用雨衣和鞋子。她被沖得很遠，但也很幸運地沖到一棵大樹上，她死命地抓住樹枝，以免被沖走。此時，汕頭知青陳淑娥也沖到了這棵樹。她倆的身體一直泡在水流裏，靠兩隻手緊緊地抓住樹身，又冷又累，她們倆就互相鼓勵，一定要堅持住。求生的慾望，使她們難以想像地堅持了幾個小時，直到水位回落，她們才能站在露出水面的樹枝上。

當天下午，當我們在團部相聚，知道二十八人僅我們六人倖存時，都忍不住相擁而泣。

悲劇過後——難以釋懷的後事。事發後的一個星期內，團部組織專門隊伍尋找遇難者，也有不少人自動加入。當時天氣較冷，搜尋者往往要喝一口酒，再潛入水中尋找。大部分遇難者被沙土所掩埋，一些露出手，一些露出頭髮。

李力、李小玲、梁愉辛以及另兩位潮汕青年，她們五人是在同一地方找到的，並且還手拉著手。由於被水浸泡，屍體都已浮腫，變得面目全非。人們讓我們前往辨認，當我第一眼看到她們時，簡直驚呆了：昔日那麼美好、那麼朝氣勃勃的姑娘，怎麼就變得如此不堪入目……我實在不忍心描述她們當時的模樣。我恨，恨老天不長眼，真是造孽啊！從外形已無法辨認她們，我們只好根據衣著，認真仔細地分辨。從小玲、愉辛身上找到了用塑膠袋包裹得很好的《毛主席語錄》，居然一點兒也沒濕。小玲還留有一本日記，我曾經看過，日記的內容及文筆都好極了。

游泳健兒張惠，是在下流很遠的三連找到的，她依然保持著奮力拚搏的姿勢，可惜仍沒能逃過厄運。連長李灶，自始至終都未能找到他的屍體，因此他的墓穴是一個空穴。

遇難者的屍體用棺木裝起來，安放在離團部醫院不遠處的向陽坡上。二十二座墳墓分成兩排，整齊地排列著。墓碑朝著東南方向的一條大路，這正是當年我們從廣州來到這山溝的必經之路。在這以後的幾年裏，就在這向陽坡上，她們目送著一批批的知青又從此路返回了城市，然而她們自己卻永遠留在了海南，再也沒能回來與親人相聚。

全團召開了沉痛的追悼會。團政委在會上高度讚揚了遇難者團結戰鬥的精神，並為失去這些優秀的青年而痛心疾首。會上不少人為之落淚，大家都自然地把責任歸咎於老天爺，從未想到過什麼人應該負什麼樣的責任，彷彿這只是一個單純的「人力所不及」的自然事故。

未經上級機關批准，就按部隊的習慣定死難者為烈士。墓場上樹立了一塊大碑，上面寫著：「防風抗洪烈士永垂不朽！」也許，這多多少少告慰了死難者的親屬，但親屬們最終並沒有拿到烈士證，聽說有個別親屬為此鬧了很久，最後還是不了了之……

此後，每逢清明節及十月十七日，知青們都會自動地到墓地看望遇難的姐妹們，給她們的墳頭拔拔草，培培土，表達自己的哀思。後來知青們雖然陸續回城了，但大家心裏依然記掛著她們。一九九七年五月二日，晨星農場知青一百多人在廣州白雲仙館聚會。在黃友民、黎服兵、林英、景小詩等人倡議下，大家熱烈響應，為重修墓場捐款。從一九九七年五月至一九九八年五月，廣州知青和汕頭知青共募捐人民幣一一點五萬元送往晨星農場。農場出資了一八點五萬元，在農場領導財力、物力的大力支持下，於九八年七月重新修建了墳場，並命名為知青墓。

一塊塊黑色的墓碑上分別鐫刻著遇難者名單：

朱國幹、李灶、王篤卿、田燕文、李力、李小玲、李誠珍、李佩萱

李明儀、李金紅、李妙英、吳瓊芳、吳賢芝、張惠、陳世蘭、姚麗卿

姚麗娟、梁愉辛、麻海晨、郭楚容、廖以鈴、蔡起娟

無獨有偶，在原兵團二師九團（現南林農場）三十五連也有這樣一個集體知青墓碑，碑文內容如下：

一九七一年九月二十九日下午，我團遭受二十五號強颱風的襲擊，三十五連通往上級的電話線被颳斷。為加強戰備，保證上級號令暢通無阻，副連長譚習源同志帶領三名戰士頂著暴風雨搶修線路，緊接著有四名戰士（二女）奮勇跟上，在勝利完成任務的歸途中，他們與營部執行通訊任務二名戰士於晚上七時三十分走到新坡橋頭，此時洪水已過橋面，為儘快向上級報告情況而迅速返連搶救國家財產，他們手挽手毅然涉水過橋。當他們走到橋中間時，被突然到來的洪峰捲走。譚習源、封潤蘭、路潤維、塗錦初、陳吉、楊煌昌、鄭少英光榮犧牲。特此樹碑紀念。

兵團二師九團

一九七一年十月五日立

又是七位知青遇難的名字，製造這一慘劇的元兇又是颱風暴雨連袂製造的山洪。想來真是痛心疾首，明明洪水已經漫過橋面，卻依然挽手過河，結果付出了年輕生命的代價。看著上述一組組黑色沉痛的數字，自由兄弟禁不住雙眼浸滿了痛苦的淚水，內心充滿了難以言述的悲愴。

常人不知，這海南的山洪有如兇神惡煞，由於驟然而降的雨量很大很多，有時簡直可以說是傾盆大雨。特別是在雨季，群山峻嶺都處於潮濕的環境下，山林草地根本沒有多少蓄水功能，只要一下暴雨，四周溝壑縱橫的山水就會傾瀉而下，轉眼之間，平時溫柔的小溪，立即就會變成一條放蕩不羈、湍急奔騰的大河，其洶湧澎湃的洪流可以吞沒一切橫渡的生靈。當年的某天中午，自由兄弟如果不是受到群蛇的驚嚇，及時爬上山坡，可能也早就葬身於山洪之中。

唉，說來因為當時極左思潮的禍害，缺少「以人為本、生命至上」的觀念，許多部隊軍人和兵團幹部在自然災害面前，往往片面強調保護搶救所謂國家財產，盲目地指揮和號召兵團人員不怕流血犧牲去抗洪搶險，結果使許多兵團人員為了搶救一些並不珍貴值錢的東西而死於非命，尤其是知青死亡更多。因為他們許多人在生理和心理方面都尚未成熟，而且對海南的兇猛自然野性認識不足，危難之時又缺乏有效的自救措施，因而出現了一些不必要的犧牲。

如二師四團六連的領導在洪水來臨之際，仍緊急敲響鐘聲，用廣播呼叫全連人員前往搶險，並盲目地指揮戰士們不自量力地用肩膀死死頂住搖搖欲墜的沙包堤，怎能不引發人員傷亡事故？又如晨星農場畜牧連的悲劇，簡直有些不可思議！作為帶兵打仗，以地形山水為先的軍人，竟會糊塗到連老百姓知曉的洪水無情的常識都不懂？竟然將養豬場建在河灘上？實在難辭其咎！如果是現在，不說追究刑事責任，起碼有關領導應該引咎辭職！

唉！如果當時有關領導能考慮得詳細周全一些，上述幾起知青的重大死亡事故，就完全可以避免了。但願後人能夠吸取這些違反自然規律而受到重創的教訓，也祈禱那些長眠於熱島的兄弟姐妹的靈魂，能在無盡的哀思中得到安息。

第七節　面對突如其來的十八級颶風災難

然而，與上述幾起造成知青傷亡事故的颱風暴雨相比，一九七三年的「十四號」颶風更為驚天動地，也更加驚心動魄。關於這次颶風給海南島造成的災難慘象，由於事發「報喜不報憂」的「文革」時期，很長時間一直鮮為人知。直到前幾年才漸漸有當事者在媒體上披露了目擊的經過。

知青**映明**回憶道：

……一九七三年「十四號」颱風是一次很特殊的颱風，颱風半徑小，八級大風的半徑只有二十公里；但中心風力竟達十八級以上，風速也達每秒七十三米以上。它在海南島的中部從東到西劃了一條直線，兩邊的海口、三亞市都沒有多少動靜。颱風半夜登陸前也沒有多少預兆，因此損失、傷亡難以避免。

當颱風經過地處海南島中部的中坤農場時，已是天亮，場部氣象站測得風力仍只有十二級。當天早晨我親眼見到從開始下小雨到小伙房被颳飛，只有一個多小時的時間，其突然性可想而知。最驚人的是，颱風當天下午，我到我們班的割膠林段去清點斷倒膠樹，半路上看到半山坡上一棵其主幹十人合抱不過來的大榕樹也被連根掀翻，其盤根錯節的根系懸在半空有十幾米高。老工人們說，榕樹根系發達，又有許多氣根，抗風能力很強，以前從沒聽說過榕樹能被颱風颳倒的。

地處海南島中部山區的中坤農場，颱風的破壞力尚且如此巨大，在颱風登陸的瓊海縣慘遭摧殘就更可想而知了。而這次颱風中的傷亡主要是由於房屋倒塌造成的，且多為城鎮人口。在那次災害中，中坤場膠樹斷倒了將近一半，但沒有人員傷亡。據說六師只死了兩人，因此傷亡人員多是在颱風登陸點附近的農場。

據悉，當年這個在中國登陸最強的颱風給海南島帶來了重大損失。不僅將瓊海縣城嘉積鎮夷為平地，而且造成整個海南島共死亡九〇三人，尤以瓊海為最，死亡人數高達七七一人，重傷一五三一人，輕傷三八二五人。瓊海縣五萬多戶人家的民房倒塌，全倒房屋十萬間，六十萬平方米；半倒房屋二點七萬間，九萬多平方米，嚴重揭頂的房屋十一萬間，三九點三萬平方米。

據《海南農墾誌》記載：「一九七三年九月十四日，歷史罕見的十四號強颱風，在瓊海縣和萬寧縣之間沿海登陸，中心風力十二級以上，風速每秒十七米，持續五個小時。兵團駐海南七個師的五十四個團均受不同程度的損失，一、二、六師有十八個團受災嚴重。死亡一二八人，受傷八二九人；橡膠損失七百四十萬株，倒塌房屋一百三十七萬多平方米。」

雖然與瓊海縣城嘉積鎮相比，海南兵團在這場突如其來的災難中死傷人數相對較少。但是，仍有一二八人死亡，八二九人受傷。兩者相加，傷亡人數高達九五七人。幾乎是一個新建團的傷亡人數！透過這組數字，人們就可以想像當時的颱風暴雨是如何猖獗肆虐了！這其中有多少知青兄弟姐妹身受其害？又有多少令人心碎悲痛的故事？

親歷這一災難的知青**歐東丁**回憶道：

……一九七三年九月十三日深夜至十四日凌晨的那場颱風，是大自然對南林農場的一場洗禮，也是對我們知青的一次錘鍊。那場颱風使我們領教自然界不可抗拒的威力，颱風摧毀了連隊的一切生活設施，摧毀了剛剛成長的橡膠樹，唯一沒有摧毀的是我們抗擊颱風的決心和意志。

當時我在建隊不到兩年的新三連，我們的茅草房就建在大山光禿禿的向陽坡上，草房很大，大家睡的都是大平鋪，也就是中間一條走道，兩旁都睡人那種。颱風來臨的那天十三日上午已不用開工，大家忙著加固草房。我們爬上草房頂，用桁條大木壓住茅草，希望我們的茅草屋能抵擋颱風的吹襲。

中午時分，狂風夾著陣陣大雨鋪天蓋地而來。過了不久，風雨驟停，猛然間看見天空晴朗、陽光燦爛，放眼望去四周天空卻是烏雲密佈。大家都很好奇，紛紛從草房跑出來看，以為颱風已經過去。這時，不知哪個知青大叫：「這是颱風眼！我們正處在颱風中心，等一會更猛烈的颱風暴雨就要到來。」果然，大約十五分鐘後，狂風暴雨一陣比一陣猛烈。

這時我與另一位知青想起小河那邊有一個七十多歲的老頭在看管木薯地，他住的小草房可能更危險，現在風大雨大，得去看一下，於是決定冒著暴雨過去。這時河水已經暴漲，我倆倚著自己年輕，三跳兩跳就過了河，雨水打在身上刺骨地疼，跑到風雨飄搖的小茅寮一看，老頭已鑽到床底下躲起來，看到我倆倒責怪我們不應該過來。老頭說自己會保護自己，現三個人更不好辦，叫我倆快點回去。

說實在當時的情形已十分危險，附近已看到很多大樹被吹倒，我們剛回到河這邊就聽到後面一棵大樹折斷的撕裂聲，回頭一看，大樹正朝我們這邊倒過來，我們趕緊向前狂奔，在大樹倒地瞬間一起趴在地下，僅膝蓋有點擦傷，總算躲過一劫，但衣服早已濕透。當我們跑回大草房時，看見草房已是在風雨中不停地晃動，處於搖搖欲墜之中。因為狂風從草房後面吹來，人們都站在草房門口的迴廊處，一則可以避風，二則草房如有不測可趕緊逃命。

我們望著越來越大的狂風暴雨，唯有心裏默默祈禱颱風早點離去。這時，突然聽到屋裏一聲木頭斷裂聲，大家往裏一看，草房人字架的一條斜樑斷了，雨水直往裏潑。大家還來不及搬行李之時，又聽到一聲更大的斜樑斷裂聲。房子隨著一陣又一陣狂風有節奏地搖晃起來，大家已經意識到房子要倒塌了，雖然如此，大家還是不願走到外面露天站著，因為外面已是飛砂走石、狂風暴雨。就在大家心存僥倖之際，一陣更猛烈強勁的狂風吹來，大家看到房子的大限已到，一邊異口同聲大叫「倒了！」一邊個個都趕緊往外跑去……

這時，被吹倒的大草房尾追著朝我們壓了過來，慶幸的是草房是慢慢塌下來的，跑出來的人一個都沒壓著。人們都站在外面任由暴雨吹打，瞬間人們的衣服都濕透了。這時不知是誰大叫：「草房裏面還有人，快救人啊！」我們愣了一下，又回頭鑽進沒完全倒塌草房的空隙，看是否有人被壓在裏面？真的有一個海口知青和一個廣州知青在裏面，萬幸的是僅壓傷腰和腿，並無大礙。再看看我們的行李被鋪，全都埋進倒塌的房子裏，我們一件乾衣服都沒有了，我們的家也沒有了……

風，慢慢停了下來，雨還下著，天色漸漸黑起來。大家分頭躲進老工人尚未倒塌的小伙房，我們幾個男知青擠到一個小廚房，把身上的衣服都脫下來，每人僅只穿一條三角褲，圍在灶頭點燃柴火烘烤著濕衣，其實也就是一件背心和球褲而已，除此之外，我們一無所有。晚上大家只坐在廚房的小板凳熬夜，附近包括廚房都沒有乾的地方能讓我們躺下。

第二天醒來，天還下著小雨，看看我們白手起家、千辛萬苦建成的連隊，如今已是滿目瘡痍，情景淒涼，颳倒的大樹、倒塌的房屋、沖壞的小路，到處都是坑坑窪窪的……最要命的是上級要求我們不要收拾房屋，要儘快先到膠林扶橡膠，美其名「先治坡後治窩」。忙到中午收工回來，大家才收拾自己的行李，扒開茅草，翻開泥牆，挖出自己的蚊帳、棉被、衣服等。

我清楚記得，下午放工後，抱著那床濕透的棉被，還有滿是泥漿的衣服來到山溪邊，平生第一次也應該是最後一次在小河邊搓洗棉被，搓洗自己的全部家當，也搓洗自己的青春。後來知道，那場十八級颱風給南林農場，給萬寧縣和嘉積鎮造成的損失是空前的，大片膠林吹倒，汽車也被吹翻，我親眼看到鋼筋混型土水塔也被吹倒在地……

幾十年後的今天，翻開塵封的日記，回想那場颱風和那些艱苦的日子，實在說不上「曾經滄海」，但這些經歷卻又教會我們知足，教會我們感恩。颱風的日子可能再來，畢竟那些荒唐的日子不會再現。

知青**風雨同舟**回憶說：

……海南每年的颱風很多，眾多印象交織在一起分辨不清哪一次，唯有這次獨特的過程還記得比較清楚。一九七三年「十四號」颱風非常特別，事前我們並沒有收到團部通報。僥倖的是，前一天團部中學所有的男老師和家在團部的女教師去了南坤，在團部監考、改卷，學生們也因此全部放假回家。平時幾百號人沸沸揚揚的學校只留下二三十人，包括簡副校長、曾事務長、小湯上士、小嘯衛生員、幾個女老師和幾戶家屬。

吃過晚飯，大家一起聊到大概十點。就要散去的時候，小湯抬頭望望天說：「咦，今晚的天空怎麼那麼紅？」我開玩笑說：「是你手中的馬燈照的吧。」大家說笑著回到剛建好的新瓦房裏。我還記得小湯手裏提著馬燈晃晃蕩蕩走路的神氣，誰也沒想到一場特大颱風即將降臨。

小倪回杭州去了，我們房間就三個人。睡夢中隱約傳來陣陣奇怪的聲音，好像有人在遠方低聲哭泣。我疑惑地躺在床上不敢作聲，小藝和小珠大概也被吵醒了，可以聽得見她們的床鋪咯吱咯吱作響。忽然，大家一起跳起來：「颱風！」都是抗颱風的老油子了，學生已安全撤離，沒有後顧之憂我們相當鎮定。各人以最快速度穿上衣服忙碌起來，小珠用塑膠布把幾個人的床鋪捆上，小藝習慣性往行軍壺灌水，我點著煤油爐煮麵條。預先不知道這風要來沒備乾糧，怕它會吹幾天，我們首先想到填飽肚子，這是抗颱風的重要保證。

一會兒就聽到陣陣「嗚嗚」響聲由遠至近，風開始從門縫灌了進來，我用幾頂斗笠護著煤油爐，水終於開了，可是海南木薯衛生麵卻不那麼易熟，真急死人。小藝收拾完畢過來替我，我連忙穿上軍用雨衣，用一根皮帶在腰間牢牢束住，這也是老工人教給我們的絕竅。風聲越來越緊，火被吹滅了。小藝果斷地說：「不管啦，吃！」幾個人就全副武裝站在房中間吃著滾燙而夾生的麵條，那樣子十分滑稽可笑，可這會兒我們只有嚴肅和緊張。

「砰砰砰，砰砰砰，快出來啊！趕緊撤到草棚辦公室！」簡校長在外面又捶又喊。颱風來得實在快，剛才還點得著煤油爐，這時已是風雨交加。門嘩啦一下被吹開，我們丟下吃了一半的麵條衝出去，人根本站不住，三個人跪蹲在地上。忙亂中沒看過錶，但這時天一定還沒全亮，記憶中我們互相看不到臉上的表情，只是手緊挽著手在昏暗中慢慢向辦公室挪。套在雨衣上的斗笠早就飛走了，大雨劈哩啪啦打在頭上、臉上，好不容易來到二百米外的辦公室。

簡校長帶領的家屬團隊已在裏面，一會兒，隔壁大麥老師和小嘯也到了。簡校長點齊在家的人數，這才鬆了一口氣。男女老少全躲在辦公桌長條陣下，不時聽到上面的茅草、木棍被掀翻掉下來的梆梆聲。大家默默等待，幾個孩子也沒了平日的喧嘩，時間在狂風中不緊不慢地滴滴答答。

可能是吹進了沙子，我的眼睛痛起來。前不久聽說一位東莞插友在勞動中弄瞎了一隻眼，我害怕極了，怎麼辦啊？這該死的風。正當我胡思亂想不知所措時，風聲已不那麼緊，天也大亮，衛生員小嘯陪我頂風衝回她的宿舍做處理。

一走出辦公室，周圍景象慘不忍睹。四棟八個新教室房頂的瓦片七零八落，學生宿舍和教工宿舍也好不到哪裏，伙房的草房頂塌了半邊，做飯的大鐵鍋裝滿泥沙。團中地勢高，放眼望去，周圍成片成片的橡膠樹東倒西歪，看到的都是灰白的葉子背面。兩頭通往團部和山裏的公路被倒下的樹橫七豎八遮攔著，交通全斷了。上天有眼，如果幾百學生半夜睡在學校的瓦房裏……連躲的地方都沒有，簡直不敢想像。這風來得快，走得也快，前後大概也就兩小時。當小嘯手忙腳亂幫我沖洗眼睛，上完藥後，我們毫不費勁就走回辦公室。

風停了，雨也住了，老天雖然還陰著臉，卻好像什麼也沒發生過一樣平靜。大家首先想到清理伙房，準備燒火做飯，我們有半碗麵條頂著，孩子們可是餓了。等我們收拾好伙房把飯做好，男老師一個接一個逃竄回來。

前一天晚上，他們住在兩層樓的團部招待所，聽到起風便各自抓起毛毯蓋著頭衝出去找茅草房。中坤老工人從來教導我們，颱風一起就撤到茅草房，即使房子倒塌，人也不容易壓壞。可是團部人多，瓦房多，茅草房少，人生地不熟的老師難以找到躲風港，風稍微小一點，被風打散的團中老師不約而同選擇趕回自己的老巢。團部到中學的公路多半建在膠林裏，哪裏還有路啊？他們就在樹幹、樹枝上摸爬滾打，個中的故事雖沒有聽他們講起過，但可想而知，都是狼狽之極了！

我們宿舍門前走廊裏裝滿水的幾個水桶不翼而飛，大家很快在學校附近找回自己的桶，我那帶蓋的鋁桶卻只找到蓋子。直到第二天，眼尖的學生在回校的路上，發現它竟裝滿泥沙，被半埋在離學校至少一公里外的五一隊水田裏，憑著我用紅漆寫在桶底的大寶號，學生們高高興興把它提回來送還給我。

這場颱風雖然驚人，中坤農場卻沒有什麼人員傷亡，只聽說有個老人走路還是過橋不小心出了事。房屋全倒塌的也很少，被掀的房頂很快修復過來。絕大部分膠林成片倒下，其中有些被攔腰折斷，這是最大的損失。團裏組織的救災工作井井有條，如映明所說：「風後救災第一件事就是派人拿砍刀、鋸子去清理公路上的斷倒樹，打通公路……，我們七手八腳很快就把割膠林段的所有斷倒樹全部處理完畢，該扶起來都扶起來了，該『截肢』的也都鋸平斷口，塗上防水塗料，使林段很快投入正常生產。」團部優先派人修整了校舍，學校也很快復課。

災後，「國家救濟」通過解放牌大卡車送來，有兩件小事值得提提。一是救災物資裏有用麻袋裝的土豆和洋蔥，農場職工似乎沒見過洋蔥，不知道怎麼擺弄，我們就自告奮勇當了一回「廚師」。不是這場颱風，恐怕很多學生還沒機會見識這東西。再就是有支持災區的布票，要大家討論分配，誰最困難就補助誰。指導員發話給阿lin，說是他的被子穿了個大窟窿。我們背後笑得人仰馬翻，人家父母都是高薪高知，當屬最富裕階層。女老師們私下議論，那大洞多半是太久沒洗被套，老鼠聞到氣味給咬的。

後來，聽說瓊海那邊連加積大水塔都被吹出好遠，沿海的損失一定很大了。經受這次嚴重挫折，人們開始重新審視原有的策略，種膠的重點逐步向海島中、西部轉移，農場開始改造職工宿舍，把一直沿用的大木頭金字架上搭瓦片的三角房頂改為鋼筋水泥的平頂房。一九九六年以後知青們經常回去，看到的幾乎都是平頂房。這次颱風對理性和人性的喚醒可見一斑。

時在瓊海東泰農場的廣州知青**林麗容**，在她的口述文章**〈十八級颱風親歷記〉**有更為詳細的描寫：

……今年八月，超強颱風「桑美」以六十米／秒的中心風力登陸浙江，看到央視晚間新聞報導「桑美將是四十年來登陸我國的最強颱風……」的欠妥言語時，不禁勾起了我對三十三年前海南瓊海「十四號」颱風的沉痛回憶。相比「桑美」這個十七級的颱風，當年海南的「十四號」颱風登陸時，中心風力竟達七十三米／秒，即是十八級！導致海南死亡九〇三人（其中瓊海死亡七七一人），房屋倒塌十萬間，半塌十一萬間……這是一段不該被遺忘的歷史與教訓。

【廣播沒通知防風】一九七三年，十九歲的我在海南生產建設兵團二師二團九連當知青，連隊駐紮在瓊海東泰農場裏。海南的颱風很多，自十四歲和其他十四名廣州知青一起來到島上，我已記不清大大小小的經歷過多少颱風了。可是一九七三年經歷的「十四號」颱風，卻來得如此驚心動魄，令人傷痛……

一九七三年九月十三日，天氣異常悶熱。一天辛苦的生產勞動後，晚上七點多鐘我們集中在一起「天天讀」。農場的夜特別的靜，沒有喧鬧，沒有風聲，甚至連一絲蛙鳴也沒有，只有大家讀報的聲音飄蕩在農場中，顯得格外地清澈響亮。屋內，昏黃的電燈照著鮮紅的《毛主席語錄》，也映出戰友一張張虔誠的臉。

八點半，身為副班長的我開始佈置第二天的生產任務。由於早上四點多就得起來割膠（因為太陽升起後，橡膠樹的膠液就不流動了），連隊九點熄燈。如往常般，佈置完任務大家也就匆匆回宿舍休息了。臨睡前，農場突然響起廣播，說「十四號」颱風將在瓊海登陸，卻沒通知防風（平時大颱風來了會通知防風）。望了望外面，天空明亮得可以看見星星，沒有烏雲，也沒有起風。想著又來一個小颱風，我們略帶點興奮地開玩笑說明天也許可以休息一下了。說罷，很快就都沉沉入夢。

【大風起兮房屋倒】半夜兩三點時分，突然感覺到屋內灌滿狂風，臉上打著陣陣冰冷的雨水。三人同時驚醒，發現房門已被風颳開。擰開手電筒，幾張恐慌的面孔告訴彼此這不是往常普通的颱風。外面的風已如千軍萬馬，咆哮著，踩得地面地震般抖動起來。巨大的橡膠樹也紛紛抵擋不住了，啪啦啪啦地發出被折斷的聲音。最糟糕的，房頂的瓦片開始隨著狂風嘩啦啦地飄走。

三個人觸電般一起跳下床，手忙腳亂地摸出根木棍堵住門，但狂風陣陣襲來還是把門頂得搖搖晃晃。一會兒，磚瓦房基本成露天的了，傾盆大雨毫不留情地倒進來。驚惶失措中，室友突然「啊！」的喊了一聲，回過頭大家都目瞪口呆了：在手電筒微弱的光柱中，只見靠床的那面磚牆在狂風中做波浪狀地擺動……

「小學！（我是小學畢業後十四歲當知青的，所以大家叫我『小學』），你們趕緊出來，很多房子都倒了！」千鈞一髮的時刻，連裏的男知青們出現在門口。胡亂地披上雨衣，我們慌忙衝了出去。緊張和感激之中瞭解到，剛才他們衝進連裏另外三名女知青的宿舍時，她們正繫著斗笠，被他們一把拉出後，房子即刻倒了。

知青們都出來了，可周圍還住著十多戶群眾，三四戶是草房，七八戶磚瓦房。按照往常防颱風的經驗，住草房的會跑到磚瓦房裏，因為磚瓦房牢固。這次不受重視的颱風中大家肯定還是這樣。於是趕緊一戶戶敲門通知他們轉移出來。當我打開隔壁阿婆的房門時，不知是冷還是驚嚇，老人已經在那兒哆嗦不停。我脫下自己的工作服給她穿上，趕緊把老人攙出屋子。

半個多小時後，扶老攜幼的，我們四五十人跌跌撞撞地向曬穀場走去。通向曬穀場的小路已是泥濘一片，中間又躺著無數的樹，十多分鐘的路走得特別艱難、漫長。到了曬穀場，所有的人趕快圍成一圈，手拉手蹲了下來。這時已經是凌晨四點多，蹲了一個多鐘頭，沒有人說話，連小孩也不敢哭了。大家泥塑般蹲著，耳畔只有風呼呼地怒吼，以及自己的祈禱。至今我都在回憶當時拉手的人是誰，可在驚嚇與緊張中，沒有人記得，或者說當時根本就沒有人知道吧，儘管蹲到五點多風已小而天色也已微微發白。

【風雨過後送戰友】十四日早上，風漸漸停了。房子基本都成了一堆爛泥巴。在東泰農場同個片區還駐紮著七連、八連。聽說八連死了六個人，連裏立刻派小陳、小袁過去幫忙處理後事，我也跟去。八連上下一片混亂，呼天搶地的哭聲，讓我們心裏負載著一種難言的壓抑。

棺材是用薄薄的床板釘成的，在晃動中發出吱呀吱呀的響聲，不小心一瞥，甚至可以從床板的小洞裏看見死者身體的搖動。棺材後親人的哭聲一浪高過一浪地往前湧來，推動著抬棺材的人。這一切，來得太突然，讓大家似乎不敢相信。可是一聽說裏面有個媽媽和兩個小孩遇難了時，大家的眼淚馬上就下來了。人有心，可災害無情。

【冒死過河清點樹】由於我們九連及時地轉移群眾，上級後來給我們頒發了集體三等功。可是集體財產橡膠樹卻是挽救不了的。按照團部規定，必須第一時間上報損失情況。橡膠樹全部種在宿舍對面的一個山頭，叫對面嶺。中間隔著一條河，有一條鐵橋可以通過。可是現在，兩公里外的萬泉河都斷斷續續氾濫到宿舍門口，成了汪洋一片，鐵橋早被水龍王捲走了。這意味著，要清點損失，就必須游過眼前這片汪洋。而此時，幾百米寬的水面，十幾米的河深，正「嘩啦嘩啦」流動著渾黃的泥水。

我是不久前才剛剛在萬泉河學會如何浮在水面，算不上會游泳。可是連裏也就只有一名老工人識點水性。任務緊急，我嚥了下口水，便和老工人接下了任務。老工人一手托帽子，把紙筆放在裏面，游在我的前頭。我則戰戰兢兢地漂浮在後面。水中還有一些樹，所以，我在水中漂上一段後趕緊抱棵樹喘氣，再繼續漂。到了一半路程，突然感覺到有東西抓住了腳，心一下子提到了嗓門眼，老工人趕緊回過頭喊「小心！」我拚命定住神，想想應該是樹枝勾住腳了，掙扎了一番，總算掙脫了。接下去的路程更加小心了，過了半小時，終於順利地到達對面嶺。橡膠樹倒了三分之二，清點完回到宿舍已經是下午四點多。連隊又趕緊派小黃和小祁去團部報告。來回二十公里的路，全部步行，他們回來時已是夜色重重。回想這種「一不怕死，二不怕苦」的神情，真是我們那個年代的精神。

【後話】一九七三年的「十四號」颱風，是海南歷史上最大的一次，按國際標準屬特大颱風。當時，正值越戰期間，據說，美國飛機夏威夷、關島的探測紀錄已顯示：「在南海中部，有一颱風眼……」以提醒美國飛機穿越太平洋避開危險路徑。災難過後，中央派了慰問團到瓊海，面對七七一人的死亡人數、成片的倒塌房屋，慰問團的成員不由得也流下眼淚。今天回想這段悲劇，或許我們能更深刻地感受到颱風的威力。災害無情，我們隨時都必須保持警惕。當年如果不是大家都大意了，也不用付出那般血的代價。

而當年我們也責怪氣象局沒有及時和準確地通知，當晚的廣播幾乎是在颱風來臨前才輕描淡寫地報導一下。再翻開一九七三年九月十三日的《海南日報》，也只有不顯眼的幾行字告知「九月十四風力七至八級」。雖然當年的預測手段很原始，失誤在所難免，但今天氣象科學進步了，我們真的希望它能幫助我們避免同樣的災難。謹藉此文感激當年颱風中英勇果斷的戰友們，並以此紀念那段知青歲月……

看了幾位親歷者的回憶，顯然，這起颱風造成的災難，首要責任在於氣象部門防風預測手段原始，預報風力與實際相差懸殊，可以說，這是一個致命的失誤。另外一點是兵團各級領導都有些疏忽大意，對這起颱風的破壞性估計不足，防風準備工作不夠充分，否則也不用付出那般血的代價。這的確是一段不該被遺忘的歷史與教訓。

但是，在與罕見的自然災害搏鬥之時，我們海南兵團知青表現了少有的大無畏精神。颶風之中，他們先是想到老工人和家屬孩子們的安危，置自己生死於不顧，忙著轉移群眾；同時戰友之間團結友愛，互相救助；之後，又是想著儘快挽回災害造成的膠樹經濟損失，忙著清點損失，搶扶橡膠——因為橡膠十分嬌氣，錯過了搶救時間，就很難存活。最後才扒開茅草，翻開泥牆，挖出自己的蚊帳、棉被、衣服等日用物品。

看著林麗容冒著生命危險，在剛剛學會如何浮在水面，算不上會游泳的情況下，游過幾百米寬、十幾米深，「嘩啦嘩啦」流動著渾黃泥水的洪流去清點颳倒的膠樹，真是令人敬佩之極，又讓人提心吊膽。儘管自由兄弟很不贊成這種無謂犧牲的冒險，但是，當時處在那種以國家財產為重的思想境界和政治氛圍下，我們的知青也只好義無反顧地前往。只企望以後在災難搶險中，各級領導不再有這種荒唐的瞎指揮命令……

（未完，請看《熱島知青潮（中）》）

釀文學41　PC0185

熱島知青潮（上）

──海南生產建設兵團的血淚見證

編　　者　自由兄弟
主　　編　蔡登山
責任編輯　林千惠
圖文排版　邱瀞誼
封面設計　王嵩賀

出版策劃　釀出版
製作發行　秀威資訊科技股份有限公司
114 台北市內湖區瑞光路76巷65號1樓
電話：+886-2-2796-3638　傳真：+886-2-2796-1377
服務信箱：service@showwe.com.tw
http://www.showwe.com.tw
郵政劃撥　19563868　戶名：秀威資訊科技股份有限公司
展售門市　國家書店【松江門市】
104 台北市中山區松江路209號1樓
電話：+886-2-2518-0207　傳真：+886-2-2518-0778
網路訂購　秀威網路書店：http://www.bodbooks.com.tw
國家網路書店：http://www.govbooks.com.tw
法律顧問　毛國樑　律師
總 經 銷　創智文化有限公司
236 新北市土城區忠承路89號6樓
電話：+886-2-2268-3489　傳真：+886-2-2269-6560
博訊書網：http://www.booknews.com.tw

出版日期　2011年12月　BOD一版
定　　價　320元

Printed in Taiwan

國家圖書館出版品預行編目

熱島知青潮：海南生產建設兵團的血淚見證 / 自由兄弟
編著. -- 一版. -- 臺北市：釀出版, 2011.12
冊； 公分. --（史地傳記類；PC0185 - PC0187）
BOD版
ISBN 978-986-6095-59-7（上冊：平裝）.--
ISBN 978-986-6095-60-3（中冊：平裝）.--
ISBN 978-986-6095-61-0（下冊：平裝）

1. 知識分子 2. 中國

546.1135 100022086

讀者回函卡

感謝您購買本書，為提升服務品質，請填妥以下資料，將讀者回函卡直接寄回或傳真本公司，收到您的寶貴意見後，我們會收藏記錄及檢討，謝謝！

如您需要了解本公司最新出版書目、購書優惠或企劃活動，歡迎您上網查詢或下載相關資料：http:// www.showwe.com.tw

您購買的書名：____

出生日期：__________年__________月__________日

學歷：□高中（含）以下　□大專　□研究所（含）以上

職業：□製造業　□金融業　□資訊業　□軍警　□傳播業　□自由業

□服務業　□公務員　□教職　□學生　□家管　□其它______

購書地點：□網路書店　□實體書店　□書展　□郵購　□贈閱　□其他

您從何得知本書的消息？

□網路書店　□實體書店　□網路搜尋　□電子報　□書訊　□雜誌

□傳播媒體　□親友推薦　□網站推薦　□部落格　□其他__________

您對本書的評價：（請填代號　1.非常滿意　2.滿意　3.尚可　4.再改進）

封面設計____　版面編排____　內容____　文／譯筆____　價格____

讀完書後您覺得：

□很有收穫　□有收穫　□收穫不多　□沒收穫

對我們的建議：____

____

____

____

請貼
郵票

11466
台北市內湖區瑞光路 76 巷 65 號 1 樓
秀威資訊科技股份有限公司 收
BOD 數位出版事業部

(請沿線對折寄回,謝謝!)

姓　　名:＿＿＿＿＿＿＿　年齡:＿＿＿　性別:□女　□男

郵遞區號:□□□□□

地　　址:＿＿＿＿＿＿＿＿＿＿＿＿＿＿

聯絡電話:(日)＿＿＿＿＿＿＿(夜)＿＿＿＿＿＿＿

E-mail:＿＿＿＿＿＿＿＿＿＿＿＿＿＿